O ESPELHO DO DHARMA,
COM ADIÇÕES

Ordem sugerida, para iniciantes, de estudo ou de leitura dos livros de Venerável Geshe Kelsang Gyatso Rinpoche

Como Transformar a sua Vida
Como Entender a Mente
Caminho Alegre da Boa Fortuna
O Espelho do Dharma, com Adições
Novo Coração de Sabedoria
Budismo Moderno
Solos e Caminhos Tântricos
Novo Guia à Terra Dakini
Essência do Vajrayana
As Instruções Orais do Mahamudra
Grande Tesouro de Mérito
Novo Oito Passos para a Felicidade
Introdução ao Budismo
Como Solucionar Nossos Problemas Humanos
Contemplações Significativas
O Voto Bodhisattva
Compaixão Universal
Novo Manual de Meditação
Viver Significativamente, Morrer com Alegria
Oceano de Néctar
Joia-Coração
Clara-Luz de Êxtase
Mahamudra-Tantra

Este livro é publicado sob os auspícios do
Projeto Internacional de Templos da NKT-IKBU,
e o lucro recebido com a sua venda está direcionado para
benefício público através desse fundo.
[Reg. Charity number 1015054 (England)]
Para mais informações:
tharpa.com/br/beneficie-todos

Venerável Geshe Kelsang
Gyatso Rinpoche

O Espelho do Dharma, com Adições

COMO ENCONTRAR O VERDADEIRO
SIGNIFICADO DA VIDA HUMANA

2ª edição

EDITORA THARPA
BRASIL • PORTUGAL

São Paulo, 2022

© Geshe Kelsang Gyatso e Nova Tradição Kadampa

Primeira edição em língua inglesa em 2018.
Segunda edição, com adições, em 2019.

Primeira edição em língua portuguesa em 2018.
Segunda edição com adições, em língua portuguesa, em 2019.
Reimpresso em 2022.

Título original:
The Mirror of Dharma With Aditions – How to Find the Real
Meaning of Human Life

Tradução do original autorizada pelo autor

Tradução, Revisão e Diagramação   Tharpa Brasil

ISBN 978-85-8487-070-7 – brochura
ISBN 978-85-8487-071-4 – ePub
ISBN 978-85-8487-072-1 – kindle

Dados Internacionais de Catalogação na Publicação (CIP)

```
Kelsang, Gyatso (Geshe), 1931-
   O espelho do dharma, com adições: como encontrar o
verdadeiro significado da vida humana /
Geshe Kelsang Gyatso; tradução Tharpa Brasil - 2. ed. -
São Paulo: Tharpa Brasil, 2019.
   328p.

   Título original em inglês: The mirror of dharma with
aditions: how to find the real meaning of human life

ISBN 978-85-8487-070-7

1. Budismo 2. Carma 3. Meditação I. Título.
05-9278                                        CDD-294.3
```

Índices para catálogo sistemático:
1. Budismo: Religião 294.3

2022

EDITORA THARPA BRASIL	EDITORA THARPA PORTUGAL
Rua Artur de Azevedo 1360, Pinheiros	Rua Moinho do Gato, 5
05404-003 - São Paulo, SP	2710-661 - Várzea de Sintra, Sintra
Fone: +55 11 3476-2330	Fone: +351 219 231 064
www.tharpa.com/br	www.tharpa.pt

Sumário

Ilustrações ix
Nota do Tradutor xi

PARTE UM: TREINAR CONTEMPLAÇÃO 1
Introdução 3
Considerações Essenciais Sobre *Os Três Aspectos Principais
   do Caminho para a Iluminação* 13
   Quem é Je Tsongkhapa? 13
   A Explicação Propriamente Dita das Considerações
      Essenciais Sobre *Os Três Aspectos Principais do Caminho
      para a Iluminação* 16
Pedidos ao Senhor de Todas as Linhagens 35
Considerações Essenciais à *Sadhana de Avalokiteshvara*: Preces
   e Pedidos ao Buda da Compaixão 43

PARTE DOIS: TREINAR MEDITAÇÃO 55
O Que é Meditação? 57
Meditação de uma Pessoa de Escopo Inicial 61
   Meditação na Preciosidade da Nossa Vida Humana 61
   Meditação Sobre a Morte 65
   Meditação no Perigo do Renascimento Inferior 68
   Meditação Sobre Buscar Refúgio 71
   Meditação no Carma 75

v

Meditação de uma Pessoa de Escopo Mediano 79
Meditação em Renúncia. 79
Meditação na Nossa Determinação de Reconhecer, Reduzir
   e Abandonar Nossa Ignorância do Agarramento ao Em-Si,
   a Raiz do Renascimento Samsárico 96
Meditação na Nossa Determinação de nos Empenharmos
   no Caminho Efetivo à Libertação, os Três Treinos
   Superiores 98
Meditação na Nossa Determinação de Alcançar as
   Verdadeiras Cessações 102
Meditação de uma Pessoa de Grande Escopo 105
Meditação Sobre Apreciar Todos os Seres Vivos 105
Meditação Sobre Compaixão Universal. 108
Meditação no Supremo Bom Coração – a Bodhichitta 110
Meditação na Nossa Determinação e Promessa de
   Praticar Sinceramente as Seis Perfeições 113
Treinar a Meditação na Vacuidade. 118
Meditação Sobre Confiar no Nosso Guia Espiritual 121
Dedicatória 123

Apêndice I – O Texto-Raiz: *Os Três Aspectos Principais do Caminho
   para a Iluminação*, pelo Buda da Sabedoria Je Tsongkhapa . . . 125
Apêndice II – *Prece Libertadora* 129
Apêndice III – *Sadhana de Avalokiteshvara*: Preces e Pedidos ao
   Buda da Compaixão 133
Apêndice IV – *Preces para Meditação* 143
Apêndice V – *Caminho de Êxtase*: A Sadhana Condensada de
   Autogeração de Vajrayogini. 153
Apêndice VI – *Os Onze Iogas de Vajrayogini* 163
Apêndice VII – *Nova Essência do Vajrayana*: A Prática de
   Autogeração do Mandala de Corpo de Heruka, Uma
   Instrução da Linhagem Oral Ganden 173
Apêndice VIII – *Oferenda ao Guia Espiritual*: Uma Maneira
   Especial de Confiar no Nosso Guia Espiritual 209

Apêndice IX – *As Centenas de Deidades da Terra Alegre de Acordo com o Tantra Ioga Supremo*: O Guru-Ioga de Je Tsongkhapa Como uma Prática Preliminar ao Mahamudra 247

Glossário 265
Bibliografia 283
Programas de Estudo do Budismo Kadampa 289
Escritórios da Editora Tharpa no Mundo 295
Índice Remissivo 297
Leituras Recomendadas 313
Encontre um Centro de Meditação Kadampa
Próximo de Você 316

Ilustrações

Buda Shakyamuni 2
Je Tsongkhapa 14
Guru Sumati Buda Heruka 34
Avalokiteshvara 44
Mãos em postura de meditação 56
Espelho do Dharma 80
Sol dissipando nuvens 106
Dorjechang Kelsang Gyatso Rinpoche 120
  (incluído a pedido de seus discípulos devotados)
Avalokiteshvara 132
Buda Shakyamuni 142
Buda Vajradharma 152
Vajrayogini 162
Objetos de compromisso tântricos 172
Vajrasattva Pai e Mãe 178
Heruka de Doze Braços 180
Nada e HUM 188
Heruka de Dois Braços 202
Lama Losang Tubwang Dorjechang 208
Dorjechang Kelsang Gyatso Rinpoche 246
  (incluído a pedido de seus discípulos devotados)

Nota do Tradutor

As palavras de origem sânscrita e tibetana, como *Bodhichitta*, *Bodhisattva*, *Dharma*, *Geshe*, *Sangha* etc., foram grafadas como aparecem na edição original deste livro, em língua inglesa, em respeito ao trabalho de transliteração previamente realizado e por evocarem a pureza das línguas originais das quais procedem.

Em alguns casos, contudo, optou-se por aportuguesar as palavras já assimiladas à língua portuguesa (Buda, Budeidade, Budismo, carma) em vez de escrevê-las de acordo com a sua transliteração (*Buddha*, *karma*).

PARTE UM

Treinar Contemplação

Buda Shakyamuni

Introdução

A EXPLICAÇÃO DADA neste capítulo trará grande benefício àqueles que desejam praticar as instruções muito profundas e abençoadas apresentadas nos capítulos seguintes. O assunto deste livro é como colocar os ensinamentos de Buda, ou Dharma, em prática.

O primeiro ponto sobre o qual devemos pensar é: "Por que precisamos praticar os ensinamentos de Buda?". A resposta é muito simples. É porque queremos ser felizes o tempo todo, e somente podemos realizar esse desejo por meio de colocarmos em prática os ensinamentos de Buda. Portanto, precisamos praticar os ensinamentos de Buda, o Dharma, sincera e puramente.

Embora queiramos, normalmente, ser felizes o tempo todo, inclusive enquanto estamos dormindo, não sabemos como fazer isso. Se alguém nos perguntasse como fazer isso, não teríamos uma resposta clara. Você tem uma resposta clara? Algumas pessoas talvez digam "eu serei feliz o tempo todo se me tornar rico, desfrutar de uma boa reputação e tiver a oportunidade de manter um relacionamento com a pessoa que desejo." Lamento muito, mas isso não é verdade! Podemos ver que as pessoas que têm todas essas coisas também experienciam grande infelicidade e muitos problemas. Muitas pessoas ricas, assim como aquelas que estão em posições elevadas, experienciam grande sofrimento e muitos perigos. Nós vemos e ouvimos notícias sobre isso o tempo todo.

Além disso, devemos compreender que quando, por exemplo, desfrutamos de férias, podemos nos sentir felizes, mas esse prazer não é felicidade real, verdadeira – ele é apenas uma redução dos nossos problemas anteriores. Se a felicidade que experienciamos por sair de férias fosse felicidade real, verdadeira, poderíamos então concluir que as férias, em si mesmas, são uma causa verdadeira de felicidade. Mas isso não é verdade porque, como sabemos, as férias também podem causar muitos problemas. Podemos aplicar isto a outros prazeres, tais como comer, beber e praticar sexo. Por exemplo, se a felicidade que experienciamos por comer fosse felicidade verdadeira, poderíamos concluir que comer, por si só, é uma causa verdadeira de felicidade. Se isso fosse assim, então, quanto mais comêssemos, sem parar, maior seria a nossa felicidade. Porém, na realidade, o oposto é que é verdadeiro. Por meio disso, podemos compreender que, neste mundo impuro, ninguém tem felicidade e liberdade verdadeiras. Isso ocorre porque todos procuram felicidade em objetos errôneos e todos experienciam os problemas do desejo descontrolado e da ignorância.

A única maneira pela qual podemos fazer a nós mesmos e aos outros felizes o tempo todo é através de praticar os ensinamentos de Buda. A razão disso é que a felicidade depende de uma mente pacífica. Por praticar os ensinamentos de Buda, podemos desenvolver e manter uma mente pacífica o tempo todo, e, desse modo, seremos felizes o tempo todo; independentemente das nossas condições externas serem boas ou más, se mantivermos uma mente pacífica o tempo todo, seremos felizes o tempo todo.

Devemos compreender que agora, neste exato momento, temos uma vida humana e encontramos o Budadharma. Por colocar os ensinamentos de Buda em prática, temos a oportunidade de manter, o tempo todo, uma mente pacífica ao longo de toda a nossa vida, e vida após vida. Esta é uma oportunidade maravilhosa e preciosa, que nunca devemos desperdiçar. Compreendendo isso, devemos nos encorajar a praticar os ensinamentos de Buda, o Dharma, sincera e puramente. Desse modo, devemos guiar-nos, a nós mesmos, ao caminho espiritual, caminho este que nos proporciona grande significado nesta vida e vida após vida. Somente os ensinamentos de Buda, o Dharma, são o método verdadeiro para fazer a nós mesmos e aos outros felizes o tempo todo, não apenas nesta vida, mas também nas incontáveis vidas futuras. Portanto, eles são a fonte de toda a felicidade.

Devemos também pensar: "Por que preciso me preocupar com as minhas vidas futuras?". Precisamos nos preocupar com as nossas vidas futuras porque a felicidade e a liberdade das nossas vidas futuras são mais importantes que a felicidade e a liberdade desta vida. A nossa vida atual é apenas uma vida. Se morrêssemos hoje, ela terminaria hoje, mas as nossas vidas futuras são incontáveis e intermináveis. Sabemos que a maioria das pessoas estão preocupadas apenas com esta vida, não com as vidas futuras, e, por essa razão, negligenciam a felicidade e a liberdade das suas incontáveis vidas futuras. A razão disso é que elas não têm uma compreensão sobre a existência de vidas futuras.

Se compreendêssemos corretamente a natureza e a função da nossa mente, compreenderíamos claramente a existência das nossas vidas futuras. Dizemos, frequentemente, "minha mente, minha mente", mas, se alguém nos perguntasse "o que é a sua mente?", não teríamos uma resposta correta. A razão para isso é que não compreendemos corretamente a natureza e a função da mente. A mente é, por natureza, algo que é vazio, como o espaço, sempre carecendo de forma [características físicas], formato e cor. A mente não é espaço propriamente dito, porque o espaço produzido possui formato e cor. Durante o dia, o espaço produzido pode estar claro, luminoso, e, durante a noite, pode estar escuro, mas a mente nunca possui formato nem cor.

A mente é vazia, mas não é correto dizer que a mente é vacuidade. Qual é a diferença entre *vazio* e *vacuidade*? No Budismo, a vacuidade tem um grande significado. Ela é a verdadeira natureza das coisas e é um objeto muito profundo e significativo. Se realizarmos diretamente a vacuidade, alcançaremos a libertação permanente de todos os sofrimentos desta vida e das nossas incontáveis vidas futuras; não existe significado maior do que este.

Segue-se uma explicação adicional. Devemos saber que *vacuidade* e *ausência do em-si* são sinônimos. A ausência do em-si é dividida em duas: (1) a ausência do em-si de pessoas, (2) a ausência do em-si dos fenômenos. Exemplos da ausência do em-si de pessoas são a mera ausência do nosso *self* que normalmente vemos e a mera ausência das outras pessoas que normalmente vemos. Um exemplo da ausência do em-si dos fenômenos é a mera ausência dos outros fenômenos que normalmente vemos ou percebemos. No *Guia para o Caminho do Meio*, o grande erudito Chandrakirti diz: "Os iogues negam o *self*". Neste contexto, os iogues negam o nosso *self* que normalmente vemos, o nosso *eu* que normalmente percebemos, as outras pessoas que normalmente vemos e todos os fenômenos que normalmente vemos ou percebemos. O objeto negado da vacuidade ou da ausência do em-si que Chandrakirti menciona aqui é mais sutil que em outras explicações sobre este tema e é muito profundo. Chandrakirti também disse que Buda explicou as duas ausências do em-si – a ausência do em-si de pessoas e a ausência do em-si dos fenômenos – para libertar os seres vivos do sofrimento permanente. Quando estudamos esses temas em detalhes ou de maneira mais precisa, devemos ser pacientes e habilidosos, nunca nos permitindo desenvolver mais confusão, a qual causará obstáculos.

Portanto, a vacuidade é um objeto muito significativo, mas um vazio é apenas vazio – ele não tem um significado especial. Por essa razão, dizemos que a mente é vazia, o que significa que ela sempre carece de forma [características físicas], formato e cor; e dizemos que o espaço é vazio, o que significa que ele carece de contato obstrutivo. E quando dizemos "minha carteira está vazia", isto significa que não há dinheiro dentro dela. Por meio disso, podemos compreender que vazio e vacuidade têm significados muito diferentes.

A função da mente é perceber ou compreender objetos. Dizemos, normalmente, "eu vejo isto e aquilo" – isso acontece porque a nossa mente vê os objetos. Porque a nossa mente compreende as coisas, dizemos "eu compreendo". Assim, a nossa percepção e compreensão dos objetos são funções da nossa mente; sem a mente, não temos o poder, ou capacidade, para perceber e compreender objetos.

INTRODUÇÃO

Outra função principal da mente é designar, ou imputar, coisas. Sem um nome, as coisas não podem existir. Os nomes são designados pela mente através de pensar "isto é isto". Portanto, as coisas existem apenas porque a mente as designa. Através disso, podemos compreender que tudo, inclusive o mundo, é criado pela mente. Não há outro criador que não a mente. Esta verdade não é difícil de compreender se a examinarmos com uma mente positiva.

Assim, em resumo, a mente é algo cuja natureza é vazia como o espaço, sempre carecendo de forma [características físicas], formato e cor, e cuja função é perceber ou compreender objetos. Por meio de compreender corretamente a natureza e a função da mente, podemos compreender que a nossa mente é completamente diferente do nosso corpo, e isto prova que, após a nossa morte, embora o nosso corpo cesse, a nossa mente não cessará. A mente deixa o corpo e vai para a próxima vida, como um pássaro, que deixa o seu ninho e muda-se para outro. Ou, por exemplo, durante o sono, quando estamos sonhando, o nosso corpo permanece na nossa cama, enquanto a nossa mente vai para o mundo dos sonhos e vê e experiencia muitos objetos oníricos diferentes. Isto mostra que, quando morrermos, o nosso corpo permanecerá neste mundo, mas a nossa mente seguirá para a sua próxima vida e, como um sonho, verá e experienciará muitas coisas diferentes da sua próxima vida. Por compreender isso, não teremos dúvidas sobre a existência de vidas futuras.

Imediatamente após a nossa morte, passaremos a ter um novo corpo, o corpo de um ser do estado intermediário, um ser vivo que está entre a sua vida passada e o seu próximo renascimento. Geralmente, o tempo de vida dos seres do estado intermediário é de apenas 49 dias. Dentro desse período, eles terão o seu próximo renascimento como um ser humano, um deus ou um semideus, ou renascerão nos reinos inferiores como um animal, um fantasma faminto ou um ser-do-inferno. Se nascermos como um ser humano, teremos de experienciar o sofrimento humano, e, se nascermos como um animal, teremos de experienciar o sofrimento animal, e assim por diante.

Devemos compreender que renascemos como um ser humano neste mundo porque, nas nossas vidas anteriores, executamos ações virtuosas contaminadas que fizeram com que nascêssemos neste mundo impuro como um ser humano. Esta é a razão pela qual estamos aqui. Ninguém nos enviou para este mundo, dizendo "deves ir e viver no mundo humano". Da mesma maneira, os animais renasceram como um animal em seu próprio reino porque, nas suas vidas anteriores, cometeram ações não-virtuosas que foram a causa principal de terem tido esse renascimento.

Ninguém tem o poder ou autoridade para dizer aos seres vivos "deves ir para o reino humano, o reino animal, o reino do inferno, ou o reino dos deuses". Por causa das nossas diferentes ações passadas, ou carma, acumuladas desde tempos sem início, temos tido diferentes renascimentos e experienciado diferentes sofrimentos.

Buda deu explicações detalhadas através das quais podemos compreender a conexão entre as nossas ações que fizemos em vidas passadas, tanto as virtuosas como as não-virtuosas, e as nossas experiências nesta vida, sejam as de felicidade ou de sofrimento.

Para provar essa conexão, Buda também deu muitos exemplos. Certa vez, havia um homem chamado Shri Datta, que havia cometido muitas ações extremamente negativas. Mais tarde, quando já estava velho, Shri Datta pediu a Buda que lhe concedesse a ordenação. É dito que, para receber a ordenação, precisamos, ao menos, de algum pequeno potencial virtuoso em nosso *continuum* mental que seja uma causa de libertação, a suprema paz interior permanente chamada "nirvana"; mas, quando os discípulos clarividentes de Buda examinaram Shri Datta, foram incapazes de encontrar um único vestígio desse potencial e, por isso, declararam Shri Datta inapto para a ordenação. No entanto, esses discípulos não foram capazes de enxergar os potenciais cármicos sutis, que só podem ser vistos pelos seres iluminados. Quando Buda olhou na mente escura de Shri Datta, viu um minúsculo potencial de virtude. Ele disse aos seus discípulos: "Há muitos éons, Shri Datta foi uma mosca que pousou no excremento de um cavalo, próximo da estupa de um Buda. Chovia copiosamente, e a água carregou o excremento, juntamente com a mosca, em torno da estupa. Embora a mosca não tivesse a intenção de circunvolver a estupa, ela recebeu, todavia, as bênçãos de Buda simplesmente por ver a estupa, e isso deixou em sua mente um potencial virtuoso para alcançar a libertação". Buda, então, concedeu-lhe a ordenação. Como resultado, os potenciais virtuosos de Shri Datta cresceram e ele alcançou a libertação naquela vida.

Está dito nas instruções de Lamrim que simplesmente ver a imagem de um Buda deposita em nossa mente um potencial, ou marca mental, que é uma causa de iluminação. A razão disso é que os Budas são completamente puros – eles estão além do ciclo de vida impura, o samsara. Esse potencial encontra-se dentro da nossa mente impura; embora o recipiente (a nossa mente) seja impuro, o seu conteúdo (o potencial que foi depositado apenas por vermos uma imagem de Buda) é sempre puro. Esse potencial irá nos proporcionar grande significado, como podemos compreender a partir da história de Shri Datta.

Outra questão que precisamos nos perguntar é: "Por que precisamos da libertação permanente do sofrimento?". A razão é que a libertação temporária de um sofrimento específico não é suficiente; até mesmo os animais conseguem alcançar uma libertação como essa. Neste momento, podemos estar livres de sofrimento físico e dor mental, mas isso é apenas temporário. Mais tarde, nesta vida e nas nossas incontáveis vidas futuras, teremos de experienciar sofrimento físico e dor mental insuportáveis, muitas e muitas vezes, sem fim. Portanto, não há dúvida de que precisamos alcançar a libertação permanente de todos os sofrimentos desta vida e das nossas incontáveis vidas futuras. No Budismo, essa libertação permanente é chamada "nirvana". Podemos alcançar essa libertação apenas por meio de praticar os ensinamentos de Buda, principalmente os seus ensinamentos sobre a ausência do em-si, ou vacuidade. Uma explicação essencial sobre a vacuidade é dada na Parte Dois deste livro, na seção *Treinar a Meditação na Vacuidade*, e uma explicação extensa pode ser encontrada no livro *Budismo Moderno*.

Os ensinamentos de Buda, ou Dharma, são o método prático para encontrar o verdadeiro significado da vida humana. Porque o Dharma é muito profundo, devemos, quando lemos livros de Dharma, contemplar seu significado muitas e muitas vezes, até que ele toque o nosso coração. Isto é muito importante para todos. Seguem-se algumas explicações adicionais. Em relação a *O Espelho do Dharma*, precisamos primeiro receber as bênçãos da transmissão deste livro. Elas abrirão a porta para a prática destas instruções e irão nos dar a oportunidade para praticar *O Espelho do Dharma*. Em segundo lugar, tendo recebido a transmissão das bênçãos, devemos continuamente manter forte fé tanto nos ensinamentos como nos professores. A razão para isso é que a fé nos ensinamentos de Dharma e nos professores é a raiz das realizações de Dharma. Através dessa fé, desenvolvemos a intenção de praticar o Dharma; através dessa intenção, aplicamos esforço na nossa prática; com esforço, podemos alcançar realizações de Dharma; e através das realizações de Dharma, satisfaremos os nossos próprios desejos, bem como os desejos dos outros. Todos nós desejamos ser felizes o tempo todo. Esse desejo somente será satisfeito através de se alcançar realizações de Dharma. Em terceiro lugar, precisamos praticar sinceramente o treino efetivo, que é treinar contemplação – a Parte Um deste livro – e treinar meditação – a Parte Dois deste livro.

O propósito de treinar contemplação é fazer com que o significado das instruções toque o nosso coração, de modo que possamos facilmente fazer progressos no treino da meditação. Se não praticarmos sinceramente o treino da contemplação, a nossa compreensão do Dharma permanecerá apenas intelectual. Assim, ela não terá poder para solucionar os nossos problemas diários do desejo descontrolado, ou apego, da raiva, da ignorância e das demais delusões. Compreendendo isso, devemos aplicar grande esforço para praticar sinceramente o treino da contemplação.

Como treinamos contemplação? De acordo com *O Espelho do Dharma*, devemos primeiro treinar as instruções apresentadas na introdução deste livro, o primeiro capítulo. Eu gostaria de sugerir que memorizássemos todas estas instruções. Depois, devemos repetir as instruções mentalmente, não verbalmente, enquanto nos concentramos continuamente, muitas e muitas vezes, no seu significado. Sobre essa base, quando contemplarmos as instruções apresentadas nos demais capítulos, a nossa compreensão e experiência do significado desses capítulos tornar-se-ão mais claras e poderosas, fazendo com que o significado completo destas instruções, *O Espelho do Dharma*, toque o nosso coração. Desse modo, alcançaremos as realizações destas preciosas instruções.

Para aqueles que têm a oportunidade de praticar as preciosas instruções de *O Espelho do Dharma*, por favor, gerem a forte determinação: "Vou deleitar todos os Budas das dez direções através da minha prática sincera desta instrução oral, *O Espelho do Dharma*, a qual veio de professores que são emanações de todos os Budas das dez direções".

Neste ponto, devemos contemplar o significado da última estrofe de *Os Três Aspectos Principais do Caminho para a Iluminação*, o conselho que vem do coração de Je Tsongkhapa:

Quando, desse modo, tiveres realizado corretamente os pontos essenciais
Dos três aspectos principais do caminho,
Caro amigo, recolhe-te em retiro solitário, gera e mantém forte esforço
E alcança, rapidamente, a meta final.

O significado dessas palavras é o seguinte. Em relação ao primeiro verso, há dois pontos essenciais: o primeiro é compreender corretamente e obter experiência dos três aspectos principais do caminho, e o segundo é compreender corretamente e obter experiência da união da aparência e vacuidade. Je Tsongkhapa está nos aconselhando: "Com esses dois pontos essenciais, deveis entrar em retiro solitário, desenvolver e manter forte esforço livre de preguiça e, desse modo, alcançareis rapidamente a meta final".

Considerações Essenciais Sobre Os Três Aspectos Principais do Caminho para a Iluminação

JE TSONGKHAPA DEU as instruções de *Os Três Aspectos Principais do Caminho para a Iluminação* como um conselho vindo do seu coração. Eu darei um comentário essencial a essas instruções.

QUEM É JE TSONGKHAPA?

Do ponto de vista da aparência comum, Je Tsongkhapa foi um mestre e erudito budista tibetano e o fundador da Nova linhagem Kadampa. O mestre budista indiano Atisha fundou a linhagem Kadampa, em geral, e Je Tsongkhapa fundou a Nova linhagem Kadampa, em particular. Ambas as linhagens são a verdadeira essência dos ensinamentos de Buda e as mais adequadas para as pessoas desta era moderna.

Na verdade, Je Tsongkhapa é uma emanação de Buda Shakyamuni, o fundador do Budismo. Buda emanou-se como Je Tsongkhapa para difundir os seus ensinamentos puros de Sutra e de Tantra, em geral, e o Tantra Ioga Supremo por todo o mundo, em especial. No capítulo intitulado "Predição", do *Sutra Rei das Instruções*, Buda fez uma predição sobre Je Tsongkhapa. Ele usou o verdadeiro nome de Je Tsongkhapa, Losang Dragpa (Sumati Kirti, em sânscrito) e o nome do monastério, Ganden, que Je Tsongkhapa fundou não muito distante de Lhasa; e explicou como Losang Dragpa clarificaria

Je Tsongkhapa

os ensinamentos de Buda de Sutra e Tantra para impedir que as pessoas seguissem visões equivocadas. Essa predição indica que, na verdade, o próprio Buda emanou-se como Je Tsongkhapa para difundir sua doutrina por todo o mundo. Na *Escritura Emanação Ganden*, o Buda da Sabedoria Manjushri disse:

Tsongkhapa, ornamento-coroa dos eruditos da Terra
  das Neves,
Tu és Buda Shakyamuni e Vajradhara, a fonte de todas
  as conquistas,
Avalokiteshvara, o tesouro de inobservável compaixão,
Manjushri, a suprema sabedoria imaculada,
E Vajrapani, o destruidor das hostes de maras.
Ó Venerável Guru Buda, síntese das Três Joias,
Com meu corpo, fala e mente, respeitosamente faço pedidos:
Peço, concede tuas bênçãos para amadurecer e libertar a mim
  e aos outros,
E confere-nos as aquisições comuns e a suprema.

Esta prece de pedidos a Je Tsongkhapa prova que Je Tsongkhapa é a manifestação de Buda Shakyamuni, Buda Vajradhara, Avalokiteshvara (o Buda da Compaixão), Manjushri (o Buda da Sabedoria) e Vajrapani (o Buda do Poder). Isto, por sua vez, prova que ele é a manifestação de todos os Budas. Assim, se confiarmos sinceramente em Je Tsongkhapa e colocarmos as suas instruções orais em prática com forte fé, alcançaremos a iluminação muito rapidamente. O grande praticante Gyalwa Ensapa e muitos dos seus seguidores alcançaram a iluminação em três anos através de praticarem sinceramente as instruções orais de Je Tsongkhapa. Isto é mágico!

Muitos eruditos têm dito que o poder das bênçãos de Je Tsongkhapa e seus métodos habilidosos para conduzir os praticantes ao estado de iluminação são inigualáveis dentre os de todos os demais Budas. Devemos nos regozijar por termos encontrado a doutrina de Je Tsongkhapa e de termos a oportunidade de ouvir e de praticar as instruções orais desse precioso Guru, que é a síntese de todos os Budas.

A EXPLICAÇÃO PROPRIAMENTE DITA DAS CONSIDERAÇÕES ESSENCIAIS SOBRE *OS TRÊS ASPECTOS PRINCIPAIS DO CAMINHO PARA A ILUMINAÇÃO*

No texto-raiz, Je Tsongkhapa diz:

**Explicarei, com o melhor de minha habilidade,
O significado essencial dos ensinamentos de todos os
Budas [renúncia],
O caminho principal dos Bodhisattvas, que têm compaixão
por todos os seres vivos [bodhichitta],
E o caminho último dos afortunados que buscam a
libertação [a visão correta da vacuidade].**

**Tu não deves estar apegado aos prazeres mundanos,
Mas empenhar-te para encontrar o verdadeiro significado
da vida humana
Por ouvir e praticar as instruções dadas aqui,
As quais todos os Budas anteriores praticaram com deleite.**

Nesta etapa, através de contemplar o significado destas estrofes, geramos um sentimento de felicidade por receber essas instruções e conselhos preciosos vindos do coração de Je Tsongkhapa, e geramos a forte determinação de colocar essas instruções em prática.

Devemos compreender que, neste mundo impuro, não há, de modo algum, felicidade verdadeira. A felicidade que vem dos prazeres mundanos não é felicidade verdadeira, mas apenas uma redução dos nossos problemas anteriores. Compreendendo isso, devemos desenvolver um desejo sincero de alcançar a felicidade suprema da iluminação, felicidade esta que é o verdadeiro significado da vida humana. Como seres humanos, apenas nós podemos alcançá-la. No momento que alcançarmos a iluminação, teremos a capacidade de beneficiar todos e cada um dos seres vivos todos os dias, através das nossas bênçãos e das nossas incontáveis emanações. A iluminação é a luz interior de sabedoria que é permanentemente livre de toda aparência equivocada e cuja função é conceder paz mental, a fonte de toda felicidade, a todos e cada um dos seres vivos, todos os dias. O método para alcançar a iluminação é renúncia, bodhichitta e a visão correta da vacuidade, as quais são os caminhos à iluminação, conhecidos como "os três aspectos principais do caminho para a iluminação".

RENÚNCIA

Renúncia não significa que abandonamos nossa família e amigos e ficamos isolados das pessoas. No Budismo, renúncia é uma parte da sabedoria – uma sabedoria que nos dá grande encorajamento para nos libertarmos permanentemente do renascimento inferior, do renascimento no ciclo de vida impura (o samsara) ou de um renascimento no qual possuímos uma mente de autoapreço. Precisamos dessa sabedoria, que nos conduz ao caminho correto para encontrarmos o verdadeiro significado da vida humana.

O segundo verso da primeira estrofe do texto-raiz diz que a renúncia é "*o significado essencial dos ensinamentos de todos os Budas*". De que modo podemos compreender isso? No *Tantra Revelando os Nomes de Manjushri*, Buda disse que, embora haja as renúncias dos três caminhos, o resultado final é apenas um. "Renúncias dos três caminhos" é a renúncia que deseja espontaneamente libertar a nós mesmos permanentemente do renascimento inferior, a renúncia que deseja espontaneamente libertar a nós mesmos permanentemente do renascimento samsárico, e a renúncia que deseja espontaneamente libertar a nós mesmos permanentemente de um renascimento no qual venhamos a ter autoapreço. A primeira renúncia é a renúncia do caminho de uma pessoa de escopo inicial, a segunda é a renúncia do caminho de uma pessoa de escopo mediano, e a terceira é a renúncia do caminho de uma pessoa de grande escopo. Isto prova que a renúncia é muito importante para iniciar, fazer progressos e concluir o caminho para a iluminação, o que, por sua vez, prova que a renúncia é o significado essencial dos ensinamentos de todos os Budas. Embora existam as renúncias dos três caminhos, o resultado é apenas um – a conquista da iluminação.

COMO DESENVOLVER RENÚNCIA PURA

O texto-raiz diz:

> **O apego à satisfação dos teus próprios desejos, o desejo descontrolado,**
> **É a causa principal de todos os teus próprios problemas e sofrimentos,**
> **E não há método para abandoná-lo sem, primeiro, desenvolver renúncia.**
> **Portanto, deves aplicar grande esforço para desenvolver e manter renúncia pura.**
>
> **Quando, por meio do treino diário, gerares os pensamentos espontâneos:**
> **"Pode ser que eu morra hoje" e "Uma preciosa vida humana é tão rara",**
> **E meditares na verdade do carma e nos sofrimentos do ciclo de vida impura, o samsara,**
> **O teu apego aos prazeres mundanos cessará.**
>
> **Desse modo, quando o desejo descontrolado por prazeres mundanos**
> **Não surgir sequer por um momento,**
> **Mas uma mente ávida por libertação – nirvana – surgir ao longo do dia e da noite,**
> **Nesse momento, renúncia pura terá sido gerada.**

A explicação no texto-raiz sobre como gerar renúncia pura é a mesma explicada por Je Tsongkhapa em seus ensinamentos de Lamrim, e eu também expliquei isso em detalhes no livro *Budismo Moderno*. Com base em instruções orais, podemos também praticar o seguinte. Imaginamos e pensamos:

Hoje, como um ser humano, desfruto de condições humanas e, à noite, irei dormir como um ser humano; mas durante o sono, devido ao carma e outras circunstâncias, minha respiração para completamente. Então, amanhã, em vez de acordar como um ser humano, eu cheguei a um lugar permeado por fogo, e meu corpo torna-se inseparável do fogo. Eu renasci no inferno, onde experienciarei dor insuportável por milhões de anos.

Contemplando essa imaginação – que vem da nossa sabedoria – muitas e muitas vezes, desenvolveremos medo do renascimento samsárico, em geral, e do renascimento inferior, em particular. Esse medo é renúncia, que vem da nossa sabedoria. Meditamos nessa renúncia continuamente, até mantermos esse medo dia e noite, sem nunca esquecê-lo. Nesse momento, teremos desenvolvido renúncia pura, ou renúncia do caminho. "Caminho", neste contexto, é um caminho espiritual, ou realização espiritual. A efetividade desta meditação depende do nosso potencial para realizações espirituais.

BODHICHITTA

Bodhi significa "iluminação", e *chitta* significa "mente". Bodhichitta é uma mente que deseja espontaneamente alcançar a iluminação para beneficiar todos e cada um dos seres vivos, todos os dias. Ela é a porta através da qual ingressamos no caminho para a iluminação e o supremo bom coração dos Filhos e Filhas dos Budas Conquistadores, também chamados de "Bodhisattvas". Eles irão, brevemente, se tornar Budas, seres iluminados. Devemos seguir o seu exemplo. No momento que desenvolvermos a bodhichitta, iremos nos tornar um Filho ou Filha dos Budas e, breve, iremos nos tornar um Buda. Que maravilhoso!

COMO GERAR A PRECIOSA MENTE DE BODHICHITTA

O texto-raiz diz:

> **No entanto, se essa renúncia não for mantida**
> **Pela compassiva mente de bodhichitta,**
> **Ela não será uma causa da felicidade insuperável,**
> **a iluminação;**
> **Portanto, deves aplicar esforço para gerar a preciosa**
> **mente de bodhichitta.**

Por contemplar o significado dessa estrofe, desenvolvemos a determinação de aplicar esforço para gerar a preciosa mente de bodhichitta, com base nas seguintes estrofes:

> **Arrastadas pelas correntezas dos quatro poderosos rios**
> **[nascimento, envelhecimento, doença e morte],**
> **Acorrentadas firmemente pelos grilhões do carma, tão**
> **difíceis de soltar,**
> **Capturadas na rede de ferro do agarramento ao em-si,**
> **Completamente envoltas pela densa escuridão da**
> **ignorância,**
>
> **Renascendo muitas e muitas vezes no ilimitado samsara**
> **E atormentadas ininterruptamente pelos três sofrimentos**
> **[sensações dolorosas, sofrimento-que-muda e sofrimento-**
> **-que-permeia] –**
> **Por contemplares o estado das tuas mães, todos os seres**
> **vivos, em condições como essas,**
> **Gera a suprema mente de bodhichitta.**

Nesta prática, há cinco etapas de contemplação e de meditação. Primeiro, reconhecemos fortemente que todos os seres vivos são nossas mães. No *Sutra Perfeição de Sabedoria Condensado*, Buda disse: "Deves reconhecer todos os seres vivos como sendo tuas mães ou pais, e deves sempre ajudá-los, com bondade amorosa e compaixão". Devemos manter este conselho no nosso coração.

Porque mudamos de aparência a cada renascimento, não reconhecemos mais uns aos outros e, por causa disso, acreditamos que existem muitos inimigos e incontáveis estranhos, que não conhecemos. Isso é uma crença equivocada e ignorância. Na verdade, todos os seres vivos são nossas mães. Em nossas incontáveis vidas anteriores, tivemos incontáveis renascimentos e, em cada um desses renascimentos, tivemos uma mãe – portanto, temos incontáveis mães. Onde estão, agora, todas essas incontáveis mães? Elas são todos os seres vivos que vivem hoje. Compreendendo e pensando sobre isso, reconhecemos fortemente, do fundo do nosso coração, que todos os seres vivos são as nossas bondosas mães, e os apreciamos, acreditando: "Eles são mais importantes do que eu próprio, pois sou apenas uma única pessoa".

Com esse amor apreciativo por todos os seres vivos, empenhamo-nos na seguinte prática. Na primeira etapa, contemplamos e pensamos, profundamente, como os incontáveis seres vivos-mães experienciam continuamente o ciclo dos sofrimentos do nascimento, adoecimento, envelhecimento e morte vida após vida, sem fim. Devemos relembrar a explicação detalhada que está no livro *Budismo Moderno*. Depois, geramos um forte desejo de libertar todos eles permanentemente desse sofrimento. Esse desejo é compaixão por todos os seres vivos. Para cumprir esse desejo, geramos a forte determinação de alcançar a iluminação. Esta determinação é a mente compassiva da bodhichitta. Meditamos, então, continuamente nesta determinação, até mantermos nossa determinação dia e noite, sem nunca nos esquecermos dela.

Na segunda etapa, contemplamos como todos os seres vivos-mães estão firmemente acorrentados pelos grilhões do carma – as ações não-virtuosas que cometeram motivados por apego, raiva ou ignorância, e que fazem com que nunca se libertem de sofrimentos e problemas. Geramos um desejo sincero de libertar todos eles permanentemente desses grilhões – isto é compaixão. Para realizar esse desejo, geramos a forte determinação de alcançar a iluminação. Esta determinação é bodhichitta. Meditamos, então, continuamente nesta determinação, até mantermos nossa determinação dia e noite, sem nunca nos esquecermos dela.

Na terceira etapa, o texto-raiz diz que todos os seres vivos estão capturados na rede de ferro da ignorância do agarramento ao em-si. Neste contexto, a definição de agarramento ao em-si é: uma mente que, equivocadamente, acredita que nós mesmos ou os outros que normalmente vemos ou percebemos existem verdadeiramente. Devemos contemplar o significado dessa definição muitas e muitas vezes, até que reconheçamos, claramente, a nossa ignorância do agarramento ao em-si, que sempre permanece no nosso coração e cuja função é destruir nossa paz mental e felicidade. Com este reconhecimento, contemplamos que, porque todos e cada um dos seres vivos estão capturados na rede de ferro da ignorância do agarramento ao em-si, nenhum deles tem qualquer felicidade verdadeira. A razão disso é que sua paz mental, a fonte de felicidade, está sempre a ser destruída pela sua ignorância do agarramento ao em-si, que sempre permanece nos seus corações. Compreendendo e pensando sobre isso, desenvolvemos um desejo sincero de dar felicidade pura a todos os seres vivos, que são nossas mães. Para realizar esse desejo, geramos a forte determinação de alcançar a iluminação. Esta determinação é bodhichitta. Meditamos continuamente nesta determinação, até mantermos nossa determinação dia e noite, sem nunca nos esquecermos dela.

Na quarta etapa, contemplamos que, embora todos e cada um dos seres vivos desejem ser felizes o tempo todo e estar permanentemente livres de todo tipo de problemas e sofrimento, eles não sabem como fazer isso. O motivo é que suas mentes estão profundamente encobertas pela densa escuridão da ignorância, não compreendendo, assim, a verdadeira natureza das coisas. O que quer que eles vejam ou percebam é uma aparência equivocada, uma alucinação. Compreendendo e pensando sobre isso, desenvolvemos um desejo sincero de libertar todos os seres vivos permanentemente da ignorância, uma mente que, equivocadamente, acredita que as coisas que normalmente vemos ou percebemos existem verdadeiramente. Para realizar esse desejo, geramos uma forte determinação de alcançar a iluminação. Esta determinação é bodhichitta. Meditamos continuamente nesta determinação, até mantermos nossa determinação dia e noite, sem nunca nos esquecermos dela.

Na quinta etapa, contemplamos como todos e cada um dos seres vivos, vida após vida, vagam pelo samsara, o ciclo interminável de vida impura, e experienciam os sofrimentos das sensações dolorosas, do sofrimento-que-muda e do sofrimento-que-permeia, que estão explicados em detalhes nos livros *Caminho Alegre da Boa Fortuna* e *Grande Tesouro de Mérito*. Por contemplar isso muitas e muitas vezes, desenvolvemos um desejo sincero de libertá-los, todos, permanentemente desse sofrimento. Para realizar esse desejo, geramos uma forte determinação de alcançar a iluminação. Esta determinação é bodhichitta. Meditamos continuamente nesta determinação, até mantermos nossa determinação dia e noite, sem nunca nos esquecermos dela.

O significado destas explicações das contemplações e meditações sobre renúncia e bodhichitta é muito claro. No entanto, nosso problema habitual é que nossa compreensão permanece apenas intelectual e não toca o nosso coração e, por causa disso, não alcançamos, ou realizamos, nada. O que realmente precisamos é obter uma profunda experiência dessas contemplações e meditações. Através disso, precisamos, primeiro, mudar nossa mente para a renúncia; depois, para o amor apreciativo por todos os seres vivos; depois, para a compaixão por todos os seres vivos; e depois, para a bodhichitta. Este é o conselho que vem do coração de Je Tsongkhapa.

A VISÃO CORRETA DA VACUIDADE

A sabedoria que acredita que as coisas ou fenômenos que normalmente vemos ou percebemos não existem é a visão correta da vacuidade. Porque o objeto dessa sabedoria é a vacuidade, a mera ausência das coisas ou fenômenos que normalmente vemos ou percebemos, essa sabedoria é chamada "a visão correta da vacuidade". Somente essa visão é a visão correta, através da qual podemos alcançar a libertação permanente do sofrimento e da ignorância.

Segue-se uma explicação adicional. Devemos saber que todos os fenômenos que normalmente vemos ou percebemos não existem, e que todos os seres vivos – incluindo nós mesmos – que normalmente vemos ou percebemos não existem. Esta é a verdade. No entanto, algumas vezes podemos achar difícil aceitar isso, porque pensamos equivocadamente "se todos os seres vivos, incluindo nós mesmos, que normalmente vemos ou percebemos não existem, então como podemos praticar renúncia, compaixão, amor e bodhichitta?". Pensando assim, desenvolvemos confusão, que interfere com a nossa prática de Dharma diária. Podemos solucionar esse problema através de instruções especiais de Je Tsongkhapa que clarificam esse assunto.

Je Tsongkhapa disse: "Sempre que vemos ou percebemos qualquer fenômeno, qualquer ser vivo ou nós mesmos, nós os vemos ou percebemos apenas como inerentemente existentes". Uma vez que a existência inerente não existe, todos os fenômenos que normalmente vemos ou percebemos não existem, todos os seres vivos que normalmente vemos não existem, e nós mesmos que normalmente vemos não existimos. No entanto, devemos saber que todos os fenômenos, todos os seres vivos e nós mesmos existem como mero nome. Esse reconhecimento dos fenômenos, dos seres vivos e de nós mesmos é completamente correto. Todos os seres vivos, incluindo nós mesmos, existem como mero nome, e cada um tem a sua própria função. Assim, através de ficarmos satisfeitos com o seu mero nome, podemos praticar renúncia, compaixão, amor e bodhichitta e todas as demais instruções. Je

Tsongkhapa clarificou isso seguindo a intenção de Buda, bem como a intenção de Nagarjuna.

Nos Sutras, Buda disse que todos os fenômenos são apenas mero nome – até mesmo a vacuidade de todos os fenômenos é, apenas, mero nome. Isso implica que, além do mero nome, nada existe. Além disso, é verdade que, porque os seres vivos identificam-se a si próprios equivocadamente, eles desenvolvem aparências equivocadas semelhantes a alucinações e, por causa disso, experienciam sofrimento e problemas continuamente, vida após vida, até que alcancem a suprema paz interior permanente do nirvana.

Devemos saber que pensamos "eu, eu" dia e noite, inclusive enquanto estamos dormindo. Devido à isso, percebemos um *eu* como sendo nós mesmos. Essa maneira de nos identificarmos a nós mesmos é errônea, porque o *eu* que normalmente percebemos não existe. Por meio disso, podemos compreender como estamos nos identificando a nós mesmos equivocadamente o tempo todo. Por exemplo, imagine um praticante chamado João que, por perceber o seu corpo ou a sua mente – os quais são a sua base de designação, ou de imputação –, pense espontaneamente: "eu sou João". Porque a sua base de designação – o seu corpo e mente – são contaminados pelo veneno interior das delusões, o seu reconhecimento de si próprio como João fará com que experiencie sofrimento continuamente. Se João não desejar experienciar sofrimento, ele precisará mudar a sua base de designação – do seu corpo e mente contaminados para um corpo e mente incontaminados, tais como o corpo e a mente de Heruka, de Vajrayogini ou de qualquer outro Guru-Deidade. Isso é verdadeiro não apenas para João, mas para todos. Qualquer pessoa que não deseje experienciar sofrimento precisa mudar a sua base de designação.

O que são a aparência comum e a concepção comum? Quando João aparece para si mesmo como João, essa aparência é a aparência comum de João, e quando ele se aferra a si mesmo como João, isso é a sua concepção comum. Ambas são a raiz do sofrimento de João. Devemos aplicar esse exemplo de João à aparência comum e à concepção comum de todos os outros seres vivos, incluindo nós mesmos. A aparência comum é a obstrução principal para a aquisição da iluminação, e a concepção comum é a obstrução principal para a aquisição da libertação, conhecida como "nirvana". Assim, para os praticantes tântricos, os seus objetos principais de abandono são a aparência comum e a concepção comum, e a sua prática principal é a prática do estágio de geração e do estágio de conclusão, através da qual eles gradualmente reduzem e, por fim, abandonam por completo toda a aparência e concepção comuns.

Uma explicação detalhada sobre como mudar a nossa base de designação – de um corpo e mente contaminados para um corpo e mente incontaminados – pode ser encontrada no livro *Budismo Moderno, Parte Dois: Tantra* e em muitas outras escrituras tântricas, nas seções sobre a prática da autogeração.

A visão que acredita que as coisas que normalmente vemos ou percebemos existem verdadeiramente é a ignorância, a raiz de todo o sofrimento. No *Sutra Perfeição de Sabedoria*, Buda diz que, se procurarmos pelas coisas com sabedoria, não conseguiremos encontrá-las. Não conseguiremos encontrar nossa forma, sensações, discriminações, fatores de composição e consciência. Portanto, não conseguiremos encontrar nosso *self*. Isto prova que as coisas que normalmente vemos ou percebemos não existem. Uma explicação detalhada sobre isso pode ser encontrada no livro *Budismo Moderno*.

Se as coisas que normalmente vemos ou percebemos não existem, então, como as coisas realmente existem? As coisas existem na dependência do seu mero nome. Se ficarmos satisfeitos com o seu mero nome, as coisas existem. Além dos seus meros nomes, nada existe de modo algum.

Para solucionar nossos problemas diários, podemos praticar como segue. Devemos compreender e pensar, do fundo do nosso coração: "Todos os sofrimentos, problemas, dificuldades, doenças, sensações dolorosas, danos e males que recebo, não encontrar as coisas que desejo e perder as coisas às quais sou apegado, experienciados por mim que eu normalmente vejo, não existem. A razão é que o *eu* que normalmente vejo não existe". Compreendendo e pensando profundamente sobre isso, podemos relaxar e permanecer com uma mente pacífica o tempo todo; assim, seremos felizes o tempo todo. Desse modo, porque somos felizes o tempo todo, nossos problemas irão, todos, desaparecer.

Há três níveis da visão correta da vacuidade – de acordo com os Sutras hinayana, de acordo com os Sutras mahayana e de acordo com o Vajrayana. A mais suprema dessas visões é a visão correta da vacuidade que Buda explicou no Vajrayana. No Vajrayana, ou Tantra, Buda deu explicações sobre a união da aparência e vacuidade. A sabedoria que realiza essa união é a visão correta da vacuidade, a qual é a visão última de Buda. A união da aparência e vacuidade significa que todos os fenômenos – a aparência – e suas vacuidades são *um* objeto, e não dois objetos. Por exemplo, nosso corpo – a aparência – e sua vacuidade são *um* objeto, e não dois objetos. Quando vemos nosso corpo, na verdade vemos apenas a vacuidade do nosso corpo, pois a natureza verdadeira do nosso corpo é a sua vacuidade. No entanto, não compreendemos isso devido à nossa ignorância. Normalmente, vemos o nosso corpo como algo que existe do seu próprio lado. Isso é aparência equivocada, da qual todos os sofrimentos e problemas se desenvolvem interminavelmente. Devemos compreender que não há "nosso corpo" que não a sua vacuidade. Devemos aplicar este conhecimento para todos os fenômenos. Para compreender corretamente este assunto da união, precisamos ser muito pacientes. Quando, através de compreendermos corretamente e treinarmos continuamente a união da aparência e vacuidade, experienciarmos diretamente a união da aparência e vacuidade, experienciaremos diretamente nosso ambiente, prazeres, corpo e mente como ambiente, prazeres, corpo e mente iluminados, e iremos nos experienciar diretamente, a nós mesmos, com um ser iluminado – a união de Buda, a união de Vajradhara, a união de Heruka, e assim por diante.

O texto-raiz diz:

**Porém, embora possas estar familiarizado com renúncia e bodhichitta,
Se não possuíres a sabedoria que realiza o modo como as coisas realmente são,**

**Não serás capaz de cortar a raiz do samsara;
Portanto, empenha-te de modo a realizares a relação-
-dependente.**

Je Tsongkhapa nos aconselha, dizendo: *"Portanto, empenha-te de modo a realizares a relação-dependente".* A relação-dependente é um assunto muito importante. Por compreendermos corretamente isso, podemos compreender o modo como as coisas realmente são. O grande erudito Aryadeva disse:

> Assim como o poder sensorial permeia o corpo inteiro,
> A ignorância permeia todas as delusões.
> Assim, se cortarmos nossa ignorância por meio de aplicarmos
> grande esforço para realizar o verdadeiro significado da
> relação-dependente,
> Todas as nossas delusões cessarão.

As coisas existem na dependência das suas causas e condições, na dependência das suas partes, na dependência das suas bases de designação, ou de imputação, e na dependência dos seus meros nomes. A última delas, a existência na dependência dos seus meros nomes, é a relação-dependente sutil. Quando realizarmos a relação-dependente sutil, nossa compreensão da vacuidade será qualificada. Porque as coisas existem na dependência das suas causas e condições prova que as coisas não existem do seu próprio lado, e isto, por sua vez, prova que as coisas que normalmente vemos ou percebemos não existem. Isto, por sua vez, prova que as coisas existem na dependência dos seus meros nomes, que é o verdadeiro significado da relação-dependente. A maneira como as coisas realmente existem é na dependência dos seus meros nomes. Não há coisas além dos seus meros nomes. Isto é a relação-dependente sutil.

Devemos praticar a seguinte contemplação e meditação:

Porque as coisas existem na dependência das suas causas e condições prova que elas não existem a partir do seu próprio lado. Isto, por sua vez, prova que as coisas que normalmente vemos ou percebemos não existem, e isto, por sua vez, prova que as coisas existem na dependência dos seus meros nomes. O modo como as coisas realmente existem é na dependência dos seus meros nomes.

Quando, por contemplarmos isso muitas e muitas vezes, compreendermos claramente que o modo como as coisas realmente existem é na dependência dos seus meros nomes, mantemos esse conhecimento profundo no nosso coração e meditamos nele pelo maior tempo possível. Por praticarmos continuamente esta contemplação e meditação, o nosso agarramento ao em-si, a raiz de todo sofrimento, diminuirá e, por fim, cessará completamente.

O texto-raiz diz:

> **Quando vires claramente os fenômenos – como o samsara
> e o nirvana, e causa e efeito – tal como existem
> E, ao mesmo tempo, vires que todos os fenômenos que
> normalmente vês ou percebes não existem
> Terás ingressado no caminho da visão correta da vacuidade,
> Deleitando, assim, todos os Budas.**

Nesta etapa, precisamos realizar duas coisas: (1) precisamos negar os objetos negados pela vacuidade – as coisas e fenômenos que normalmente vemos ou percebemos – e (2) precisamos realizar que os fenômenos do samsara e nirvana e causa e efeito existem efetivamente. Quando realizarmos esses dois sem ver nenhuma contradição entre eles, teremos ingressado no caminho da visão correta da vacuidade, deleitando, assim, todos os Budas.

O texto-raiz diz:

> **Se perceberes e acreditares que a aparência – os fenômenos –
> E o vazio – a vacuidade dos fenômenos –
> São duais,
> Não terás, ainda, realizado a intenção de Buda.**

Com essas palavras, Je Tsongkhapa está dizendo que, se percebermos e acreditarmos que aparência e vacuidade são duais, não teremos ainda realizado a intenção de Buda. Assim, precisamos aplicar esforço para realizar a intenção última de Buda, que é realizar a aparência e vacuidade não-duais.

Em geral, todos os fenômenos estão incluídos nestes dois: aparência e vacuidade. Os fenômenos, eles próprios, são aparências, e suas vacuidades são vazios. Essa aparência e vazio são não-duais, o que significa que são *um* objeto, e não dois. Isso é como o azul do céu e o próprio céu. O azul do céu é o próprio céu; não há azul do céu que não o próprio céu – o céu, ele próprio, aparece como azul. Porque a natureza dos fenômenos é a vacuidade dos fenômenos, quando percebemos os fenômenos estamos a perceber, na verdade, a vacuidade dos fenômenos, mas, devido à ignorância, não conseguimos compreender isso. Não há fenômenos senão as suas vacuidades. Assim, os fenômenos (os quais são aparência) e suas vacuidades (que são vazios) são não-duais, o que significa que são *um* objeto, e não dois. Através desta explicação, podemos compreender o significado de aparência e vazio não-duais. Quando, por contemplarmos mentalmente o significado desta explicação muitas e muitas vezes, compreendermos a aparência e vazio não-duais como um espaço interminável da vacuidade, mantemos esse conhecimento profundo no nosso coração e meditamos nele continuamente, até que ele se torne a realização espontânea de aparência e vazio não-duais. Por meio disso, nossa aparência dual e aparência equivocada cessarão e alcançaremos, assim, a iluminação rapidamente.

Para praticantes tântricos qualificados, nesse espaço interminável da vacuidade, seus ambientes, prazeres, corpo, mente e seu próprio *self* aparecem naturalmente como o ambiente, prazeres, corpo, mente e *self* de um ser iluminado – tudo, naturalmente, existindo na dependência dos seus meros nomes.

O significado de aparência e vacuidade não-duais é muito profundo e não é fácil de ser compreendido. A sabedoria que realiza a aparência e vacuidade não-duais é um nível mais elevado da visão correta da vacuidade, e treinar essa sabedoria é o caminho rápido à iluminação. Je Tsongkhapa recolheu essas instruções da *Escritura Emanação Ganden*, cuja natureza é a sabedoria de Buda Manjushri.

Se tivermos, dentro de nós mesmos, um forte potencial para realizações espirituais, então, com essa condição, desenvolveremos e manteremos facilmente conhecimento profundo e realizações espirituais. Podemos obter essa condição – um forte potencial para realizações espirituais, dentro de nós mesmos – através de praticar sinceramente o Guru-Ioga do Buda da Sabedoria Je Tsongkhapa. Por meio disso, receberemos as bênçãos poderosas de todos os Budas através do nosso Guru, de modo que desenvolveremos e manteremos facilmente conhecimento profundo e realizações espirituais. Praticantes como Gyalwa Ensapa e seus discípulos e Je Sherab Senge e seus discípulos são testemunhas disso. Eles alcançaram o estado de iluminação em três anos. Isso é mágico. Por meio disso, podemos compreender quão afortunados somos por ter a oportunidade de praticar estas instruções. Há dois Gurus-Iogas principais de Je Tsongkhapa: *Oferenda ao Guia Espiritual* e *As Centenas de Deidades da Terra Alegre*, ambos extraídos da *Escritura Emanação Ganden*. As práticas desses dois Gurus-Iogas são métodos perfeitos para aumentar e desenvolver nosso potencial para alcançar rapidamente a iluminação, de modo que possamos alcançar a iluminação rapidamente.

O texto-raiz diz:

Se, por apenas veres que as coisas existem
Na dependência dos seus meros nomes,
O teu agarramento ao em-si reduzir ou cessar,
Nesse momento, concluíste a tua compreensão da vacuidade.

O significado desta estrofe é muito claro. Nesta etapa, precisamos treinar a relação-dependente sutil – que todos os fenômenos existem na dependência dos seus meros nomes, e não do seu próprio lado. Isto significa que precisamos contemplar e meditar continuamente nessa relação-dependente sutil.

O texto-raiz diz:

> **Além disso, se negares o extremo da existência**
> **Através de simplesmente realizares que os fenômenos**
> **são apenas meras aparências,**
> **E se negares o extremo da não-existência**
> **Através de simplesmente realizares que todos os fenômenos**
> **que normalmente vês ou percebes não existem,**
>
> **E se realizares como, por exemplo, a vacuidade de causa**
> **e efeito**
> **É percebida como causa e efeito,**
> **Porque não existe causa e efeito que não vacuidade,**
> **Com essas realizações, tu não serás prejudicado pela**
> **visão extrema.**

A visão extrema é muito prejudicial para nós e para os outros. Por essa razão, Je Tsongkhapa nos aconselha a aplicarmos esforço para desenvolvermos as realizações acima, de modo que nos libertemos dessa visão prejudicial.

Devemos distinguir entre *extremo* e *visão extrema*. Um extremo é algo que é exagerado e que, na verdade, não existe; e uma visão extrema é uma crença equivocada que existe na nossa mente. Fenômenos que existem do seu próprio lado são o extremo da existência, e fenômenos completamente não-existentes são o extremo da não-existência. Nenhum desses extremos existe.

O texto-raiz diz:

> **Quando, desse modo, tiveres realizado corretamente os**
> **pontos essenciais**
> **Dos três aspectos principais do caminho,**
> **Caro amigo, recolhe-te em retiro solitário, gera e mantém**
> **forte esforço**
> **E alcança, rapidamente, a meta final.**

Este é o conselho final vindo do coração de Je Tsongkhapa. Devemos manter esse conselho no nosso coração e colocá-lo em prática.

Guru Sumati Buda Heruka

Pedidos ao Senhor de Todas as Linhagens

**PRECE DE PEDIDOS PARA AS PRÁTICAS
DO LAMRIM – AS ETAPAS DO CAMINHO PARA A
ILUMINAÇÃO; DO LOJONG – O TREINO DA MENTE;
DO ESTÁGIO DE GERAÇÃO E DO ESTÁGIO
DE CONCLUSÃO**

CONCENTRANDO-NOS NO SIGNIFICADO desta prece, empenhamo-nos, enquanto nos mantemos completamente livres de distrações, na seguinte prática simples. Devemos memorizar *Pedidos ao Senhor de Todas as Linhagens*, que é uma prece muito abençoada. Devemos recitar mentalmente essa prece muitas vezes todos os dias, mesmo quando estivermos relaxando ou deitados, ao mesmo tempo que nos concentramos no significado de cada estrofe individual. A nossa compreensão do significado de cada estrofe deve tocar o nosso coração e, por meio disso, a nossa mente se transformará em sabedoria, amor apreciativo, compaixão, e assim por diante. Não há significado maior do que se empenhar nesta prática. Por favor, guarde este conselho no seu coração.

Primeiro, imaginamos e pensamos: "No espaço à minha frente, aparece meu Guru-raiz no aspecto do Conquistador Losang Dragpa, Je Tsongkhapa. No seu coração, está Buda Shakyamuni e, no coração deste, está Buda Heruka. Eles são uma única e mesma pessoa, conhecida como Guru Sumati Buda Heruka, mas com aspectos diferentes". Simplesmente acreditamos que Guru Sumati Buda Heruka está realmente presente à nossa frente e, então, empenhamo-nos na seguinte prece de pedidos:

Ó Venerável Conquistador Losang Dragpa,
Que és o Glorioso Senhor de todas as linhagens, Heruka,
Em cujo corpo residem todos os Budas, seus mundos e seus séquitos,
Peço a ti, por favor, concede tuas bênçãos.

Meu bondoso, precioso Guru-raiz,
Que és inseparavelmente uno com Heruka,
Em cujo grande êxtase todos os fenômenos estão reunidos em um,
Peço a ti, por favor, concede tuas bênçãos.

Visto que a raiz de todas as aquisições espirituais
É confiar puramente no Guia Espiritual,
Por favor, concede agora as profundas bênçãos de teu corpo, fala
    e mente
Sobre meu corpo, fala e mente.

Devido à sua grande bondade, Je Tsongkhapa apresentou
Todos os ensinamentos de Buda, de Sutra e de Tantra, como
    instruções práticas.
No entanto, pode ser que minha grande boa fortuna em ter
    encontrado o sagrado Dharma, a doutrina de Buda,
Permaneça comigo apenas durante esta vida,

Uma vez que minha respiração é como uma névoa, prestes a
    desaparecer,
E minha vida é como a chama de uma vela, prestes a extinguir-se
    ao vento,
Já que não há garantia de que não morrerei hoje,
Agora é o momento único de extrair o verdadeiro significado
    da vida humana, a conquista da iluminação.

Em minhas incontáveis vidas anteriores, acumulei vários tipos
    de ações não-virtuosas,
E, como resultado, terei de experienciar o insuportável sofrimento
    do renascimento inferior por muitos éons.
Já que isso é insuportável para mim, busco refúgio sinceramente,
Do fundo do meu coração, em Buda, Dharma e Sangha.

Aplicarei esforço sinceramente
Para receber bênçãos de Buda,
Receber ajuda da Sangha, os praticantes espirituais puros,
E para praticar o Dharma puramente.

Por me empenhar nesta prática continuamente,
Alcançarei o verdadeiro refúgio em minha mente –
As realizações do sagrado Dharma –,
Que me libertam permanentemente de todos os sofrimentos
e problemas.

A causa do sofrimento são as ações não-virtuosas,
E a causa da felicidade são as ações virtuosas.
Visto que isso é totalmente verdadeiro,
Abandonarei definitivamente as primeiras e praticarei as
segundas.

Do mesmo modo que acreditar, equivocadamente,
Que uma bebida venenosa é néctar,
Apegar-se, com aferramento, a objetos de desejo
É a causa de grande perigo.

No ciclo de vida impura, o samsara,
Não existe verdadeira proteção contra o sofrimento.
Onde quer que eu nasça, seja como um ser inferior ou elevado,
Terei de experienciar unicamente sofrimento.

Se toda a carne e ossos de todos os corpos que eu tive
anteriormente fossem reunidos, eles seriam equivalentes ao
Monte Meru,
E, se todo o sangue e fluidos corporais fossem reunidos, eles
seriam equivalentes ao mais profundo oceano.
Embora eu tenha tido incontáveis corpos, tendo renascido como
Brahma, Indra, reis chakravatin, deuses e seres humanos
comuns,
Não extraí nenhum significado disso, visto que ainda continuo
a sofrer.

Tendo nascido nos infernos e bebido cobre derretido; como insetos,
cujos corpos se tornaram lama;
E como cães, porcos e assim por diante, que comeram imundices
suficientes para cobrir o mundo inteiro;
E, como foi dito, se as lágrimas que derramei de todo esse
sofrimento são mais vastas que um oceano,
Se, ainda assim, não sinto nenhuma aflição ou medo – terei eu
uma mente de ferro?

Compreendendo isso, aplicarei esforço contínuo para cessar o
renascimento samsárico,
Empenhando-me para abandonar permanentemente sua raiz – a
ignorância do agarramento ao em-si.
Na dependência dessa renúncia, abrirei a porta para o caminho
à libertação,
E vou me empenhar em praticar os três treinos superiores – a
síntese de todos os caminhos.

Com minha mente, qual um excelente cavalo, dirigindo-se a
solos mais elevados,
Guiada pelas rédeas do Dharma dos três treinos superiores,
E instigada sempre para adiante com o chicote do forte esforço,
Viajarei agora, rapidamente, pelo caminho para a libertação.

Todos os seres vivos-mães, que cuidam de mim com tanta bondade,
Estão se afogando no apavorante oceano do samsara.
Se eu não me preocupar com seus deploráveis sofrimentos,
Serei como um filho malvado e sem coração.

Durante todas as minhas vidas sem-início até agora, a raiz de
todo o meu sofrimento tem sido minha mente de autoapreço;
Preciso expulsá-la do meu coração, lançá-la para bem longe e
apreciar, unicamente, todos os seres vivos.
Deste modo, concluirei minha prática de trocar eu por outros.
Ó meu precioso Guru, por favor, concede tuas bênçãos para que
eu conclua esta prática profunda.

Para libertar permanentemente todos os seres vivos-mães
Do sofrimento e da aparência equivocada,
Alcançarei a União do estado de iluminação
Por meio da prática das seis perfeições.

Eliminando completamente as distrações de minha mente,
Observando e mantendo um único objeto de meditação com
contínua-lembrança,
E impedindo que os obstáculos do afundamento e excitamento
mentais surjam,
Controlarei, deste modo, minha mente com meditação clara
e alegre.

Todas as minhas aparências nos sonhos ensinam-me
Que todas as minhas aparências quando estou acordado não existem;
Assim, para mim, todas as minhas aparências oníricas
São as instruções supremas de meu Guru.

Os fenômenos que normalmente vejo ou percebo
São enganosos – criados por mentes equivocadas.
Se eu procurar pela realidade do que vejo ou percebo,
Não há nada ali que exista – percebo, apenas, um vazio
semelhante ao espaço.

Quando procuro com meu olho de sabedoria,
Todas as coisas que normalmente vejo ou percebo desaparecem,
E apenas os seus meros nomes permanecem.
Com esse mero nome, simplesmente aceito tudo com o
propósito de comunicar-me com os outros.

O modo como os fenômenos existem é exatamente esse.
Guru Pai Je Tsongkhapa clarificou isso, seguindo a intenção
de Nagarjuna.
Assim, a visão correta da vacuidade, livre dos dois extremos,
É extremamente profunda.

Após eu ter adquirido experiência dos caminhos comuns,
O Principal da Terra Pura de Akanishta – Vajradhara Heruka –
Aparece agora neste mundo como uma emanação de Heruka
Na forma de meu Guru-raiz,
Que me conduziu ao interior do grande mandala do corpo
    de Heruka,
E me concedeu as quatro iniciações para amadurecer meu
    continuum mental.
Assim, tornei-me um grande afortunado – alguém que, nesta
    vida, tem a oportunidade de realizar
A União de Heruka por meio de alcançar o Não-Mais-Aprender,
    o estado de iluminação.

A bondade de Guru Heruka Pai e Mãe é inconcebível,
E a bondade de meu Guru-raiz é inconcebível.
Devido a essa boa fortuna e pelo poder de minha imaginação correta,
Resido agora no grande mandala de Heruka, a natureza do meu
    corpo denso purificado.

Eu sou a Deidade iluminada Heruka,
A natureza de minha gota branca indestrutível purificada,
Com minha consorte Vajravarahi,
A natureza de minha gota vermelha indestrutível purificada.
Estou rodeado pelas Deidades Bodhisattvas – os Heróis e Heroínas –
Que são a natureza de meus canais e gotas purificados.
Por desfrutar de grande êxtase e da vacuidade de todos os
    fenômenos, pacifiquei todas as aparências e concepções
    comuns,
E assim realizei o verdadeiro significado da vida humana.

Tendo gerado a mim mesmo como Heruka com consorte,
Medito brevemente em meu corpo como sendo oco e vazio
    semelhante ao espaço.
Dentro desse corpo, está meu canal central, que possui quatro
    características.
Dentro do meu canal central, no centro das oito pétalas da roda-
    -canal do coração,

Está a união de minha gota branca e vermelha indestrutível, do
tamanho de uma pequena ervilha,
Que é muito clara e irradia luzes de cinco cores.
Dentro dela está meu vento indestrutível, no aspecto de uma
letra HUM,
Que é o verdadeiro Glorioso Heruka.
Minha mente ingressa no HUM e funde-se com ele, como água
misturando-se com água.
Mantenho com contínua-lembrança esse HUM, que é meu vento
indestrutível e Heruka, e medito estritamente focado nele.

Por estabilizar essa meditação, o movimento de meus ventos
interiores das concepções cessará.
Desse modo, perceberei uma clara-luz plenamente qualificada.
Por concluir a prática dessa clara-luz,
Alcançarei a efetiva União de Grande Keajra, o estado de
iluminação.
Essa é a grande bondade de Guru Heruka;
Que eu me torne igual a ti.

Considerações Essenciais à Sadhana de Avalokiteshvara: *Preces e Pedidos ao Buda da Compaixão*

QUEM É AVALOKITESHVARA? Avalokiteshvara é um ser iluminado que é a manifestação da compaixão de todos os Budas – a compaixão de todos os Budas aparece como Avalokiteshvara. Ele é a síntese de todos os Budas. Neste contexto, a sadhana refere-se à prece ritual para se alcançar a aquisição de Avalokiteshvara, o Buda da Compaixão. A sadhana propriamente dita pode ser encontrada no Apêndice III.

Os benefícios de nos empenharmos na prática dessa sadhana são incomensuráveis. Por praticarmos sinceramente as instruções apresentadas nessa sadhana, podemos, primeiro, solucionar os nossos próprios problemas diários através de controlar o nosso desejo, a nossa raiva e a nossa ignorância e, então, com essa habilidade, podemos conduzir as pessoas do mundo inteiro ao caminho espiritual correto, através do qual elas poderão encontrar o verdadeiro significado da vida humana.

A prática principal dessa sadhana é treinar em purificar e transformar as seis classes de seres vivos, a qual é uma instrução muito abençoada que vem da *Escritura Emanação Ganden*. As seis classes de seres vivos são: deuses, semideuses e seres humanos, que são as três classes superiores de seres vivos; e animais, fantasmas famintos e seres-do-inferno, que são as três classes inferiores de seres vivos. Há sete etapas para praticar essa sadhana.

Avalokiteshvara

A PRIMEIRA ETAPA:
BUSCAR REFÚGIO E GERAR BODHICHITTA

BUSCAR REFÚGIO

Neste contexto, buscar refúgio refere-se a procurar refúgio em Buda, Dharma e Sangha. Isto significa que aplicamos esforço para receber as bênçãos de Buda, para praticar o Dharma puramente e para receber ajuda dos praticantes espirituais puros, conhecidos como "Sangha". Se formos incapazes de fazer esta prática, não ingressaremos no Budismo, e, se não ingressarmos no Budismo, não teremos oportunidade de alcançar a libertação permanente do sofrimento ou a felicidade suprema da iluminação. Teremos, então, perdido o verdadeiro significado da vida humana. Compreendendo isso, fazemos a promessa – diante do nosso Guia Espiritual ou da imagem de um Buda, considerando-a como um Buda vivo – de buscar refúgio em Buda, Dharma e Sangha por toda esta vida e vida após vida. Essa promessa é o voto de refúgio. Podemos tomar esse voto de refúgio por meio de recitar três vezes a seguinte prece de refúgio, enquanto nos concentramos no seu significado:

> **Eu e todos os seres sencientes, até alcançarmos**
> **a iluminação,**
> **Nos refugiamos em Buda, Dharma e Sangha.**

Uma explicação detalhada sobre buscar refúgio pode ser encontrada na Parte Dois deste livro, na seção *Meditação Sobre Buscar Refúgio*.

GERAR BODHICHITTA

Bodhi significa "iluminação", e *chitta* significa "mente". A bodhichitta é uma mente que deseja espontaneamente alcançar a iluminação para beneficiar todos e cada um dos seres vivos, todos os dias. Podemos gerar esse supremo bom coração, bodhichitta, por meio de recitar três vezes a seguinte prece, enquanto nos concentramos no seu significado:

Pelas virtudes que coleto, praticando o dar e as outras perfeições,
Que eu me torne um Buda para o benefício de todos.

Uma explicação detalhada sobre a bodhichitta pode ser encontrada na Parte Dois deste livro, na seção *Meditação no Supremo Bom Coração, Bodhichitta.*

A SEGUNDA ETAPA: VISUALIZAR AVALOKITESHVARA

Com base nessa visualização, podemos iniciar, fazer progressos e concluir o nosso treino de purificar e transformar as seis classes de seres vivos. Para fazer uma conexão especial com as seis classes de seres vivos, imaginamos que estamos rodeados pelas seis classes de seres vivos, todos eles no aspecto de seres humanos. Isso fará com que as nossas ações de beneficiar as seis classes de seres vivos sejam efetivas.

Como visualizamos Avalokiteshvara? Contemplamos, muitas e muitas vezes, o significado das palavras que estão na sadhana, desde "Eu e todos os seres vivos, tão extensos como o espaço", até "Ele é a síntese de todos os objetos de refúgio". Por meio disso, perceberemos uma imagem geral de Avalokiteshvara em nossa coroa e na coroa de todos aqueles que nos rodeiam – as seis classes de seres vivos. Devemos ficar satisfeitos com essa imagem geral aproximada. Então, do fundo do nosso coração, pensamos fortemente: "Que maravilhoso se eu mesmo me tornasse o Buda da Compaixão. Que eu me torne o Buda da Compaixão, de modo que eu possa beneficiar todos e cada um dos seres vivos todos os dias, através das minhas bênçãos e das minhas incontáveis emanações". Com este supremo bom coração, empenhamo-nos na prática dos sete membros.

A TERCEIRA ETAPA: A PRÁTICA DOS SETE MEMBROS

A prática dos sete membros são: prostração, oferenda, purificação, regozijo, pedido, fazer um pedido especial e dedicatória. Como foi mencionado acima, o treino de purificar e transformar as seis classes de seres vivos é a prática principal, que é como o corpo principal. Os sete membros são como os membros que sustentam o corpo principal. Sem os seus membros, um corpo não pode funcionar. De modo semelhante, sem praticar sinceramente os sete membros, o treino de purificar e transformar as seis classes de seres vivos não pode funcionar. Compreendendo isso, devemos reconhecer que a prática dos sete membros é a nossa prática diária.

Todos os dias, devemos praticar continuamente prostração, oferenda, purificação e assim por diante, sem esquecê-los. Os objetos para os quais nos prostramos, fazemos oferendas e nos confessamos, com os quais nos regozijamos, para os quais rogamos e fazemos um pedido especial são os seres iluminados, e dedicamos nosso mérito para a nossa própria iluminação e para a iluminação de todos os seres vivos. Por causa disso, a prática dos sete membros é um método poderoso para fazer crescer, continuamente, o nosso potencial para alcançar a iluminação, ou natureza búdica; a prática dos sete membros faz com que a nossa natureza, ou semente, búdica amadureça muito rapidamente, de modo que alcançaremos a iluminação muito rapidamente.

Quando alcançarmos a iluminação por meio deste treino especial, teremos completado nosso treino de purificar e transformar as seis classes de seres vivos. A razão disso é que, no momento que alcançarmos a iluminação, seremos capazes de purificar todas as impurezas das seis classes de seres vivos e de conceder felicidade pura e duradoura para todos eles. Explicações detalhadas sobre cada uma das práticas dos sete membros podem ser encontradas no livro *Caminho Alegre da Boa Fortuna*, assim como nas sadhanas *Oferenda ao Guia Espiritual* e *As Centenas de Deidades da Terra Alegre* e seus comentários.

A QUARTA ETAPA: PEDIR OS
CINCO GRANDES PROPÓSITOS

Primeiro, fazemos uma oferenda de mandala e, depois, empenha-mo-nos no pedido propriamente dito. Imaginamos que o universo inteiro se transforma na Terra Pura de Buda, e oferecemos esse mandala ao Buda da Compaixão, Avalokiteshvara.

Empenhamo-nos, então, em *Pedir os Cinco Grandes Propósitos*, que são:

(1) Alcançar a libertação permanente do ciclo de vida impura;
(2) Desenvolver e manter a bodhichitta convencional e a bodhichitta última, os caminhos principais à iluminação;
(3) Purificar completamente ações não-virtuosas e delusões;
(4) Alcançar a Terra Pura de Buda;
(5) Alcançar a iluminação.

Estes são os grandes propósitos gerais, e concluir o nosso treino de purificar e transformar as seis classes de seres vivos é um grande propósito específico. Do fundo do nosso coração, pedimos fortemente a Avalokiteshvara, que é inseparável do nosso Guia Espiritual, que abençoe nosso *continuum* mental para que possamos concluir este treino. Enquanto nos concentramos neste significado, repetimos mentalmente, muitas vezes, a seguinte prece de pedidos:

Ó Guru Avalokiteshvara, Buda da Compaixão,
Por favor, abençoa, rapidamente, o meu *continuum* mental,
Para que eu possa concluir rapidamente
O treino de purificar e transformar as seis classes de
seres vivos.

A QUINTA ETAPA: O TREINO PROPRIAMENTE DITO DE PURIFICAR E TRANSFORMAR AS SEIS CLASSES DE SERES VIVOS

Este tópico tem duas partes:

1. Treinar durante a meditação;
2. Treinar durante a prática subsequente.

TREINAR DURANTE A MEDITAÇÃO

Imaginamos e pensamos:

Devido ao meu pedido estritamente focado a Guru Avaloki-teshvara, que está na minha coroa, raios de luz de cinco cores, da natureza da sabedoria onisciente de Avalokiteshvara, irradiam do seu corpo e se dissolvem no mundo inteiro e em todos os seres vivos, as seis classes de seres vivos. Todas as impurezas do mundo inteiro e dos seres vivos que nele habitam são purificadas. O mundo inteiro torna-se a Terra Pura de Buda, e todos os seres vivos – as seis classes de seres vivos – tornam-se seres iluminados.

Meditamos estritamente focados nessa crença pelo maior tempo possível. Essa crença é uma crença correta, porque é não-enganosa e nos proporciona grande significado. Em cada sessão, podemos repetir esta meditação muitas vezes, com a prece de pedidos acima.

Por praticarmos, sincera e continuamente, esta meditação, desenvolveremos e manteremos uma crença espontânea de que o mundo inteiro foi purificado e se transformou na Terra Pura de Buda, e que todos os seres vivos – as seis classes de seres vivos – foram purificados e se tornaram seres iluminados. Por mantermos continuamente essa crença, nossa aparência e concepção comuns reduzir-se-ão continuamente e, por fim, cessarão por completo. Nesse momento, teremos nos tornado um ser iluminado, e seremos capazes de beneficiar todos e cada um dos seres vivos todos os dias, através das nossas bênçãos e das nossas incontáveis emanações. Teremos realizado o verdadeiro significado da nossa vida humana. Que maravilhoso!

TREINAR DURANTE A PRÁTICA SUBSEQUENTE, TAMBÉM DENOMINADA "OS TRÊS RECONHECIMENTOS"

Fazemos esta prática com algumas explicações adicionais, como segue. Fora da meditação, devemos reconhecer que, seja qual for o fenômeno que vejamos, este não é outro que não a sua vacuidade: ele é a manifestação da sua vacuidade; devemos reconhecer que, seja qual for o fenômeno que ouçamos, este não é outro que não a sua vacuidade: ele é a manifestação da sua vacuidade; e devemos reconhecer que, seja qual for o fenômeno do qual nos lembremos, este não é outro que não a sua vacuidade: ele é a manifestação da sua vacuidade. Estes são os três reconhecimentos. Em suma, todos os fenômenos não são mais do que a sua vacuidade. Com essa experiência, ao longo de toda a nossa vida, iremos nos sentir sempre relaxados, experienciaremos alegria e paz, e tudo será magnífico.

No *Sutra Coração*, Buda disse que não há forma que não vacuidade. O significado dessas palavras é o seguinte. Porque a natureza verdadeira da forma é a vacuidade da forma, quando percebemos *forma*, percebemos, em realidade, apenas a vacuidade da forma; mas, devido à ignorância, não conseguimos compreender isso. A vacuidade da forma é a mera ausência da forma que normalmente vemos. A maneira pela qual a forma realmente existe é na dependência do seu mero nome. Se ficarmos satisfeitos com o seu mero nome, a forma realmente existe; para além do mero nome, ela não existe. Devemos também aplicar isso aos sons e a todos os fenômenos.

A partir desta explicação, podemos compreender claramente o significado dos três reconhecimentos. Se, com uma compreensão clara, praticarmos continuamente os três reconhecimentos dia e noite, sem nunca nos esquecermos deles, esse será o método rápido para concluir o nosso treino de purificar e transformar as seis classes de seres vivos.

Em relação às palavras de Buda "não há forma que não vacuidade", a seguinte questão poderá surgir: a forma é vacuidade? A resposta é: não, a forma não é vacuidade, mas a forma não é outra que não a sua vacuidade. Todos os fenômenos não são nada além do que as suas vacuidades. A sabedoria que realiza esse objeto profundo é um método poderoso para abandonar a aparência dual, a qual é o obstáculo principal para se alcançar a iluminação. A aparência dual é uma percepção equivocada, que percebe um fenômeno e a sua vacuidade como se fossem dois objetos. A aquisição da união de Buda Heruka, por exemplo, depende da sabedoria que realiza que os fenômenos e as suas vacuidades são não-duais. Forma e vacuidade da forma são não-duais; essa não--dualidade é a união da aparência e vacuidade. Som e vacuidade do som são não-duais; essa não-dualidade é união da aparência e vacuidade. Podemos aplicar isso aos cheiros, sabores, objetos táteis e a todos os demais fenômenos.

Quando praticamos os três reconhecimentos como foram explicados acima, estamos praticando a união da aparência e vacuidade. Por praticarmos continuamente a união da aparência e vacuidade, a nossa aparência dual reduzir-se-á gradualmente e, por fim, cessará por completo. No momento que a nossa aparência dual cessar completamente, tornar-nos-emos um ser iluminado, um Buda.

Com a experiência de renúncia, bodhichitta e a visão correta da vacuidade, devemos aplicar grande esforço para alcançar a união de Buda, a união de Buda Heruka, a união de Buda Avalokiteshvara, e assim por diante. No Tantra-Ação, a compaixão de todos os Budas aparece como Avalokiteshvara, e no Tantra Ioga Supremo, a compaixão de todos os Budas aparece como Heruka. Esses dois Budas são uma só pessoa, mas com aspectos diferentes.

A SEXTA ETAPA: RECITAÇÃO DE MANTRA

O mantra que recitamos nesta sadhana é OM MANI PÄME HUM. Externamente, ele é uma coleção de seis sílabas, mas, internamente, ele é a sabedoria onisciente de Avalokiteshvara, que protege os seres vivos da aparência e concepção comuns, a raiz de todo o sofrimento. As seis sílabas desse mantra indicam que, se recitarmos continuamente esse mantra com forte fé durante toda a nossa vida, seremos capazes de purificar e transformar as seis classes de seres vivos, incluindo nós mesmos. Compreendendo isso, devemos desfrutar da recitação desse mantra.

O significado desse mantra é: com OM, estamos chamando Avalokiteshvara; MANI significa a preciosa joia da iluminação; PÄME significa libertação; e HUM significa "por favor, concede". Juntas, essas palavras significam: "Ó Avalokiteshvara, por favor, concede a preciosa joia da iluminação para libertar todos os seres vivos". Por meio da recitação desse mantra, treinamos a mente compassiva da bodhichitta.

Para realizar um retiro-aproximador de Avalokiteshvara, precisamos recitar esse mantra um milhão de vezes em associação com a sadhana.

A SÉTIMA ETAPA: DEDICATÓRIA

Fazemos esta prática como segue. Compreendendo que sofrimento insuportável permeia o mundo inteiro e com grande compaixão por todos os seres vivos, repetimos mentalmente, do fundo do nosso coração, a seguinte prece dedicatória continuamente, muitas e muitas vezes, todos os dias. Isso fará com que Avalokiteshvara, que é a síntese de todos os Budas, entre e permaneça no nosso coração, de modo que possamos concluir rapidamente nosso treino de purificar e transformar as seis classes de seres vivos.

PRECE DEDICATÓRIA:

Pelas virtudes que acumulei
Por treinar em compaixão e sabedoria,
Que todas as impurezas das seis classes de seres vivos
  sejam purificadas
E, assim, que todos eles se transformem em seres iluminados.

PARTE DOIS

Treinar Meditação

Mãos em postura de meditação

O Que É Meditação?

Devemos também colocar o conselho que vem do coração de Je Tsongkhapa, *Os Três Aspectos Principais do Caminho para a Iluminação*, em prática, através de treinar na meditação das etapas do caminho para a iluminação, conhecidas como "o Lamrim Kadam". Antes de isso ser explicado, segue-se uma explicação adicional.

Devemos saber que, se não encontramos o objeto da nossa meditação, a nossa meditação não tem função. A maioria dos objetos das meditações apresentadas a seguir são as nossas próprias determinações que geramos através de contemplar sinceramente o significado da explicação do *Propósito desta Meditação*. Se essas determinações vierem do fundo do nosso coração, teremos encontrado o objeto da nossa meditação, e a nossa meditação será, então, altamente efetiva. Por exemplo, na meditação sobre renúncia, precisamos primeiro gerar a determinação "preciso me libertar permanentemente dos sofrimentos desta vida e das incontáveis vidas futuras"; essa determinação precisa vir do fundo do nosso coração. Uma vez que essa determinação venha do fundo do nosso coração, quando estivermos fora de meditação manteremos essa determinação continuamente dia e noite e a colocaremos em prática por meio de praticar sinceramente os três treinos superiores. Através disso, alcançaremos a libertação permanente dos sofrimentos desta vida e das incontáveis vidas futuras, conhecida como "nirvana".

Infelizmente, no entanto, fazemos normalmente o oposto. A nossa determinação não vem do nosso coração, mas permanece unicamente intelectual ou superficial. Somos como alguém que está fingindo, "fazendo de conta". Porque a determinação que geramos durante a meditação não vem do nosso coração, no momento que emergimos da meditação esquecemo-nos da nossa determinação e ignoramos a nossa prática dos três treinos superiores. Desse modo, estamos enganando a nós mesmos! Eu peço a você: por favor, reverta essa triste situação.

Em geral, meditação é definida como uma mente que está concentrada, de modo estritamente focado, num objeto virtuoso e cuja função é tornar a mente pacífica e calma.

Queremos ser felizes o tempo todo, inclusive enquanto estamos dormindo. De que modo podemos fazer isso? Podemos fazer isso através de treinarmos meditação, pois a meditação torna a nossa mente pacífica e, quando a nossa mente está pacífica, somos felizes o tempo todo, mesmo quando as nossas condições são insuficientes ou desfavoráveis. Podemos compreender isso a partir da nossa própria experiência. Visto que o método efetivo para tornar a nossa mente pacífica é treinar meditação, devemos aplicar esforço nesse treino. Sempre que meditamos, estamos executando uma ação, ou carma, que fará com que experienciemos paz mental no futuro. Podemos compreender, a partir disto, a importância de treinar meditação.

A diferença entre *concentração* e *meditação* é que concentração é, necessariamente, um fator mental, mas a meditação pode ser tanto um fator mental quanto uma mente primária. Podemos compreender o significado de mente primária e de fator mental a partir do livro *Como Entender a Mente*. O objeto de concentração pode ser qualquer coisa, mas o objeto de meditação é, necessariamente, um objeto virtuoso. Um objeto é virtuoso ou não-virtuoso na dependência da nossa atitude ou ponto de vista. Por exemplo, quando nosso inimigo nos prejudica e praticamos paciência, nosso inimigo é nosso objeto virtuoso – ele é o objeto da nossa paciência; mas, se ao invés disso, ficarmos com raiva dele, nosso inimigo será nosso objeto não-virtuoso – ele será o objeto da nossa raiva. Portanto, está no âmbito da nossa escolha se alguém ou algo é nosso objeto virtuoso ou nosso objeto não-virtuoso. Devemos aprender a usar todos os seres vivos como nossos objetos virtuosos – os objetos da nossa compaixão e paciência – e aprender a usar todos os fenômenos como os objetos do nosso treino na vacuidade. Não há prática de Dharma maior do que esta.

Existe uma classificação tripla da meditação:

1. Meditação de uma pessoa de escopo inicial;
2. Meditação de uma pessoa de escopo mediano;
3. Meditação de uma pessoa de grande escopo.

Segue-se uma explicação adicional. Para que essas meditações sejam efetivas, devemos manter a prática das preces preparatórias – *Preces para Meditação, Oferenda ao Guia Espiritual* ou o Guru-Ioga da *Joia-Coração* – como nossa prática diária. A razão disso é que, para alcançar realizações das meditações apresentadas a seguir – as meditações do Lamrim Kadam –, precisamos acumular grande boa fortuna, ou mérito; precisamos purificar obstáculos, negatividades e ações não-virtuosas; e precisamos receber as poderosas bênçãos de todos os Budas das dez direções através do nosso Guia Espiritual.

Devemos saber que a *Prece de Pedidos das Etapas do Caminho* em *Oferenda ao Guia Espiritual,* ou *Lama Chopa* em tibetano, a *Prece das Etapas do Caminho* em *Preces para Meditação,* e os *Pedidos ao Senhor de Todas as Linhagens* em *As Centenas de Deidades da Terra Alegre de Acordo com o Tantra Ioga Supremo* são as práticas condensadas do Lamrim. Para aqueles que desejam sinceramente alcançar realizações do Lamrim Kadam, eu quero fazer um pedido: "Por favor, memorize os nossos preciosos livros de Lamrim, tais como *Caminho Alegre da Boa Fortuna* e *Budismo Moderno.* Através disso, se praticar sincera e continuamente, você obterá realizações efetivas".

Segue-se um conselho prático adicional. Se desejamos realmente alcançar realizações das meditações das pessoas de escopo inicial, escopo mediano e grande escopo, devemos memorizar a explicação essencial do propósito de cada meditação. Depois, na meditação propriamente dita, devemos repetir mentalmente a explicação essencial do propósito da meditação enquanto nos concentramos no seu significado, completamente livres de distrações. Este é um método poderoso para alcançar realizações dessas meditações, as quais tornarão a nossa vida, por inteiro, alegre, farão com que os nossos problemas samsáricos cessem e que todas as nossas ações de beneficiar os outros tornem-se efetivas, uma vez que seremos capazes de mostrar um bom exemplo.

Devemos saber também que memorizar os livros de Dharma e as preces rituais, ou sadhanas, que pretendemos praticar e que vamos ensinar aos outros é muito importante. Quando memorizamos livros de Dharma e sadhanas, estamos depositando vastas joias preciosas de Dharma no armazém da nossa mente. Posteriormente, para nós, o Dharma virá naturalmente a partir da nossa mente dia e noite, inclusive enquanto estamos dormindo. A razão para isso é que a tesouraria da nossa mente estará repleta de joias de Dharma, tesouro este que nunca diminuirá – quanto mais usarmos essas joias, mais elas aumentarão. Assim, a nossa própria prática de Dharma tornar-se-á imensamente efetiva, e as nossas ações de beneficiar os outros através de ensinar-lhes o Dharma tornar-se-ão também imensamente efetivas. Tudo isso é a minha própria experiência; eu espero que muitas pessoas façam o mesmo.

Meditação de uma
Pessoa de Escopo Inicial

HÁ CINCO MEDITAÇÕES de uma pessoa de escopo inicial:

1. Meditação na preciosidade da nossa vida humana;
2. Meditação sobre a morte;
3. Meditação no perigo do renascimento inferior;
4. Meditação sobre buscar refúgio;
5. Meditação no carma.

MEDITAÇÃO NA PRECIOSIDADE
DA NOSSA VIDA HUMANA

O PROPÓSITO DESTA MEDITAÇÃO

O propósito desta meditação é o de nos encorajarmos a extrair o verdadeiro significado da nossa vida humana e não desperdiçá--la em atividades sem significado. Nossa vida humana é muito preciosa, mas somente se a usarmos para alcançar a libertação permanente e a felicidade suprema da iluminação através de praticar o Dharma, pura e sinceramente. Devemos nos encorajar a realizar o verdadeiro significado da nossa vida humana. Qual é o verdadeiro significado da vida humana?

Muitas pessoas acreditam que o desenvolvimento material é o verdadeiro significado da vida humana, mas podemos ver que não importa quanto desenvolvimento material exista no mundo, ele nunca reduz o sofrimento e os problemas humanos. Em vez disso, ele frequentemente faz com que o sofrimento e os problemas aumentem; portanto, ele não é o verdadeiro significado da vida humana. Devemos compreender que, vindos das nossas vidas anteriores, alcançamos, presentemente, o mundo humano por apenas um breve instante, e agora temos a oportunidade de alcançar a felicidade suprema da iluminação através de praticar o Dharma. Essa é a nossa extraordinária boa fortuna. Quando alcançarmos a iluminação, teremos realizado todos os nossos próprios desejos e poderemos realizar os desejos de todos os demais seres vivos; teremos libertado a nós próprios permanentemente dos sofrimentos desta vida e das incontáveis vidas futuras, e poderemos beneficiar diretamente todos e cada um dos seres vivos, todos os dias. A conquista da iluminação é, portanto, o verdadeiro significado da vida humana.

Como foi mencionado na Parte Um, a iluminação é a luz interior de sabedoria que é permanentemente livre de toda aparência equivocada, e cuja função é conceder paz mental para todos e cada um dos seres vivos, todos os dias. Agora mesmo obtivemos um renascimento humano e temos a oportunidade de alcançar a iluminação através da prática do Dharma; portanto, se desperdiçarmos esta preciosa oportunidade em atividades sem significado, não haverá maior perda nem maior insensatez, ou tolice, do que essa. A razão é que tal oportunidade preciosa será extremamente difícil de ser encontrada no futuro. Em um Sutra, Buda esclarece isso por meio da seguinte analogia. Ele pergunta aos seus discípulos: "Suponham que exista um vasto e profundo oceano do tamanho deste mundo; que, na sua superfície, haja uma argola dourada flutuando; e que, no fundo do oceano, viva uma tartaruga cega, que vem à superfície apenas uma vez a cada cem mil anos. Quantas vezes a tartaruga passaria sua cabeça pelo meio da argola?". Ananda, seu discípulo, respondeu que isso seria, com toda certeza, extremamente raro.

Neste contexto, o vasto e profundo oceano refere-se ao samsara – o ciclo de vida impura que temos experienciado desde tempos sem início, continuamente, vida após vida, sem fim; a argola dourada refere-se ao Budadharma, e a tartaruga cega refere-se a nós. Embora não sejamos fisicamente uma tartaruga, mentalmente não somos muito diferentes; e embora os nossos olhos físicos possam não ser cegos, os nossos olhos de sabedoria o são. Na maioria das nossas incontáveis vidas anteriores, permanecemos no fundo do oceano do samsara, nos três reinos inferiores (o reino animal, o reino dos fantasmas famintos e o reino do inferno), emergindo como um ser humano apenas uma vez a cada cem mil anos, mais ou menos. Mesmo quando alcançamos brevemente o reino superior do oceano do samsara como um ser humano, é extremamente raro encontrar a argola dourada do Budadharma: o oceano do samsara é extremamente vasto, a argola dourada do Budadharma não permanece num único lugar, mas move-se de um lugar a outro, e os nossos olhos de sabedoria estão sempre cegos. Por essas razões, Buda diz que, no futuro, mesmo se obtivermos um renascimento humano, será extremamente raro encontrar o Budadharma novamente; encontrar o Dharma Kadam é ainda mais raro que isso. Podemos ver que a grande maioria dos seres humanos no mundo, embora tenham alcançado brevemente o reino superior do samsara como seres humanos, não encontraram o Budadharma. A razão disto é que os seus olhos de sabedoria não se abriram.

O que significa "encontrar o Budadharma"? Significa ingressar no Budismo através de buscar sinceramente refúgio em Buda, Dharma e Sangha e, assim, ter a oportunidade de ingressar e fazer progressos no caminho para a iluminação. Se não encontrarmos o Budadharma, não teremos oportunidade de fazer isso e, portanto, não teremos a oportunidade de alcançar a felicidade pura e duradoura da iluminação, o verdadeiro significado da vida humana.

O OBJETO DESTA MEDITAÇÃO

O objeto desta meditação, ou o objeto sobre o qual nos concentramos estritamente focados, é a nossa determinação de praticar o Dharma, pura e sinceramente. Devemos aprender a desenvolver essa determinação através de contemplar a explicação acima sobre o propósito desta meditação. Quando, por meio dessa contemplação, surgir em nosso coração uma firme determinação de praticar o Dharma pura e sinceramente, teremos encontrado o objeto desta meditação.

A MEDITAÇÃO PROPRIAMENTE DITA

Devemos pensar:

> *Agora eu alcancei, por um breve momento, o mundo humano, e tenho a oportunidade de alcançar a libertação permanente do sofrimento e a felicidade suprema da iluminação através de colocar o Dharma em prática. Se eu desperdiçar esta preciosa oportunidade em atividades sem significado, não haverá maior perda nem maior insensatez.*

Pensando dessa maneira, tomamos a forte determinação de praticar o Dharma – os ensinamentos de Buda – das etapas do caminho para a iluminação, sincera e puramente, enquanto temos a oportunidade. Mantemos essa determinação sem nos esquecermos dela, e permanecemos estritamente focados nela pelo maior tempo possível. Por treinar continuamente nesta meditação, desenvolveremos um desejo espontâneo de praticar o Dharma, as etapas do caminho, pura e sinceramente. Esse desejo é a realização desta meditação.

Durante o intervalo entre as meditações, devemos colocar nossa determinação em prática.

MEDITAÇÃO SOBRE A MORTE

O PROPÓSITO DESTA MEDITAÇÃO

O propósito desta meditação é impedir a preguiça do apego, o obstáculo principal à prática de Dharma. Porque o nosso desejo por prazeres mundanos é muito forte, temos pouco ou nenhum interesse pela prática de Dharma. Do ponto de vista espiritual, essa falta de interesse pela prática de Dharma é um tipo de preguiça, denominado "preguiça do apego". Enquanto tivermos essa preguiça, a porta para a libertação permanecerá fechada para nós, e, como consequência, continuaremos a vivenciar infortúnio e sofrimento nesta vida e nas incontáveis vidas futuras. A maneira de superar essa preguiça, o obstáculo principal à nossa prática de Dharma, é meditar sobre a morte.

Precisamos contemplar e meditar sobre a nossa morte muitas e muitas vezes, até obtermos uma profunda realização sobre a morte. Embora, num nível intelectual, todos nós saibamos que definitivamente iremos morrer, nossa consciência sobre a morte permanece superficial. Visto que a nossa compreensão intelectual da morte não toca o nosso coração, continuamos a pensar todos os dias: "eu não vou morrer hoje, eu não vou morrer hoje". Mesmo no dia da nossa morte, ainda estaremos pensando sobre o que faremos no dia ou na semana seguintes. Essa mente que pensa todo dia "eu não vou morrer hoje" é enganosa – ela nos conduz na direção errada e faz com que a nossa vida humana se torne vazia. Por outro lado, por meditarmos sobre a morte, substituiremos gradualmente o pensamento enganoso "eu não vou morrer hoje" pelo pensamento *não-enganoso* "pode ser que eu morra hoje". A mente que pensa espontaneamente, todos os dias, "pode ser que eu morra hoje" é a realização sobre a morte. É essa realização que elimina diretamente a nossa preguiça do apego e abre a porta para o caminho espiritual.

Em geral, podemos ou não morrer hoje – não sabemos. No entanto, se pensarmos todos os dias "pode ser que eu não morra hoje", esse pensamento irá nos enganar, porque vem da nossa ignorância; porém, se em vez disso pensarmos, todos os dias, "pode ser que eu morra hoje", esse pensamento não nos enganará, porque vem da nossa sabedoria. Esse pensamento benéfico impedirá a nossa preguiça do apego e irá nos encorajar a preparar o bem-estar das nossas incontáveis vidas futuras ou a aplicar grande esforço para ingressarmos no caminho para a libertação e a iluminação. Desse modo, tornaremos esta nossa vida humana atual significativa. Desperdiçamos até agora, sem significado algum, nossas incontáveis vidas anteriores – não trouxemos nada conosco das nossas vidas passadas, exceto delusões e sofrimento.

A nossa morte é a separação permanente do nosso corpo e da nossa mente. Podemos experienciar muitas separações temporárias do nosso corpo e mente, mas elas não são a nossa morte. Por exemplo, quando aqueles que concluíram seu treino na prática conhecida como "transferência de consciência" entram em meditação, a mente deles se separa do corpo. O corpo desses meditadores permanece onde estão meditando, mas sua mente vai para uma Terra Pura e, então, retorna para o corpo deles. À noite, durante os sonhos, nosso corpo permanece na cama, mas a nossa mente vai para diversos lugares do mundo do sonho e, então, retorna para o nosso corpo. Essas separações do nosso corpo e da nossa mente não são a nossa morte, porque essas separações são apenas temporárias.

Na morte, nossa mente separa-se permanentemente do nosso corpo. O nosso corpo permanece no local desta vida, mas a nossa mente vai para os diversos lugares das nossas vidas futuras, como um pássaro que deixa o ninho e voa para outro. Isso mostra claramente a existência das nossas incontáveis vidas futuras e que a natureza e a função do nosso corpo e da nossa mente são muito diferentes. Nosso corpo é uma forma visual que possui cor e formato, mas, como foi explicado na Parte Um, nossa mente é um *continuum* sem forma que sempre carece de cor e formato. A natureza da nossa mente é um vazio semelhante ao espaço, e sua função é perceber ou compreender objetos. Por meio disso, podemos compreender que o nosso cérebro não é a nossa mente.

O cérebro é simplesmente uma parte do nosso corpo que, por exemplo, pode ser fotografada, ao passo que não podemos fazer o mesmo com a nossa mente.

Podemos não ficar felizes ao ouvir sobre a nossa morte, mas contemplar e meditar sobre a morte é muito importante para a efetividade da nossa prática de Dharma. O motivo é que contemplar e meditar sobre a morte impede o obstáculo principal à nossa prática de Dharma – a preguiça do apego às coisas desta vida – e nos encoraja a praticar o Dharma puramente agora. Se fizermos isso, realizaremos o verdadeiro significado da vida humana antes da nossa morte.

O OBJETO DESTA MEDITAÇÃO

O objeto desta meditação é o nosso pensamento "pode ser que eu morra hoje, pode ser que eu morra hoje". Devemos aprender a desenvolver esse pensamento por meio de contemplar a explicação acima sobre o propósito desta meditação. Quando, por meio dessa contemplação, o pensamento "pode ser que eu morra hoje, pode ser que eu morra hoje" surgir em nosso coração, teremos encontrado o objeto desta meditação.

A MEDITAÇÃO PROPRIAMENTE DITA

Devemos contemplar e pensar:

Com certeza, eu vou morrer. Não há nenhuma maneira de impedir que o meu corpo finalmente decaia. Dia após dia, momento após momento, a minha vida está se esvaindo. Eu não tenho ideia alguma de quando morrerei: a hora da morte é completamente incerta. Muitas pessoas jovens morrem antes de seus pais; outras, no momento em que nascem – não há certezas neste mundo. Além disso, há muitas causas de morte prematura. As vidas de muitas pessoas fortes e saudáveis são destruídas em acidentes. Não há garantia de que não morrerei hoje.

Tendo contemplado repetidamente estes pontos, repetimos mentalmente, muitas e muitas vezes, "pode ser que eu morra hoje, pode ser que eu morra hoje", e concentramo-nos nessa crença. Transformamos nossa mente nessa crença "pode ser que eu morra hoje", e permanecemos estritamente focados nela pelo maior tempo possível. Por treinar continuamente nesta meditação, desenvolveremos, todos os dias, a crença espontânea "pode ser que eu morra hoje". Essa crença é a realização desta meditação.

Durante o intervalo entre as meditações, devemos pensar: "Já que, em breve, terei de partir deste mundo, não há sentido em ficar apegado às coisas desta vida. Em vez disso, a partir de agora devotarei toda a minha vida a praticar o Dharma, pura e sinceramente". Mantemos, então, essa determinação dia e noite, sem preguiça.

Precisamos aplicar esforço em nossa prática de Dharma. Compreendendo que os prazeres mundanos são enganosos e que eles nos distraem de usarmos nossa vida de uma maneira significativa, devemos abandonar o apego por eles. Dessa maneira, podemos eliminar a preguiça, o obstáculo principal à prática pura do Dharma.

MEDITAÇÃO NO PERIGO
DO RENASCIMENTO INFERIOR

O PROPÓSITO DESTA MEDITAÇÃO

O propósito desta meditação é nos encorajar a preparar uma proteção contra o perigo do renascimento inferior. Se não fizermos isso agora, enquanto temos uma vida humana com suas liberdades e dotes e a oportunidade de fazê-lo, será tarde demais quando tivermos qualquer um dos três renascimentos inferiores, e será extremamente difícil obter uma preciosa vida humana novamente. Uma *preciosa vida humana* significa um renascimento humano no qual temos a oportunidade de alcançar a libertação permanente de todo o sofrimento, conhecida como "nirvana". É dito que é mais fácil para os seres humanos alcançarem a iluminação do que para seres como os animais obterem um precioso renascimento humano. Compreender isso irá nos encorajar a abandonar não-virtude (ou ações negativas), praticar virtude (ou ações positivas) e buscar refúgio em Buda, Dharma e Sangha (os praticantes espirituais puros e supremos); esta é a nossa verdadeira proteção.

Cometer ações não-virtuosas é a causa principal de renascimento inferior, ao passo que praticar virtude e buscar refúgio em Buda, Dharma e Sangha são as causas principais de um precioso renascimento humano. Ações não-virtuosas graves são a causa principal para renascer como um ser-do-inferno, ações não-virtuosas medianas são a causa principal para renascer como um fantasma faminto, e ações não-virtuosas leves são a causa principal para renascer como um animal. Existem muitos exemplos dados nas escrituras budistas sobre como as ações não-virtuosas levam a renascer nos três reinos inferiores.

Havia uma vez um caçador cuja esposa vinha de uma família de criadores de animais. Após morrer, ele renasceu como uma vaca, pertencendo à família de sua mulher. Então, um açougueiro comprou essa vaca, abateu-a e vendeu a carne. O caçador renasceu sete vezes como uma vaca, pertencendo à mesma família, e, dessa maneira, veio a se tornar o alimento de outras pessoas.

No Tibete, há um lago chamado Yamdroktso, onde muitas pessoas da cidade próxima costumavam passar suas vidas pescando. Certa vez, um grande iogue com clarividência visitou a cidade e disse: "eu vejo que as pessoas desta cidade e os peixes deste lago estão continuamente trocando suas posições". O que ele quis dizer é que as pessoas da cidade que gostavam de pescar renasciam como peixes, o alimento de outras pessoas, e os peixes no lago renasciam como as pessoas que gostavam de pescar. Dessa maneira, trocando seus aspectos físicos, eles estavam continuamente matando e comendo uns aos outros. Esse ciclo de infortúnio continuou geração após geração.

O OBJETO DESTA MEDITAÇÃO

O objeto desta meditação é a nossa sensação de medo de renascer nos reinos inferiores como um animal, um fantasma faminto ou um ser-do-inferno. Devemos aprender a desenvolver essa sensação de medo por meio de contemplar a explicação acima sobre o propósito desta meditação. Quando, por meio dessa contemplação, uma sensação de medo de ter um renascimento como esse surgir em nosso coração, teremos encontrado o objeto desta meditação.

Em geral, medo é algo que não é significativo, mas o medo gerado aqui tem um grande significado. Ele surge da nossa sabedoria e nos conduz diretamente a preparar a proteção efetiva contra o renascimento inferior, que é buscar sinceramente refúgio em Buda, Dharma e Sangha ou em Guru Sumati Buda Heruka. Como resultado disso, nosso próximo renascimento será um precioso renascimento humano, o que nos dará a oportunidade de fazer continuamente progressos em nossa prática de Dharma, tanto de Sutra quanto de Tantra. Ou nosso próximo renascimento será na Terra Pura de Keajra, por sermos guiados até ela por Guru Sumati Buda Heruka. Se não gerarmos esse medo agora, nunca prepararemos essas proteções.

A MEDITAÇÃO PROPRIAMENTE DITA

Contemplamos, como segue:

Quando o óleo de uma lamparina é totalmente consumido, a chama se extingue, porque a chama é produzida pelo óleo; mas, quando o nosso corpo morre, a nossa consciência não se extingue, porque a consciência não é produzida pelo corpo. Quando morremos, nossa mente tem de deixar este corpo atual, que é apenas uma morada temporária, e encontrar outro corpo, assim como um pássaro que deixa o ninho e voa para outro. A nossa mente não tem liberdade de permanecer e não tem escolha para onde ir. Somos soprados para o lugar do nosso próximo renascimento pelos ventos das nossas ações, ou carma (nossa boa ou má fortuna). Se o carma que amadurecer na hora da nossa morte for negativo, teremos, com toda a certeza, um renascimento inferior. Carma negativo grave causa renascimento no inferno, carma negativo mediano causa renascimento como fantasma faminto, e carma negativo leve causa renascimento como um animal.

É muito fácil cometer carma negativo grave. Por exemplo, ao simplesmente esmagarmos um mosquito motivados por raiva, criamos a causa para renascer no inferno. Durante esta vida e em todas as nossas incontáveis vidas anteriores, cometemos muitas ações negativas graves. A não ser que já tenhamos purificado essas ações por meio de praticarmos sincera confissão, seus potenciais permanecem em nosso continuum mental, e qualquer um desses potenciais negativos poderá amadurecer quando morrermos. Mantendo isso em mente, devemos nos perguntar: "Se eu morrer hoje, onde estarei amanhã? É muito provável que eu me encontre no reino animal, entre os fantasmas famintos ou no inferno. Se alguém hoje me chamasse de vaca estúpida, acharia difícil tolerar isso, mas o que eu faria se realmente me tornasse uma vaca, um porco ou um peixe – o alimento de seres humanos?".

Tendo contemplado repetidamente esses pontos, geramos um medo intenso de renascer nos reinos inferiores. Mantemos então esse medo, sem esquecê-lo; nossa mente deve permanecer estritamente focada nessa sensação de medo pelo maior tempo possível. Por treinar continuamente nesta meditação, desenvolveremos uma sensação espontânea de medo de ter um renascimento inferior. Essa sensação de medo é a realização desta meditação.

Durante o intervalo entre as meditações, devemos tentar nunca nos esquecer da nossa sensação de medo de renascer nos reinos inferiores.

MEDITAÇÃO SOBRE BUSCAR REFÚGIO

O PROPÓSITO DESTA MEDITAÇÃO

O propósito desta meditação é o de nos protegermos permanentemente de um renascimento inferior. Neste contexto, "buscar refúgio" significa buscar refúgio em Buda, Dharma e Sangha. No momento presente, porque somos humanos, isso significa que nos livramos de um renascimento como um animal, fantasma faminto ou ser-do-inferno, mas essa liberdade é apenas temporária. Somos como um prisioneiro que ganhou permissão para ficar em casa por uma semana, mas que, depois disso, tem de retornar à prisão. Precisamos de libertação permanente dos sofrimentos desta vida e das incontáveis vidas futuras. Isso depende de ingressar, fazer progressos e concluir o caminho budista à libertação, o que, por sua vez, depende de ingressar no Budismo.

Ingressamos no Budismo através da prática de buscar refúgio. Para que a nossa prática de refúgio seja qualificada, devemos fazer, verbal ou mentalmente, enquanto visualizamos Buda diante de nós, a promessa de buscar refúgio em Buda, Dharma e Sangha durante toda a nossa vida. Essa promessa é o nosso voto de refúgio e é a porta pela qual ingressamos no Budismo. Enquanto mantivermos essa promessa, permanecemos no Budismo, mas, se quebrarmos essa promessa, estamos fora. Ao ingressar e permanecer no Budismo, temos a oportunidade de iniciar, fazer progressos e concluir o caminho budista à libertação e à iluminação.

Nunca devemos abandonar nossa promessa de buscar refúgio em Buda, Dharma e Sangha durante toda a nossa vida. "Buscar refúgio em Buda, Dharma e Sangha" significa que devemos aplicar esforço para receber as bênçãos de Buda, para colocar o Dharma em prática e para receber ajuda da Sangha. Esses são os três compromissos principais do voto de refúgio. Por manter e praticar sinceramente esses três compromissos principais de refúgio, podemos realizar nossa meta final.

A razão principal pela qual precisamos tomar a determinação e prometer buscar refúgio em Buda, Dharma e Sangha durante toda a nossa vida é que precisamos alcançar a libertação permanente do sofrimento. No momento presente, pode ser que estejamos livres de sofrimento físico e dor mental, mas, como foi mencionado anteriormente, essa liberdade é apenas temporária. Mais tarde, nesta vida e em nossas incontáveis vidas futuras, teremos de vivenciar insuportável sofrimento físico e dor mental continuamente, vida após vida, sem fim.

Quando a nossa vida está em perigo ou quando somos ameaçados por alguém, o que normalmente fazemos é buscar refúgio na polícia. É claro que, algumas vezes, a polícia consegue nos proteger de um perigo específico, mas ela não pode nos dar a libertação permanente da morte. Quando estamos seriamente doentes, buscamos refúgio nos médicos. Algumas vezes, os médicos podem curar uma doença específica, mas nenhum médico pode nos dar a libertação permanente das doenças. O que realmente precisamos é da libertação permanente de todos os sofrimentos, e, como seres humanos, podemos alcançar essa libertação unicamente através de buscar refúgio em Buda, Dharma e Sangha.

Os Budas são "Despertos", o que significa que eles despertaram do sono da ignorância e são livres dos sonhos do samsara, o ciclo de vida impura. Eles são seres completamente puros, permanentemente livres de todas as delusões (ou aflições mentais) e aparências equivocadas. A função de um Buda é conceder paz mental a todos e cada um dos seres vivos todos os dias através de suas bênçãos. Sabemos que estamos *felizes* quando a nossa mente está *pacífica*, e também sabemos que estamos *infelizes* quando a nossa mente *não está em paz*. Fica claro, portanto, que a nossa felicidade depende de termos uma mente pacífica, e não de boas condições exteriores. Mesmo se as nossas condições exteriores forem insuficientes ou desfavoráveis, estaremos sempre felizes se mantivermos uma mente pacífica o tempo todo. Por meio de receber continuamente as bênçãos de Buda, podemos manter uma mente pacífica o tempo todo. Buda é, portanto, a fonte da nossa felicidade. O Dharma é a verdadeira proteção, por meio do qual somos libertados permanentemente dos sofrimentos da doença, envelhecimento, morte e renascimento; e a Sangha são os praticantes espirituais supremos que nos guiam aos caminhos espirituais corretos. Por meio dessas três preciosas joias--que-satisfazem-os-desejos (Buda, Dharma e Sangha, conhecidas como as "Três Joias") podemos satisfazer tanto os nossos próprios desejos como os desejos de todos os seres vivos.

Devemos recitar todos os dias, do fundo do nosso coração, preces de pedidos aos Budas iluminados, ao mesmo tempo que mantemos profunda fé neles. Este é um método simples para recebermos continuamente as bênçãos dos Budas. Devemos, também, nos reunir para fazer preces em grupo, conhecidas como "*pujas*", organizadas nos Templos Budistas ou Salas de Preces; as preces feitas em grupo são métodos poderosos para recebermos as bênçãos e a proteção dos Budas.

O OBJETO DESTA MEDITAÇÃO

O objeto desta meditação é a nossa determinação e promessa de aplicar esforço para realizar estas três coisas: receber bênçãos de Buda, colocar o Dharma em prática e receber ajuda da Sangha, os praticantes espirituais puros, incluindo nossos professores espirituais. Devemos aprender a desenvolver esta determinação e promessa por meio de contemplar a explicação acima sobre o propósito desta meditação. Quando, por meio dessa contemplação, surgir em nosso coração uma firme determinação de aplicar esforço para realizar essas três coisas, teremos encontrado o objeto desta meditação.

A MEDITAÇÃO PROPRIAMENTE DITA

Devemos pensar:

> *Eu quero me proteger e me libertar permanentemente dos sofrimentos desta vida e das incontáveis vidas futuras. Somente posso realizar isso por meio de receber as bênçãos de Buda, de colocar o Dharma em prática e de receber ajuda da Sangha – os praticantes espirituais supremos.*

Pensando profundamente desse modo, primeiro tomamos a forte determinação de aplicar esforço para realizar as três coisas mencionadas acima e, depois, fazemos a promessa mental. Mantemos essa determinação e promessa sem as esquecermos, e permanecemos estritamente focados nessa determinação e promessa pelo maior tempo possível. Por treinar continuamente nesta meditação, desenvolveremos o desejo espontâneo de aplicar esforço para receber bênçãos de Buda, colocar o Dharma em prática e receber ajuda da Sangha. Esse desejo é a realização desta meditação.

Durante o intervalo entre as meditações, devemos sempre aplicar esforço para receber bênçãos de Buda, colocar o Dharma em prática e receber ajuda da Sangha, os praticantes espirituais puros, incluindo o nosso professor espiritual. É desse modo que buscamos refúgio em Buda, Dharma e Sangha. Através disso, realizaremos nosso objetivo – a libertação permanente de todos os sofrimentos desta vida e das incontáveis vidas futuras, o verdadeiro significado da nossa vida humana.

Para manter a nossa promessa de buscar refúgio em Buda, Dharma e Sangha durante toda a nossa vida e para que nós e todos os seres vivos possamos receber as bênçãos e a proteção de Buda, recitamos a seguinte prece de refúgio todos os dias, com forte fé:

Eu e todos os seres sencientes, até alcançarmos a iluminação,
Nos refugiamos em Buda, Dharma e Sangha.

MEDITAÇÃO NO CARMA

O PROPÓSITO DESTA MEDITAÇÃO

O propósito desta meditação é impedir o sofrimento futuro e construir o fundamento básico para o caminho para a libertação e à iluminação. De modo geral, *carma* significa "*ação*". Das ações não-virtuosas vem sofrimento, e das ações virtuosas vem felicidade: se acreditamos nisso, acreditamos no carma. Buda deu extensos ensinamentos que provam a verdade dessa afirmação e, como mencionado na Parte Um, muitos exemplos diferentes que mostram a conexão especial entre as ações das nossas vidas anteriores e as nossas experiências nesta vida, algumas delas explicadas no livro *Caminho Alegre da Boa Fortuna*.

"Ações não-virtuosas" significa ações que são o oposto da virtude. Falando em termos gerais, *virtude* significa *boa fortuna*, aquilo que traz bons resultados; e *não-virtude* significa *infortúnio*, aquilo que traz maus resultados. Em nossas vidas anteriores, cometemos muitos tipos de ações não-virtuosas que causaram sofrimento aos outros. Como resultado dessas ações não-virtuosas, vários tipos de condições e situações adversas surgem e vivenciamos sofrimentos e problemas humanos intermináveis. O mesmo acontece para todos os demais seres vivos.

Devemos avaliar se acreditamos ou não que a causa principal do sofrimento são as nossas ações não-virtuosas, e que a causa principal de felicidade são as nossas ações virtuosas. Se não acreditarmos nisso, nunca aplicaremos esforço para acumular ações virtuosas, ou mérito, e nunca purificaremos nossas ações não--virtuosas, e, por causa disso, experienciaremos sofrimento e dificuldades continuamente, vida após vida, sem fim.

Toda ação que executamos deixa uma marca em nossa mente muito sutil, e cada marca dá origem, por fim, ao seu próprio efeito. Nossa mente é como um campo, e executar ações é como plantar sementes nesse campo. Ações virtuosas plantam sementes de felicidade futura, e ações não-virtuosas plantam sementes de sofrimento futuro. Essas sementes permanecem adormecidas em nossa mente até que as condições para o seu amadurecimento ocorram, e, então, elas produzem seu efeito. Em alguns casos, isso pode acontecer muitas vidas depois que a ação original foi realizada.

As sementes que amadurecem quando morremos são muito importantes, pois elas determinam que tipo de renascimento teremos em nossa próxima vida. A semente que amadurece especificamente na hora da morte depende do estado mental com o qual morremos. Se morrermos com uma mente pacífica, isso estimulará uma semente virtuosa e experienciaremos um renascimento afortunado. Entretanto, se morrermos com uma mente perturbada – em estado de raiva, por exemplo – isso estimulará uma semente não-virtuosa e experienciaremos um renascimento desafortunado. Isso é semelhante ao modo como os pesadelos são provocados por estarmos com um estado mental agitado logo antes de adormecer.

Todas as ações inadequadas (tais como matar, roubar, má conduta sexual, mentir, discurso divisor, discurso ofensivo, conversa não-significativa, cobiça, maldade e sustentar visões errôneas) e muitas outras ações que causam sofrimento aos outros (tais como torturar ou agredir fisicamente os outros) são ações não-virtuosas. Quando abandonamos as ações não-virtuosas e aplicamos esforço para purificar nossas ações não-virtuosas anteriores, estamos praticando disciplina moral. Isso irá nos impedir de experienciar sofrimento futuro e de ter um renascimento inferior. Exemplos de ações virtuosas são: consideração pelos outros, senso de vergonha, compaixão, praticar bondade amorosa para com os outros, beneficiar os outros e, em particular, treinar todas as meditações e demais práticas espirituais apresentadas neste livro.

Meditação é uma ação mental virtuosa que é a causa principal de experienciar paz mental no futuro. Sempre que praticamos meditação, seja a nossa meditação clara ou não, estamos executando uma ação mental virtuosa que é uma causa da nossa felicidade e paz mental futuras. Normalmente, estamos preocupados principalmente com as nossas ações físicas e verbais, mas, na verdade, as ações mentais são mais importantes. Nossas ações físicas e verbais dependem da nossa ação mental, a partir da qual nossa mentalidade toma uma decisão.

Sempre que fazemos ações virtuosas, tais como meditação ou outras práticas espirituais, devemos ter a seguinte determinação mental:

Montando o cavalo das ações virtuosas,
Eu o conduzirei ao caminho da libertação com as rédeas
da renúncia;
E instigando esse cavalo para adiante com o chicote do esforço,
Alcançarei rapidamente a Terra Pura da libertação e da
iluminação.

O OBJETO DESTA MEDITAÇÃO

O objeto desta meditação é a nossa determinação de abandonar e purificar nossas ações não-virtuosas e de acumular ações virtuosas, ou mérito. Devemos aprender a desenvolver essa determinação por meio de contemplar a explicação acima sobre o propósito desta meditação. Quando, por meio dessa contemplação, uma firme determinação de abandonar ações não-virtuosas e de acumular ações virtuosas surgir em nosso coração, teremos encontrado o objeto desta meditação.

A MEDITAÇÃO PROPRIAMENTE DITA

Contemplamos e pensamos:

Uma vez que eu nunca desejo sofrer e quero sempre ser feliz, preciso abandonar e purificar as minhas ações não-virtuosas e executar, sinceramente, ações virtuosas.

Mantemos firmemente essa determinação e permanecemos estritamente focados nela pelo maior tempo possível. Por treinar continuamente nesta meditação, desenvolveremos um desejo espontâneo de abandonar e purificar as ações não-virtuosas e de acumular ações virtuosas. Esse desejo é a realização desta meditação.

Durante o intervalo entre as meditações, devemos colocar nossa determinação em prática.

Meditação de uma Pessoa de Escopo Mediano

HÁ QUATRO MEDITAÇÕES de uma pessoa de escopo mediano:

1. Meditação em renúncia;
2. Meditação na nossa determinação de reconhecer, reduzir e abandonar nossa ignorância do agarramento ao em-si, a raiz do renascimento samsárico;
3. Meditação na nossa determinação de nos empenharmos no caminho efetivo à libertação, os três treinos superiores;
4. Meditação na nossa determinação de alcançar as verdadeiras cessações.

MEDITAÇÃO EM RENÚNCIA

O PROPÓSITO DESTA MEDITAÇÃO

O propósito desta meditação é ingressar, fazer progressos e concluir o caminho para a libertação. Para realizar esse objetivo, precisamos considerar o que devemos conhecer, o que devemos abandonar, o que devemos praticar e o que devemos alcançar.

No *Sutra das Quatro Nobres Verdades*, Buda diz: "Deves conhecer os sofrimentos". Ao dizer isso, Buda nos aconselha que devemos tomar conhecimento dos insuportáveis sofrimentos que vivenciaremos nas nossas incontáveis vidas futuras e, portanto,

*Com o espelho dos ensinamentos de Buda, o Dharma,
podemos enxergar nossas próprias falhas
e ter a oportunidade de removê-las.*

desenvolver renúncia – a determinação de nos libertarmos permanentemente desses sofrimentos.

Em geral, todos os que têm dor física ou mental, incluindo os animais, compreendem seu próprio sofrimento; mas, quando Buda diz "Deves conhecer os sofrimentos", ele quer dizer que devemos conhecer os sofrimentos das nossas vidas futuras. Compreendendo isso, desenvolveremos um forte desejo de nos libertar deles. Esse conselho prático é importante para todos porque, se tivermos o desejo de nos libertar dos sofrimentos das vidas futuras, devemos, definitivamente, usar nossa vida humana atual para a liberdade e a felicidade das nossas incontáveis vidas futuras. Não há nada mais significativo do que isso.

Se não tivermos esse desejo, desperdiçaremos nossa preciosa vida humana apenas para a liberdade e a felicidade desta única e breve vida. Isso seria uma insensatez, porque nossa intenção e ações não seriam diferentes da intenção e das ações dos animais, que estão preocupados apenas com esta vida. Certa vez, o grande iogue Milarepa disse para um caçador chamado Gonpo Dorje:

O teu corpo é humano, mas tua mente é a de um animal.
Tu, um ser humano que possuis uma mente de animal, por
favor, ouve a minha canção.

Normalmente, acreditamos que solucionar os sofrimentos e os problemas da nossa vida atual é o mais importante e, por conseguinte, dedicamos toda a nossa vida a esse propósito. Na realidade, a duração dos sofrimentos e dos problemas desta vida é muito curta; se morrermos amanhã, eles acabarão amanhã. No entanto, já que a duração dos sofrimentos e dos problemas das vidas futuras é interminável, a liberdade e a felicidade das nossas vidas futuras são imensamente mais importantes que a liberdade e a felicidade desta breve vida. Com as palavras "Deves conhecer os sofrimentos", Buda nos encoraja a usar a nossa vida humana atual para preparar a liberdade e a felicidade das nossas incontáveis vidas futuras. Aqueles que fazem isso são verdadeiramente sábios.

Nas vidas futuras, quando renascermos como um animal, uma vaca ou um peixe, iremos nos tornar o alimento de outros seres vivos e teremos de vivenciar muitos outros tipos de sofrimento animal. Os animais não têm liberdade e são usados pelos seres humanos como alimento e para trabalho e divertimento. Eles não têm oportunidade de aperfeiçoarem a si mesmos; ainda que ouçam preciosas palavras de Dharma, elas são tão sem sentido para eles como o soprar do vento. Quando renascermos como um fantasma faminto, não teremos sequer uma minúscula gota de água para beber; nossa única água serão as nossas lágrimas. Teremos de vivenciar os insuportáveis sofrimentos da sede e da fome por muitas centenas de anos. Quando renascermos como um ser-do--inferno nos infernos quentes, nosso corpo irá se tornar inseparável do fogo, e os outros serão capazes de distinguir nosso corpo do fogo somente por ouvir nossos gritos de sofrimento. Teremos de vivenciar o insuportável tormento do nosso corpo ser queimado por milhões de anos. Assim como todos os outros fenômenos, os reinos do inferno não existem inerentemente, mas existem como meras aparências à mente, como os sonhos.

Quando renascermos como um deus do reino do desejo, vivenciaremos grande conflito e insatisfação. Mesmo que experienciemos algum prazer superficial, nossos desejos tornar-se-ão ainda mais fortes e teremos até mais sofrimento mental que os seres humanos. Quando renascermos como um semideus, seremos sempre invejosos da glória dos deuses e, por causa disso, teremos grande sofrimento mental. Nossa inveja é como um espinho penetrando em nossa mente, fazendo-nos experienciar sofrimento físico e mental por longos períodos. Quando renascermos como um ser humano, teremos de vivenciar vários tipos de sofrimento humano, incluindo os sofrimentos do nascimento, doença, envelhecimento e morte.

NASCIMENTO

Quando nossa consciência ingressa na união do espermatozoide do nosso pai e do óvulo da nossa mãe, o nosso corpo é uma substância aquosa bastante quente, como iogurte branco tingido de vermelho. Nos primeiros momentos após a concepção, não temos sensações densas, mas, assim que elas se desenvolvem, começamos a experienciar dor. O nosso corpo torna-se, gradualmente, mais consistente, e os nossos membros crescem como se nosso corpo estivesse sendo esticado numa roda de tortura. Dentro do útero da nossa mãe é quente e escuro. O nosso lar por nove meses é esse espaço pequeno, bastante apertado e cheio de substâncias impuras. É como estar espremido dentro de um pequeno tanque de água cheio de líquido imundo, com a tampa firmemente fechada, de modo que nenhum ar ou luz consigam entrar.

Enquanto estamos no útero da nossa mãe, experienciamos muita dor e medo, tudo isso inteiramente sós. Somos extremamente sensíveis a tudo o que a nossa mãe faz. Quando ela anda rapidamente, sentimos como se estivéssemos caindo de uma montanha alta e ficamos aterrorizados. Se ela tem relações sexuais, sentimos como se estivéssemos sendo esmagados e sufocados entre dois imensos pesos e ficamos em pânico. Se nossa mãe der apenas um pequeno salto, sentimos como se estivéssemos sendo jogados contra o chão de uma grande altura. Se ela bebe qualquer coisa quente, sentimos como se água escaldante estivesse queimando nossa pele e, se ela bebe qualquer coisa gelada, é como se fosse uma ducha fria no inverno.

Quando saímos do útero da nossa mãe, sentimos como se estivéssemos sendo forçados através de uma abertura apertada entre duas rochas bem firmes e, quando acabamos de nascer, nosso corpo é tão delicado que qualquer tipo de contato é doloroso. Mesmo se alguém nos segurar com muita ternura, suas mãos parecerão espinhos penetrando em nossa carne, e os mais delicados tecidos parecerão ásperos e abrasivos. Comparada com a maciez e suavidade do útero da nossa mãe, qualquer sensação tátil é desagradável e dolorosa. Se alguém nos pegar, é como se estivéssemos sendo balançados acima de um grande precipício e nos sentimos assustados e inseguros. Teremos nos esquecido de tudo o que sabíamos em nossa vida passada; do útero da nossa mãe trouxemos apenas dor e confusão. Tudo o que escutamos é sem sentido, como o som do vento, e não podemos compreender nada do que percebemos. Nas primeiras semanas, somos como alguém que é cego, surdo e mudo e que sofre de profunda amnésia. Quando estamos com fome, não podemos dizer "eu preciso de comida", e quando sentimos dor não podemos falar "isto está me causando dor". Os únicos sinais que conseguimos produzir são lágrimas quentes e gestos furiosos. Nossa mãe frequentemente não tem ideia da dor e do desconforto que estamos experienciando. Somos completamente impotentes, e tudo nos tem que ser ensinado – como comer, como sentar, como andar, como falar.

Embora sejamos muito vulneráveis nas primeiras semanas da nossa vida, os nossos sofrimentos não cessam à medida que crescemos. Continuamos a vivenciar vários tipos de sofrimento por toda a nossa vida. Quando acendemos uma lareira numa casa grande, o calor do fogo permeia toda a casa, e todo o calor da casa tem a sua origem no fogo; do mesmo modo, quando renascemos no samsara, o sofrimento permeia toda a nossa vida, e todos os sofrimentos que experienciamos surgem desse renascimento contaminado.

Nosso renascimento humano, contaminado pela delusão venenosa do agarramento ao em-si, é a base do nosso sofrimento humano; sem essa base, não existem problemas humanos. As dores do nascimento gradualmente se convertem nas dores da doença, envelhecimento e morte – elas são um único *continuum*.

DOENÇA

Nosso nascimento também dá origem ao sofrimento da doença. Assim como o vento e a neve do inverno roubam a glória dos prados verdejantes, das árvores, das florestas e das flores, a doença tira o esplendor da juventude do nosso corpo, destruindo o seu vigor e o poder dos nossos sentidos. Se normalmente somos saudáveis e nos sentimos bem, quando adoecemos ficamos repentinamente incapazes de nos envolver em nossas atividades físicas normais. Mesmo um campeão de boxe, que normalmente é capaz de levar a nocaute todos os seus adversários, torna-se completamente indefeso quando a doença o atinge. A doença faz com que todas as experiências dos nossos prazeres diários desapareçam e leva-nos a experienciar sensações desagradáveis dia e noite.

Quando caímos doentes, somos como um pássaro que estava pairando nas alturas do céu e repentinamente é abatido. Quando um pássaro é abatido, ele cai direto ao chão como um pedaço de chumbo, e toda a sua glória e poder são imediatamente destruídos. De modo semelhante, quando ficamos doentes, tornamo-nos repentinamente incapacitados. Se estivermos seriamente doentes, podemos nos tornar completamente dependentes dos outros e perder até mesmo a habilidade de controlar nossas funções corporais. Essa transformação é difícil de suportar, especialmente para os que são orgulhosos de sua independência e bem-estar físico.

Quando estamos doentes, sentimo-nos frustrados por não podermos fazer o nosso trabalho habitual ou concluir todas as tarefas com as quais nos comprometemos. Facilmente ficamos impacientes com nossa doença e deprimidos com todas as coisas que não podemos fazer. Não conseguimos desfrutar das coisas que normalmente nos dão prazer, como a prática de esportes, dançar, beber, comer alimentos saborosos ou a companhia dos nossos amigos. Todas essas limitações nos fazem sentir ainda mais infelizes; e, para aumentar a nossa infelicidade, temos que suportar todas as dores físicas que a doença traz.

Quando estamos doentes, temos de experienciar não apenas todas as dores indesejáveis da própria doença, mas também toda sorte de outras coisas indesejadas. Por exemplo, temos de tomar qualquer medicamento que for prescrito, quer seja um remédio de sabor repugnante, uma série de injeções, passar por uma grande cirurgia ou nos abster de alguma coisa de que gostamos muito. Se tivermos que fazer uma intervenção cirúrgica, teremos de ir ao hospital e aceitar todas as suas condições. Podemos ter que comer alimentos de que não gostamos e ficar numa cama durante todo o dia sem nada para fazer, e podemos nos sentir ansiosos com relação à cirurgia. Nosso médico pode não nos explicar exatamente qual é o problema que temos e se ele, ou ela, espera que sobrevivamos ou não.

Se descobrirmos que a nossa doença é incurável e não tivermos experiência espiritual, sofreremos de ansiedade, medo e arrependimento. Podemos ficar deprimidos e perder a esperança, ou podemos ficar com raiva da nossa doença, sentindo que ela é um inimigo que maldosamente nos privou de toda a alegria.

ENVELHECIMENTO

O nosso nascimento também dá origem aos sofrimentos do envelhecimento. O envelhecimento rouba a nossa beleza, a nossa saúde, a nossa boa aparência, o corado do nosso rosto, a nossa vitalidade e o nosso conforto. O envelhecimento nos transforma em objetos de desdém. Ele traz muitos sofrimentos indesejáveis e leva-nos rapidamente para a nossa morte.

À medida que envelhecemos, perdemos toda a beleza da nossa juventude, e o nosso corpo sadio e forte torna-se fraco e oprimido por doenças. Nosso porte, outrora vigoroso e bem proporcionado, torna-se curvado e desfigurado, e os nossos músculos e carne encolhem tanto que os nossos membros tornam-se finos como gravetos e os nossos ossos tornam-se salientes e protuberantes. O nosso cabelo perde a cor e o brilho, e a nossa pele perde a sua radiância. O nosso rosto torna-se enrugado e a nossa fisionomia torna-se gradualmente distorcida. Milarepa disse:

Como os velhos se levantam? Eles se levantam como se estivessem arrancando uma estaca do chão. Como os velhos andam? Uma vez que estejam em pé, eles têm que andar cuidadosamente, como fazem os caçadores de pássaros. Como os velhos se sentam? Eles se estatelam como malas pesadas cujas alças se romperam.

Podemos contemplar o seguinte poema sobre os sofrimentos do envelhecimento, escrito pelo erudito Gungtang:

Quando somos idosos, nosso cabelo se torna branco
Não porque o tenhamos lavado muito bem;
Isso é um sinal de que, em breve, encontraremos o Senhor
da Morte.

Temos rugas em nossa fronte
Não porque tenhamos carne demais;
É um aviso do Senhor da Morte: "Estás prestes a morrer".

Nossos dentes caem
Não para abrir espaço para novos;
É um sinal de que, em breve, perderemos a capacidade de
ingerir alimentos que as pessoas normalmente desfrutam.

Nosso rosto é feio e desagradável
Não porque estejamos usando máscaras;
Isso é um sinal de que perdemos a máscara da juventude.

Nossa cabeça balança de um lado para outro
Não porque estejamos discordando;
É o Senhor da Morte batendo em nossa cabeça com o bastão
que ele traz em sua mão direita.

Andamos curvados, fitando o chão,
Não porque estejamos à procura de agulhas perdidas;
Isso é um sinal de que estamos em busca da beleza e das
memórias que deixamos de ter.

Levantamo-nos do chão usando os quatro membros
Não porque estejamos a imitar os animais;
Isso é um sinal de que as nossas pernas estão fracas demais
para suportar o nosso corpo.

Sentamo-nos como se tivéssemos sofrido uma queda
   repentina
Não porque estejamos zangados;
Isso é um sinal de que o nosso corpo perdeu seu vigor.

Nosso corpo balança quando andamos
Não porque pensemos que somos importantes;
Isso é um sinal de que as nossas pernas não podem sustentar
   o nosso corpo.

Nossas mãos tremem
Não porque estejam com ânsia de roubar;
Isso é um sinal de que os dedos gananciosos do Senhor
   da Morte estão roubando as nossas posses.

Comemos pouco
Não porque somos avaros;
Isso é um sinal de que não podemos digerir nossa comida.

Sibilamos com frequência
Não porque estejamos sussurrando mantras aos doentes;
Isso é um sinal de que nossa respiração em breve desaparecerá.

Quando somos jovens, podemos viajar ao redor do mundo inteiro, mas, quando ficamos velhos, dificilmente conseguimos ir até a porta de entrada da nossa própria casa. Tornamo-nos muito fracos para nos envolver em muitas atividades mundanas, e as nossas atividades espirituais são frequentemente abreviadas. Por exemplo, temos pouco vigor físico para fazer ações virtuosas e pouca energia mental para memorizar, contemplar e meditar. Não podemos assistir a ensinamentos que são dados em lugares de difícil acesso ou desconfortáveis de se estar. Não podemos ajudar os outros através de meios que requeiram força física e boa saúde. Privações como essas frequentemente deixam as pessoas idosas muito tristes.

Quando envelhecemos, ficamos como alguém que é cego e surdo. Não podemos ver com clareza e precisamos de óculos cada vez mais fortes até que não possamos mais ler. Não podemos escutar claramente e isso nos deixa com dificuldades cada vez maiores para ouvir música ou a televisão ou para escutar o que os outros estão dizendo. Nossa memória se enfraquece. Todas as atividades, mundanas e espirituais, tornam-se mais difíceis. Se praticamos meditação, torna-se mais difícil obtermos realizações porque nossa memória e concentração estão muito fracas. Não conseguimos nos dedicar ao estudo. Desse modo, se não tivermos aprendido e treinado as práticas espirituais quando éramos jovens, a única coisa a fazer quando envelhecermos será desenvolver arrependimento e esperar pela chegada do Senhor da Morte.

Quando somos idosos, não conseguimos obter o mesmo prazer das coisas que costumávamos desfrutar, como alimentos, bebida e sexo. Estamos fracos demais para disputar um jogo, e sentimo-nos frequentemente exaustos até mesmo para nos divertirmos. À medida que o nosso tempo de vida se esgota, não conseguimos nos incluir nas atividades das pessoas jovens. Quando elas viajam, temos que ficar para trás. Ninguém quer nos levar com eles quando somos velhos e ninguém deseja nos visitar. Mesmo os nossos netos não querem ficar conosco por muito tempo. Pessoas idosas frequentemente pensam consigo mesmas: "Que maravilhoso seria se os jovens estivessem comigo. Poderíamos sair para caminhadas e eu poderia mostrar-lhes algo", mas os jovens não querem ser incluídos nos seus planos. À medida que suas vidas vão chegando ao fim, as pessoas idosas experienciam o sofrimento do abandono e da solidão. Elas têm muitos sofrimentos específicos.

MORTE

O nosso nascimento também dá origem aos sofrimentos da morte. Se durante a nossa vida tivermos trabalhado arduamente para adquirir posses e se tivermos nos tornado muito apegados a elas, experienciaremos grande sofrimento na hora da morte, pensando:

"Agora eu tenho de deixar todas as minhas preciosas posses para trás". Mesmo agora, achamos difícil emprestar algum dos nossos mais preciosos bens, quanto mais dá-lo. Não é de surpreender que fiquemos tão infelizes quando nos damos conta de que, nas mãos da morte, temos de abandonar tudo.

Quando morremos, temos de nos separar até mesmo dos nossos amigos mais próximos. Temos de deixar nosso companheiro ainda que tenhamos estado juntos durante anos, sem passar sequer um dia separados. Se formos muito apegados aos nossos amigos, experienciaremos grande sofrimento na hora da morte, mas tudo o que poderemos fazer será segurar suas mãos. Não seremos capazes de parar o processo da morte, mesmo se eles implorarem para que não morramos. Geralmente, quando somos muito apegados a alguém, sentimos ciúme caso ele, ou ela, nos deixe sozinhos e passe o seu tempo com outra pessoa, mas, quando morrermos, teremos de deixar nossos amigos com os outros para sempre. Teremos de deixar todos, incluindo nossa família e todas as pessoas que nos ajudaram nesta vida.

Quando morrermos, este corpo que temos apreciado e cuidado de tantas e variadas maneiras terá de ser deixado para trás. Ele irá se tornar insensível como uma pedra e será sepultado sob a terra ou cremado. Se não tivermos a proteção interior da experiência espiritual, na hora da morte experienciaremos medo e angústia, assim como dor física.

Quando a nossa consciência deixar o nosso corpo na hora da morte, todos os potenciais que acumulamos em nossa mente por meio das ações virtuosas e não-virtuosas que fizemos irão com ela. Não poderemos levar nada deste mundo além disso. Todas as outras coisas irão nos decepcionar. A morte interrompe todas as nossas atividades – as nossas conversas, a nossa refeição, o nosso encontro com amigos, o nosso sono. Tudo chega ao fim no dia da nossa morte e temos de deixar todas as coisas para trás, até mesmo os anéis em nossos dedos. No Tibete, os mendigos carregam consigo um bastão para se defenderem dos cães. Para compreender a completa privação provocada pela morte, devemos nos lembrar de que, na hora da morte, os mendigos têm de deixar até esse velho bastão, a mais insignificante das posses humanas. Ao redor do mundo, podemos ver que os nomes esculpidos em pedra são a única posse dos mortos.

OUTROS TIPOS DE SOFRIMENTO

Nós também temos de experienciar os sofrimentos da separação, de ter que nos defrontar com o que não gostamos e de não ter nossos desejos satisfeitos – os quais incluem os sofrimentos da pobreza, de ser prejudicado por humanos e não-humanos e por água, fogo, vento e terra. Antes da separação final na hora da morte, frequentemente temos que experienciar a separação temporária de pessoas e coisas de que gostamos, o que nos causa dor mental. Podemos ter que deixar o nosso país, onde todos os nossos amigos e parentes vivem, ou podemos ter que deixar o trabalho de que gostamos. Podemos perder nossa reputação. Muitas vezes, nesta vida, temos que vivenciar o sofrimento de nos separar das pessoas de que gostamos ou abandonar e perder as coisas que consideramos agradáveis e atraentes; mas, quando morrermos, teremos de nos separar para sempre de todos os nossos companheiros e prazeres e de todas as condições exteriores e interiores desta vida que contribuem para a nossa prática de Dharma.

Frequentemente temos que nos encontrar e conviver com pessoas de quem não gostamos ou enfrentar situações que consideramos desagradáveis. Algumas vezes, podemos nos achar numa situação muito perigosa, como num incêndio ou enchente, ou onde há violência, como num tumulto ou numa batalha. Nossas vidas estão repletas de situações menos extremas que achamos irritantes. Algumas vezes, somos impedidos de fazer as coisas que queremos. Num dia ensolarado, podemos nos determinar a ir para a praia, mas nos encontrarmos presos num congestionamento. Continuamente, experienciamos interferência dos nossos demônios interiores das delusões, ou aflições mentais, que perturbam nossa mente e nossas práticas espirituais. Há inumeráveis condições que frustram nossos planos e nos impedem de fazer o que queremos. É como se estivéssemos nus e vivendo num arbusto espinhento – sempre que tentamos nos mexer, somos feridos pelas circunstâncias. Pessoas e coisas são como espinhos perfurando a nossa carne e nenhuma situação jamais nos parecerá inteiramente confortável. Quanto mais desejos e planos temos, mais frustrações experienciamos. Quanto mais desejamos determinadas situações, mais nos encontramos presos em situações que não queremos. Todo desejo parece convidar seu próprio obstáculo. Situações indesejáveis nos acontecem sem que procuremos por elas. Na verdade, as únicas coisas que vêm sem esforço são as coisas que não queremos. Ninguém deseja morrer, mas a morte vem sem esforço. Ninguém deseja ficar doente, mas a doença vem sem esforço. Por termos renascido sem liberdade ou controle, temos um corpo impuro e vivemos num ambiente impuro e, por essa razão, coisas indesejáveis desabam sobre nós. No samsara, esse tipo de experiência é completamente natural.

Temos incontáveis desejos, mas não importa quanto esforço façamos, nunca sentimos que os satisfizemos. Mesmo quando conseguimos o que queremos, não o conseguimos da maneira que queríamos. Possuímos o objeto, mas não extraímos satisfação por possuí-lo. Por exemplo, podemos sonhar em nos tornarmos ricos, mas, se realmente enriquecermos, a nossa vida não será da maneira que havíamos imaginado e não sentiremos que o nosso desejo foi satisfeito. O motivo é que os nossos desejos não diminuem conforme nossa riqueza aumenta. Quanto mais riqueza temos, mais desejamos. A riqueza que procuramos não pode ser encontrada, pois buscamos uma quantidade que sacie os nossos desejos, e nenhuma quantidade de riqueza pode fazer isso. Para piorar as coisas, ao obter o objeto do nosso desejo, criamos novas oportunidades para descontentamento. Com cada objeto que desejamos vêm outros objetos que não queremos. Por exemplo, com a riqueza vêm impostos, insegurança e complicados assuntos financeiros. Esses efeitos secundários indesejáveis sempre impedem que nos sintamos plenamente satisfeitos. De modo semelhante, podemos sonhar em passar as férias num lugar exótico e podemos realmente ir até lá, mas a experiência nunca será o que esperamos e, junto com as nossas férias, vêm outras coisas, como uma queimadura de sol e grandes despesas.

Se examinarmos os nossos desejos, veremos que eles são excessivos. Queremos todas as melhores coisas no samsara – o melhor trabalho, o melhor companheiro, a melhor reputação, a melhor casa, o melhor carro, as melhores férias. Qualquer coisa que não seja a melhor deixa-nos com um sentimento de desapontamento – ainda à procura por ela, mas não encontrando o que queremos. Nenhum prazer mundano, no entanto, pode nos dar a satisfação completa e perfeita que desejamos. Coisas melhores estão sempre sendo produzidas. Em toda parte, novas propagandas anunciam que a melhor coisa acabou de chegar ao mercado, mas, poucos dias depois, chega outra ainda melhor que a "melhor" de poucos dias atrás. O surgimento de novas coisas para cativar os nossos desejos não tem fim.

As crianças na escola nunca conseguem satisfazer as suas próprias ambições ou as de seus pais. Mesmo que cheguem ao primeiro lugar da classe, elas sentem que não podem se contentar com isso, a menos que façam a mesma coisa no ano seguinte. Se elas prosseguem sendo bem-sucedidas em seus empregos, suas ambições serão mais fortes do que nunca. Não há nenhum ponto a partir do qual possam descansar, sentindo que estão completamente satisfeitas com o que já fizeram.

Podemos pensar que, ao menos, as pessoas que levam uma vida simples no campo devem estar satisfeitas, mas, se olharmos para sua situação, vamos perceber que mesmo os agricultores procuram mas não encontram o que desejam. As suas vidas estão cheias de problemas e ansiedades e eles não desfrutam de paz e satisfação verdadeiras. O sustento deles depende de muitos fatores incertos que estão além do seu controle, como o clima. Os agricultores não têm maior liberdade perante o descontentamento do que uma pessoa de negócios que vive e trabalha na cidade. Pessoas de negócios parecem elegantes e eficientes quando saem a cada manhã para trabalhar, carregando suas pastas, mas, embora pareçam tão confiantes na aparência, em seus corações carregam muitas insatisfações. Elas ainda estão procurando, mas nunca encontram o que desejam.

Se refletirmos sobre essa situação, podemos chegar à conclusão de que encontraremos o que procuramos se abandonarmos todas as nossas posses. Podemos ver, no entanto, que mesmo as pessoas pobres estão à procura, mas não encontram o que buscam, e muitas pessoas pobres têm dificuldade em obter até mesmo as necessidades mais básicas da vida: milhões de pessoas no mundo vivenciam os sofrimentos da pobreza extrema.

Não podemos evitar o sofrimento da insatisfação mudando frequentemente a nossa situação. Podemos pensar que, se conseguirmos continuamente um novo companheiro, um novo emprego ou se ficarmos viajando por aí, encontraremos finalmente o que queremos; mas, mesmo se viajássemos para todos os lugares do planeta e tivéssemos um novo companheiro em cada cidade, ainda assim continuaríamos à procura de um outro lugar e de um outro amante. No samsara, não existe verdadeira satisfação dos nossos desejos.

Sempre que virmos qualquer pessoa numa posição elevada ou inferior, seja homem ou mulher, essas pessoas diferem apenas na aparência, roupas, comportamento e *status*. Em essência, todos são iguais – todos vivenciam problemas em suas vidas. Sempre que temos um problema, é fácil pensar que ele é causado por nossas circunstâncias particulares e que, se mudássemos as circunstâncias, nossos problemas desapareceriam. Acusamos as outras pessoas, os nossos amigos, a nossa comida, o governo, a nossa época, o clima, a sociedade, a história, e assim por diante. No entanto, circunstâncias exteriores como essas não são as causas principais dos nossos problemas. Precisamos reconhecer que todo sofrimento físico e dor mental que experienciamos são a consequência de termos tido um renascimento contaminado pelo veneno interior das delusões. Seres humanos têm de vivenciar diversos tipos de sofrimento humano porque tiveram um renascimento contaminado humano; os animais têm de vivenciar sofrimento animal porque tiveram um renascimento contaminado animal; e fantasmas famintos e seres-do-inferno têm de vivenciar seus próprios sofrimentos porque tiveram um renascimento contaminado como fantasmas famintos ou seres-do-inferno. Mesmo os deuses não estão livres do sofrimento porque eles também tiveram um renascimento contaminado. Assim como uma pessoa presa num violento incêndio desenvolve um medo intenso, devemos desenvolver um medo intenso dos sofrimentos insuportáveis do ciclo sem fim de vida impura. Esse medo é a verdadeira renúncia e surge da nossa sabedoria.

O OBJETO DESTA MEDITAÇÃO

O objeto desta meditação é a nossa determinação de nos libertarmos permanentemente dos sofrimentos das nossas incontáveis vidas futuras. Essa determinação é renúncia. Devemos aprender a desenvolver essa determinação por meio de contemplar a explicação acima sobre o propósito desta meditação. Quando, por meio dessa contemplação, surgir em nosso coração a firme determinação de nos libertarmos permanentemente dos sofrimentos desta vida e das incontáveis vidas futuras, teremos encontrado o objeto desta meditação.

A MEDITAÇÃO PROPRIAMENTE DITA

Do fundo do nosso coração, devemos pensar:

Não há benefício algum em negar os sofrimentos das vidas futuras; quando eles realmente caírem sobre mim, será tarde demais para me proteger deles. Portanto, preciso, agora e definitivamente, preparar uma proteção para mim, enquanto tenho esta vida humana que me dá a oportunidade de me libertar permanentemente dos sofrimentos das minhas incontáveis vidas futuras. Se eu não aplicar esforço para realizar isso, mas permitir que a minha vida humana se torne vazia de sentido, não haverá maior engano nem maior insensatez. Preciso aplicar esforço agora para me libertar permanente-mente dos sofrimentos das minhas incontáveis vidas futuras.

Mantemos firmemente essa determinação e permanecemos estritamente focados nela pelo maior tempo possível. Por treinar continuamente nesta meditação, desenvolveremos um desejo espontâneo de nos libertarmos permanentemente dos sofrimentos das nossas incontáveis vidas futuras. Esse desejo é a realização desta meditação. No momento em que desenvolvermos essa realização, ingressamos no caminho para a libertação. Neste contexto, *libertação* refere-se à suprema paz mental permanente, conhecida como "nirvana", que nos dá felicidade pura e duradoura.

Durante o intervalo entre as meditações, devemos colocar nossa determinação em prática por meio de fazer progressos no nosso treino no caminho efetivo à libertação.

MEDITAÇÃO NA NOSSA DETERMINAÇÃO DE RECONHECER, REDUZIR E ABANDONAR NOSSA IGNORÂNCIA DO AGARRAMENTO AO EM-SI, A RAIZ DO RENASCIMENTO SAMSÁRICO

O PROPÓSITO DESTA MEDITAÇÃO

O propósito desta meditação é realizar o objetivo da nossa renúncia. No *Sutra das Quatro Nobres Verdades*, Buda diz: "Deves abandonar as origens". Ao dizer isso, Buda nos aconselha que, se desejamos nos libertar permanentemente dos sofrimentos das nossas incontáveis vidas futuras, devemos abandonar as origens. "Origens" significam as nossas delusões, ou aflições mentais, principalmente a nossa delusão do agarramento ao em-si. O agarramento ao em-si é chamado de "origem" porque ele é a fonte de todo o nosso sofrimento e problemas, e também é conhecido como o "demônio interior". As delusões são percepções errôneas, cuja função é destruir a paz mental, a fonte de felicidade; elas não

MEDITAÇÃO DE UMA PESSOA DE ESCOPO MEDIANO

têm outra função que não seja nos prejudicar. As delusões, como o agarramento ao em-si, habitam em nosso coração e continuamente nos prejudicam dia e noite, sem descanso, destruindo a nossa paz mental. No samsara, o ciclo de vida impura, ninguém tem a oportunidade de experienciar felicidade verdadeira porque sua paz mental, a fonte de felicidade, está continuamente sendo destruída pelo demônio interior do agarramento ao em-si.

A nossa ignorância do agarramento ao em-si é uma mente que acredita equivocadamente que o nosso *self*, o nosso corpo e todas as outras coisas que normalmente vemos existem verdadeiramente. Por causa dessa ignorância, desenvolvemos apego pelas coisas de que gostamos e raiva pelas coisas de que não gostamos. Então, cometemos diversos tipos de ações não-virtuosas e, como resultado dessas ações, vivenciamos diversos tipos de sofrimentos e problemas nesta vida e vida após vida.

A ignorância do agarramento ao em-si é um veneno interior que causa um prejuízo muito maior do que qualquer outro veneno exterior. Por estar poluída por esse veneno interior, a nossa mente vê e percebe tudo de modo equivocado e, como resultado, vivenciamos sofrimentos e problemas semelhantes-a-alucinações. Na verdade, o nosso *self*, o nosso corpo e todas as outras coisas que normalmente vemos e percebemos não existem. O agarramento ao em-si pode ser comparado a uma árvore venenosa; todas as outras delusões, a seus galhos; e todo o nosso sofrimento e problemas, a seus frutos; o agarramento ao em-si é a fonte fundamental de todas as demais delusões e de todo o nosso sofrimento e problemas. Podemos compreender por meio dessa explicação que, se abandonarmos permanentemente nosso agarramento ao em-si, todos os nossos sofrimentos e problemas desta vida e das incontáveis vidas futuras cessarão permanentemente. O grande iogue Saraha disse: "Se a tua mente for libertada permanentemente do agarramento ao em-si, não há dúvida alguma de que serás libertado permanentemente do sofrimento". Para libertar a nossa mente do agarramento ao em-si, precisamos compreender que o nosso *eu* e *meu* que normalmente percebemos não existem.

O OBJETO DESTA MEDITAÇÃO

O objeto desta meditação é a nossa determinação de abandonar a nossa ignorância do agarramento ao em-si. Devemos aprender a desenvolver essa determinação por meio de contemplar a explicação acima sobre o propósito desta meditação. Quando, por meio dessa contemplação, surgir em nosso coração a firme determinação de abandonar a nossa ignorância do agarramento ao em-si, teremos encontrado o objeto desta meditação.

A MEDITAÇÃO PROPRIAMENTE DITA

Do fundo do nosso coração, devemos pensar:

> *Visto que desejo me libertar permanentemente de todos os sofrimentos desta vida e das incontáveis vidas futuras, preciso aplicar grande esforço em reconhecer, reduzir e, por fim, abandonar totalmente minha ignorância do agarramento ao em-si.*

Mantemos firmemente essa determinação e permanecemos estritamente focados nela pelo maior tempo possível. Por treinar continuamente nesta meditação, desenvolveremos um desejo espontâneo de reconhecer, reduzir e, por fim, de fazer cessar por completo nossa ignorância do agarramento ao em-si, a raiz do samsara. Esse desejo é a realização desta meditação.

Durante o intervalo entre as meditações, devemos colocar nossa determinação em prática.

MEDITAÇÃO NA NOSSA DETERMINAÇÃO DE NOS EMPENHARMOS NO CAMINHO EFETIVO À LIBERTAÇÃO, OS TRÊS TREINOS SUPERIORES

O PROPÓSITO DESTA MEDITAÇÃO

O propósito desta meditação é nos encorajarmos a nos empenhar no caminho efetivo à libertação – os três treinos superiores. No

Sutra das Quatro Nobres Verdades, Buda diz: "Deves praticar o caminho". Neste contexto, "caminho" não significa um caminho exterior que conduz de um lugar a outro, mas um caminho interior, uma realização espiritual que nos conduz à felicidade pura da libertação e da iluminação.

A prática das etapas do caminho para a libertação pode ser condensada nos três treinos superiores: treino em disciplina moral superior, treino em concentração superior e treino em sabedoria superior. Esses treinos são chamados de "superiores" porque são motivados por renúncia. Eles são, portanto, o caminho efetivo à libertação que precisamos praticar.

A natureza da disciplina moral é uma determinação virtuosa de abandonar ações inadequadas. Quando praticamos disciplina moral, nós abandonamos as ações inadequadas, mantemos um comportamento puro e fazemos toda ação corretamente, com uma motivação pura. A disciplina moral é muito importante para todos, porque ela evita problemas futuros para nós e para os outros. Ela nos torna puros porque faz com que as nossas ações sejam puras. Precisamos ser limpos e puros; ter um corpo limpo, apenas, não é suficiente, pois o nosso corpo não é o nosso *self*. A disciplina moral é como um vasto solo que sustenta e nutre o cultivo das realizações espirituais. Sem praticar disciplina moral, é muito difícil fazer progresso no treino espiritual. Treinar em disciplina moral superior é aprender a tornar-se profundamente familiarizado com a prática de disciplina moral motivada por renúncia.

O segundo treino superior é treinar em concentração superior. Nessa prática, a natureza da concentração é ser uma mente virtuosa estritamente focada. Enquanto mantivermos essa mente, experienciaremos paz mental e, consequentemente, seremos felizes. Quando praticamos concentração, impedimos distrações e nos concentramos em objetos virtuosos. É muito importante treinar concentração, pois, com distrações, não conseguimos realizar nada. Treinar em concentração superior é, com a motivação de renúncia, aprender a nos familiarizarmos profundamente com a capacidade de parar as distrações e de nos concentrarmos em objetos virtuosos. Com relação a qualquer prática de Dharma, se a nossa concentração for clara e forte, será muito fácil fazer progressos. Normalmente, a distração é o obstáculo principal à nossa prática de Dharma. A prática de disciplina moral impede as distrações densas, e a concentração impede as distrações sutis; juntas, elas produzem resultados rápidos em nossa prática de Dharma.

O terceiro treino superior é treinar em sabedoria superior. A natureza da sabedoria é ser uma mente inteligente virtuosa que funciona para compreender objetos significativos, como a existência de vidas passadas e futuras, o carma e a vacuidade. Este livro apresenta muitas práticas meditativas diferentes. Os objetos de todas essas meditações são objetos significativos. Compreender esses objetos nos proporciona grande significado nesta vida e nas incontáveis vidas futuras. Muitas pessoas são muito inteligentes para destruir seus inimigos, cuidar das suas famílias, encontrar aquilo que desejam e assim por diante, mas isso não é sabedoria. Até os animais têm uma inteligência assim. A inteligência mundana é enganosa, ao passo que a sabedoria nunca nos enganará. Ela é o nosso Guia Espiritual interior que nos conduz aos caminhos corretos, e é o olho divino através do qual podemos ver as vidas passadas e futuras e a conexão especial entre as nossas ações em vidas passadas e as nossas experiências nesta vida, conhecida como "carma". O carma é um assunto muito extenso e sutil, e somente podemos compreendê-lo através de sabedoria. Treinar em sabedoria superior é aprender, com a motivação de renúncia, a desenvolver e aumentar nossa sabedoria que realiza a vacuidade por meio de contemplar e meditar sobre a vacuidade. Essa sabedoria é extremamente profunda. O seu objeto, a vacuidade, não é o nada, a inexistência; ao contrário, o seu objeto, a vacuidade, é a verdadeira natureza de todos os fenômenos. Uma explicação essencial sobre a vacuidade é dada neste livro, na seção *Treinar a Meditação na Vacuidade*, e uma explicação detalhada da vacuidade é dada no livro *Budismo Moderno*, no capítulo intitulado *Treinar a Bodhichitta Última*.

Neste ponto, devemos compreender que pessoas, fenômenos, samsara, nirvana, sofrimento e felicidade existem porque eles têm uma função. No entanto, as pessoas, fenômenos, samsara, nirvana, o sofrimento e a felicidade que normalmente vemos ou percebemos não existem, porque são aparências equivocadas e objetos falsos – eles não são objetos verdadeiros de conhecimento. A partir disto, podemos compreender que não há contradição entre meditar em renúncia ou em compaixão e meditar na ausência do em-si, ou vacuidade.

Os três treinos superiores são o método efetivo para alcançar a libertação permanente do sofrimento desta vida e das incontáveis vidas futuras. Isso pode ser compreendido com a seguinte analogia. Quando cortamos uma árvore usando uma serra, a serra não pode, sozinha, cortar a árvore sem que usemos as nossas mãos, que, por sua vez, dependem do nosso corpo. Treinar em disciplina moral superior é como o nosso corpo, treinar em concentração superior é como as nossas mãos, e treinar em sabedoria superior é como a serra. Usando as três juntas, podemos cortar a árvore venenosa da nossa ignorância do agarramento ao em-si e, automaticamente, todas as demais delusões (seus galhos) e todos os nossos sofrimentos e problemas (seus frutos) cessarão por completo. Teremos alcançado, então, a cessação permanente do sofrimento desta vida e das vidas futuras – a suprema paz mental permanente conhecida como "nirvana", ou libertação. Teremos solucionado todos os nossos problemas humanos e realizado o verdadeiro sentido da nossa vida.

O OBJETO DESTA MEDITAÇÃO

O objeto desta meditação é a nossa determinação de praticar os três treinos superiores. Devemos aprender a desenvolver essa determinação por meio de contemplar a explicação acima sobre o propósito desta meditação. Quando, por meio dessa contemplação, surgir em nosso coração a firme determinação de praticar os três treinos superiores, teremos encontrado o objeto desta meditação.

A MEDITAÇÃO PROPRIAMENTE DITA

Do fundo do nosso coração, devemos pensar:

Visto que os três treinos superiores são o método efetivo para alcançar a libertação permanente do sofrimento desta vida e das incontáveis vidas futuras, eu preciso aplicar grande esforço em praticá-los.

Mantemos firmemente essa determinação e permanecemos estritamente focados nela pelo maior tempo possível. Por treinar continuamente nesta meditação, desenvolveremos um desejo espontâneo de praticar os três treinos superiores. Esse desejo é a realização desta meditação.

Durante o intervalo entre as meditações, devemos colocar nossa determinação em prática.

MEDITAÇÃO NA NOSSA DETERMINAÇÃO DE ALCANÇAR AS VERDADEIRAS CESSAÇÕES

O PROPÓSITO DESTA MEDITAÇÃO

O propósito desta meditação é nos impedirmos de ficar satisfeitos com uma mera cessação temporária de sofrimentos específicos, o que é enganoso. No *Sutra das Quatro Nobres Verdades*, Buda diz: "Deves alcançar as cessações". Neste contexto, "cessação" refere-se às verdadeiras cessações, o que significa a cessação permanente do sofrimento e de sua raiz, a ignorância do agarramento ao em-si. Ao dizer isso, Buda nos aconselha a não ficarmos satisfeitos com uma libertação temporária de sofrimentos específicos, mas que devemos ter a intenção de realizar a meta última da vida humana: a suprema paz mental permanente (nirvana) e a felicidade pura e duradoura da iluminação.

Todo ser vivo, sem exceção, tem de vivenciar o ciclo dos sofrimentos da doença, envelhecimento, morte e renascimento, vida após vida, interminavelmente. Seguindo o exemplo de Buda, devemos desenvolver forte renúncia por esse ciclo interminável. Quando vivia no palácio com sua família, Buda observou como o seu povo estava constantemente experienciando esses sofrimentos e tomou a forte determinação de alcançar a iluminação, a grande libertação, e conduzir cada ser vivo a esse estado.

Buda não nos estimula a abandonar as atividades diárias que proporcionam as condições necessárias para viver ou aquelas que evitam a pobreza, os problemas ambientais, doenças específicas e assim por diante. No entanto, não importa o quanto sejamos bem-sucedidos nessas atividades, nunca alcançaremos a cessação permanente de problemas desse tipo. Teremos ainda de vivenciá-los em nossas incontáveis vidas futuras e, mesmo nesta vida, embora trabalhemos arduamente para evitar esses problemas, os sofrimentos da pobreza, poluição ambiental e doença estão aumentando em todo o mundo. Além disso, devido ao poder da tecnologia moderna, muitos perigos graves estão a se desenvolver agora no mundo, perigos que nunca haviam sido experienciados anteriormente. Portanto, não devemos ficar satisfeitos com uma mera liberdade temporária de sofrimentos específicos, mas aplicar grande esforço em alcançar a liberdade permanente enquanto temos essa oportunidade.

Devemos nos lembrar da preciosidade da nossa vida humana. Por exemplo, aqueles que renasceram como animais, devido às suas visões deludidas anteriores que negavam o valor da prática espiritual, não têm agora oportunidade de se envolverem numa prática espiritual, pois somente ela dá surgimento a uma vida significativa. Visto que para eles é impossível ouvir, compreender, contemplar e meditar nas instruções espirituais, o seu renascimento presente como um animal é, por si só, um obstáculo. Como foi mencionado anteriormente, somente os seres humanos estão livres de tais obstáculos e têm todas as condições necessárias para se empenharem em caminhos espirituais, os únicos caminhos que conduzem à paz e felicidade duradouras. Essa combinação de liberdade e de posse de condições necessárias é a característica especial que torna a nossa vida humana tão preciosa.

O OBJETO DESTA MEDITAÇÃO

O objeto desta meditação é a nossa determinação de alcançar a libertação permanente de todos os sofrimentos desta vida e das nossas incontáveis vidas futuras, conhecida como "nirvana". Devemos aprender a desenvolver essa determinação por meio de contemplar a explicação acima sobre o propósito desta meditação. Quando, por meio dessa contemplação, surgir em nosso coração a firme determinação de alcançar a libertação permanente de todos os sofrimentos desta vida e das nossas incontáveis vidas futuras, a suprema paz interior do nirvana, teremos encontrado o objeto desta meditação.

A MEDITAÇÃO PROPRIAMENTE DITA

Do fundo do nosso coração, devemos pensar:

> *Eu não devo ficar satisfeito com uma mera cessação temporária de sofrimentos específicos, que até mesmo os animais podem experienciar. Eu preciso alcançar a suprema paz interior do nirvana.*

Mantemos firmemente essa determinação e permanecemos estritamente focados nela pelo maior tempo possível. Por treinar continuamente nesta meditação, desenvolveremos um desejo espontâneo de alcançar a libertação permanente, a suprema paz interior do nirvana. Esse desejo é a realização desta meditação.

Durante o intervalo entre as meditações, devemos aplicar esforço para colocar nossa determinação em prática.

Meditação de uma Pessoa de Grande Escopo

HÁ SEIS MEDITAÇÕES de uma pessoa de grande escopo. Essas meditações são:

1. Meditação sobre apreciar todos os seres vivos;
2. Meditação sobre compaixão universal;
3. Meditação no supremo bom coração – a bodhichitta;
4. Meditação na nossa determinação e promessa de praticar sinceramente as seis perfeições;
5. Treinar a meditação na vacuidade;
6. Meditação sobre confiar no nosso Guia Espiritual.

MEDITAÇÃO SOBRE APRECIAR TODOS OS SERES VIVOS

O PROPÓSITO DESTA MEDITAÇÃO

O propósito desta meditação é desenvolver compaixão universal – a compaixão por todos os seres vivos. Devemos compreender que aprender a apreciar os outros é a melhor solução para os nossos problemas diários e a fonte de toda a nossa felicidade e boa fortuna futuras. Acreditamos que o nosso *self* que normalmente vemos ou percebemos é muito importante e que sua felicidade e liberdade são da maior relevância e, por isso, negligenciamos ou nos esquecemos da felicidade e liberdade dos outros. Essa crença é

Assim como o Sol dissipa as nuvens, podemos desenvolver a sabedoria que pode remover todas as delusões da nossa mente.

ignorância, porque o nosso *self* que normalmente vemos ou percebemos não existe verdadeiramente. Se procurarmos com sabedoria pelo nosso *self* que normalmente vemos ou percebemos, ele desaparecerá. Isso prova que ele não existe de modo algum. Portanto, nossa visão normal – que acredita que nós próprios somos importantes, mas os outros não – é a ignorância do autoapreço. Por causa dessa ignorância, desperdiçamos, sem sentido algum, incontáveis vidas passadas. Não trouxemos nada de nossas vidas passadas, exceto, apenas, sofrimento e ignorância. O mesmo acontecerá em nossas vidas futuras. Na verdade, a felicidade e a liberdade dos outros são mais importantes que a nossa própria felicidade e liberdade porque nós somos apenas uma única pessoa, ao passo que os outros são incontáveis. Precisamos acreditar que a felicidade e a liberdade de todos os outros seres vivos são mais importantes que a nossa própria felicidade e liberdade.

O OBJETO DESTA MEDITAÇÃO

O objeto desta meditação é a crença de que a felicidade e a liberdade de todos os outros seres vivos são mais importantes que a nossa própria felicidade e liberdade. Devemos aprender a desenvolver essa crença por meio de contemplar a explicação acima sobre o propósito desta meditação. Quando, por meio dessa contemplação, surgir em nosso coração a forte crença de que a felicidade e a liberdade de todos os outros seres vivos são mais importantes que a nossa própria felicidade e liberdade, teremos encontrado o objeto desta meditação.

A MEDITAÇÃO PROPRIAMENTE DITA

Do fundo do nosso coração, devemos pensar:

Assim como todos os Budas das dez direções mudaram o objeto do seu apreço – do apreço que tinham por si mesmos para o apreço por todos os seres vivos – e, como resultado, alcançaram a suprema felicidade da iluminação, eu também preciso fazer o mesmo.

Pensando desse modo, geramos a forte crença de que a felicidade e a liberdade de todos os outros seres vivos são mais importantes que a nossa própria felicidade e liberdade. Mantemos firmemente essa visão e permanecemos estritamente focados nela pelo maior tempo possível. Por treinar continuamente nesta meditação, desenvolveremos a crença espontânea de que a felicidade e a liberdade de todos os outros seres vivos são mais importantes que a nossa própria felicidade e liberdade. Essa crença espontânea é a realização desta meditação.

Durante o intervalo entre as meditações, nunca devemos nos permitir esquecer a nossa crença de que a felicidade e a liberdade de todos os outros seres vivos são mais importantes que a nossa própria felicidade e liberdade.

MEDITAÇÃO SOBRE COMPAIXÃO UNIVERSAL

O PROPÓSITO DESTA MEDITAÇÃO

O propósito desta meditação é desenvolver a bodhichitta – o desejo sincero de se tornar um ser iluminado para libertar todos os seres vivos. Todos os Budas anteriores nasceram da mãe – a compaixão por todos os seres vivos. Devemos seguir o exemplo deles e aplicar esforço para gerar compaixão por todos os seres vivos, sem exceção. Quanto mais nossa compaixão por todos os seres vivos aumentar, mais próximos estaremos de alcançar a iluminação. A razão para isso é que a nossa compaixão por todos os seres vivos faz com que a nossa mente e as nossas ações se tornem mais puras e, quando, por meio disso, nossa mente e nossas ações se tornarem completamente puras, teremos nos tornado um ser iluminado.

A compaixão universal é uma mente que deseja sinceramente libertar permanentemente todos os seres vivos do sofrimento. Se, com base no apreço por todos os seres vivos, contemplarmos o fato de que eles experienciam, vida após vida, o ciclo sem fim de sofrimento físico e dor mental, sua incapacidade para se libertarem do sofrimento, sua falta de liberdade, e se contemplarmos como os seres vivos criam as causas de sofrimento futuro ao se envolverem em ações negativas, desenvolveremos profunda compaixão por eles. Precisamos desenvolver empatia por eles e sentir suas dores de modo tão intenso como sentimos nossas próprias dores.

Ninguém quer sofrer, mas, devido à ignorância, os seres vivos criam sofrimento ao executarem ações não-virtuosas. Portanto, devemos sentir compaixão por todos os seres vivos igualmente, sem exceção; não há um único ser vivo que não seja um objeto adequado da nossa compaixão.

Todos os seres vivos sofrem porque tiveram renascimentos contaminados. Os seres humanos não têm escolha a não ser experienciar imensos sofrimentos humanos porque tiveram um renascimento humano, que é contaminado pelo veneno interior das delusões, ou aflições mentais. De modo semelhante, os animais têm de experienciar sofrimento animal, e fantasmas famintos e seres-do-inferno têm de experienciar todos os sofrimentos dos seus respectivos reinos. Se os seres vivos tivessem de experienciar todo esse sofrimento por apenas uma única vida, isso não seria tão mau, mas o ciclo de sofrimento continua vida após vida, sem fim.

Para desenvolver renúncia, contemplamos anteriormente como, em nossas incontáveis vidas futuras, teremos de experienciar os insuportáveis sofrimentos dos animais, fantasmas famintos, seres-do-inferno, humanos, semideuses e deuses. Agora, neste ponto, para desenvolver compaixão por todos os seres vivos – que são nossas mães – contemplamos como, em suas incontáveis vidas futuras, eles terão de experienciar os insuportáveis sofrimentos dos animais, fantasmas famintos, seres-do-inferno, humanos, semideuses e deuses.

O OBJETO DESTA MEDITAÇÃO

O objeto desta meditação é a nossa determinação de libertar permanentemente todos os seres vivos do sofrimento. Devemos aprender a desenvolver essa determinação por meio de contemplar a explicação acima sobre o propósito desta meditação. Quando, por meio dessa contemplação, surgir em nosso coração a firme determinação de libertar permanentemente todos os seres vivos do sofrimento, teremos encontrado o objeto desta meditação.

A MEDITAÇÃO PROPRIAMENTE DITA

Do fundo do nosso coração, devemos pensar:

> *Eu não posso suportar o sofrimento desses incontáveis seres--mães. Afogando-se no vasto e profundo oceano do samsara, o ciclo de renascimento contaminado, eles têm de experienciar sofrimento físico e dor mental insuportáveis, nesta vida e nas incontáveis vidas futuras. Preciso libertar permanentemente todos os seres vivos dos seus sofrimentos.*

Mantemos firmemente essa determinação e permanecemos estritamente focados nela pelo maior tempo possível. Por treinar continuamente nesta meditação, desenvolveremos o desejo espontâneo de libertar permanentemente todos os seres vivos do sofrimento. Esse desejo é a realização desta meditação.

Durante o intervalo entre as meditações, nunca devemos nos permitir esquecer a nossa determinação de libertar permanentemente todos os seres vivos do sofrimento.

MEDITAÇÃO NO SUPREMO
BOM CORAÇÃO – A BODHICHITTA

O PROPÓSITO DESTA MEDITAÇÃO

O propósito desta meditação é o de nos empenharmos no caminho do Bodhisattva – o caminho efetivo à iluminação. A bodhichitta é um veículo interior que possui seis rodas – as seis perfeições. *Bodhi* significa "iluminação", e *chitta* significa "mente". A bodhichitta é uma mente que deseja espontaneamente alcançar a iluminação para beneficiar todos e cada um dos seres vivos, todos os dias. No momento em que desenvolvemos a bodhichitta, tornamo-nos um Bodhisattva, uma pessoa que deseja espontaneamente alcançar a iluminação para o benefício de todos os seres vivos. Inicialmente, seremos um Bodhisattva no Caminho da Acumulação. Então, prosseguindo no caminho da iluminação com o veículo da bodhichitta, podemos progredir, avançando de um Bodhisattva no Caminho da Acumulação para um Bodhisattva no Caminho da Preparação, para um Bodhisattva no Caminho da Visão e, então, para um Bodhisattva no Caminho da Meditação. A partir desse ponto, alcançaremos o Caminho do Não-Mais-Aprender, que é o estado de iluminação propriamente dito. Como já foi mencionado, a iluminação é a luz interior de sabedoria que é permanentemente livre de toda aparência equivocada e cuja função é conceder paz mental para todos e cada um dos seres vivos, todos os dias. Quando alcançarmos a iluminação de um Buda, seremos capazes de beneficiar todos e cada um dos seres vivos diretamente, concedendo-lhes bênçãos e por meio de nossas incontáveis emanações. Nos ensinamentos de Sutra, Buda diz:

Nesta vida impura do samsara,
Ninguém experiencia felicidade verdadeira;
As ações que eles executam
Sempre serão causas de sofrimento.

Como foi mencionado na Parte Um, a felicidade que normalmente experienciamos por termos boas condições (como boa reputação, boa posição social ou econômica, um bom trabalho, um bom relacionamento), quando vemos formas atraentes, ouvimos boas notícias ou uma música bonita, ou através de comer, beber e sexo, nada disso é felicidade verdadeira, mas sofrimento-que-muda – uma redução do nosso sofrimento anterior. Por causa da nossa ignorância, contudo, acreditamos que somente essas coisas trazem felicidade e, por isso, nunca desejamos obter felicidade verdadeira, a felicidade pura e duradoura da libertação e da iluminação, nem sequer para o nosso próprio benefício. Estamos sempre buscando felicidade nesta vida impura do samsara, como o ladrão que procurava por ouro na caverna vazia de Milarepa e que nada encontrou. O grande iogue Milarepa ouviu o ladrão vasculhando sua caverna uma noite e desafiou-o, exclamando: "Como esperas encontrar algo valioso aqui, à noite, quando eu não consigo encontrar nada de valor aqui durante o dia?".

Quando, por meio de treino, desenvolvermos a preciosa mente de iluminação, a bodhichitta, pensaremos espontaneamente:

Que maravilhoso seria se eu e todos os seres vivos alcançássemos felicidade verdadeira, a felicidade pura e duradoura da iluminação! Que nós alcancemos essa felicidade. Eu mesmo vou trabalhar para esse objetivo.

Precisamos ter essa preciosa mente de bodhichitta em nosso coração. Ela é o nosso Guia Espiritual interior, que nos conduz diretamente ao estado da suprema felicidade da iluminação, e é a verdadeira joia-que-satisfaz-os-desejos, por meio da qual podemos satisfazer nossos próprios desejos e os dos outros. Não existe intenção mais benéfica do que a dessa mente preciosa.

O OBJETO DESTA MEDITAÇÃO

O objeto desta meditação é a nossa determinação de alcançar a iluminação para beneficiar todos e cada um dos seres vivos, todos os dias. Devemos aprender a desenvolver essa determinação por meio de contemplar a explicação acima sobre o propósito desta meditação. Quando, por meio dessa contemplação, surgir em nosso coração a firme determinação de alcançar a iluminação para beneficiar todos e cada um dos seres vivos todos os dias, teremos encontrado o objeto desta meditação.

A MEDITAÇÃO PROPRIAMENTE DITA

Do fundo do nosso coração, devemos pensar:

Eu sou uma única pessoa, mas os outros seres vivos são incontáveis, e eles são minhas bondosas mães. Esses incontáveis seres-mães têm de vivenciar sofrimento físico e dor mental insuportáveis, nesta vida e nas suas incontáveis vidas futuras. Quando comparado com o sofrimento desses incontáveis seres vivos, o meu próprio sofrimento é insignificante. Eu preciso libertar todos os seres vivos do sofrimento permanentemente e, para esse propósito, preciso alcançar a iluminação de um Buda.

Mantemos firmemente essa determinação e permanecemos estritamente focados nela pelo maior tempo possível. Por treinar continuamente nesta meditação, desenvolveremos o desejo espontâneo de alcançar a iluminação para beneficiar todos e cada um dos seres vivos, todos os dias. Esse desejo é a realização desta meditação e é a bodhichitta efetiva.

Durante o intervalo entre as meditações, para cumprir o desejo da nossa bodhichitta, devemos nos empenhar em treinar as seis perfeições, o caminho efetivo à iluminação, e enfatizar a acumulação de mérito e de sabedoria.

MEDITAÇÃO NA NOSSA DETERMINAÇÃO E PROMESSA DE PRATICAR SINCERAMENTE AS SEIS PERFEIÇÕES

O PROPÓSITO DESTA MEDITAÇÃO

O propósito desta meditação é alcançar diretamente o estado de iluminação. As seis perfeições são o caminho efetivo à iluminação, e elas também são o caminho da bodhichitta e o caminho do Bodhisattva. Percorrendo esse caminho com o veículo da bodhichitta, alcançaremos, definitivamente, o estado de iluminação. O desejo da nossa bodhichitta é alcançar a iluminação para beneficiar diretamente todos e cada um dos seres vivos. Para cumprir esse desejo, devemos prometer, diante do nosso Guia Espiritual ou de uma imagem de Buda percebida como um Buda vivo, ingressar e nos empenhar no caminho, ou treino, do Bodhisattva, enquanto recitamos três vezes a seguinte prece ritual. Essa promessa é o voto do Bodhisattva.

Ó Guru Buda, por favor, ouve-me.
Assim como todos os anteriores Sugatas, os Budas,
Geraram a mente de iluminação – a bodhichitta –
E concluíram todas as etapas
Do treino do Bodhisattva,
Também eu, para o benefício de todos os seres,
Vou gerar a mente de iluminação
E concluir todas as etapas
Do treino do Bodhisattva.

Quando tomamos o voto do Bodhisattva, estamos nos comprometendo a ingressar e a nos empenhar no caminho para a iluminação, ou seja, o treino de um Bodhisattva, que é a prática das seis perfeições. Normalmente, quando começamos num emprego comum, comprometemo-nos em cumprir os desejos do nosso empregador; caso contrário, perderemos rapidamente o nosso emprego. Do mesmo modo, tendo gerado a bodhichitta – a determinação de alcançar a iluminação para beneficiar diretamente todos e cada um dos seres vivos – precisamos nos comprometer a nos empenharmos na prática das seis perfeições. Se não assumirmos esse compromisso através de tomar o voto do Bodhisattva, perderemos nossa oportunidade de alcançar a iluminação. Contemplando isso, devemos nos encorajar a tomar o voto do Bodhisattva e praticar sinceramente as seis perfeições.

As seis perfeições são as práticas de dar, disciplina moral, paciência, esforço, concentração e sabedoria motivadas por bodhichitta. Devemos reconhecer que as seis perfeições são a nossa prática diária.

MEDITAÇÃO DE UMA PESSOA DE GRANDE ESCOPO

Na prática de dar, devemos praticar: (1) dar ajuda material aos que estão na pobreza, incluindo dar comida aos animais; (2) dar ajuda prática aos doentes ou aos fisicamente debilitados; (3) dar proteção, sempre tentando salvar a vida dos outros, incluindo a dos insetos; (4) dar amor, aprendendo a apreciar todos os seres vivos, acreditando sempre que a felicidade e a liberdade deles são importantes; e (5) dar Dharma, ajudando os outros a solucionarem os seus problemas da raiva, apego e ignorância através de dar ensinamentos de Dharma ou conselhos significativos.

Na prática de disciplina moral, devemos abandonar quaisquer ações inadequadas, incluindo aquelas que causam sofrimento aos outros. Devemos, especialmente, abandonar a quebra dos nossos compromissos do voto do Bodhisattva. Este é o fundamento básico sobre o qual podemos fazer progressos no Caminho do Bodhisattva. Fazendo isso, nossas ações de corpo, fala e mente serão puras, de modo que nos tornaremos um ser puro.

Na prática de paciência, nunca devemos nos permitir ficar com raiva ou desencorajados, mas aceitar temporariamente quaisquer dificuldades ou danos vindos dos outros. Quando praticamos paciência, estamos vestindo a suprema armadura interior, que nos protege diretamente de sofrimentos físicos, dor mental e outros problemas. A raiva destrói nosso mérito, ou boa fortuna, de modo que experienciaremos continuamente muitos obstáculos, e, devido à carência de boa fortuna, será difícil satisfazer os nossos desejos, especialmente as nossas metas espirituais. Não existe maior mal do que a raiva. Com a prática da paciência, podemos realizar qualquer meta espiritual; não existe virtude maior do que a paciência.

Na prática de esforço, devemos confiar em esforço irreversível para acumular as grandes coleções de mérito e de sabedoria, que são as causas principais para se obter o Corpo-Forma (*Rupakaya*) e o Corpo-Verdade (*Dharmakaya*) de um Buda; e, especialmente, devemos enfatizar a contemplação e a meditação sobre a vacuidade, o modo como as coisas realmente são. Fazendo isso, podemos facilmente fazer progressos no caminho para a iluminação. Com esforço, podemos realizar a nossa meta, ao passo que, com preguiça, não podemos obter resultado algum.

Na prática de concentração, devemos enfatizar, nesta etapa, a aquisição da concentração do tranquilo-permanecer que observa a vacuidade. Uma explicação sobre isso pode ser encontrada no livro *Budismo Moderno*, na seção *Um Treino Simples em Bodhichitta Última*. Quando, pelo poder dessa concentração, experienciarmos uma sabedoria especial denominada "visão superior", que realiza a vacuidade de todos os fenômenos de modo muito claro, teremos progredido, passando de um Bodhisattva no Caminho da Acumulação para um Bodhisattva no Caminho da Preparação.

Na prática de sabedoria, precisamos enfatizar, nesta etapa, o aumento do poder da nossa sabedoria da visão superior através de meditar, continuamente, na vacuidade de todos os fenômenos com a motivação de bodhichitta. Por meio disso, quando a nossa visão superior se transformar no Caminho da Visão, que é a realização direta da vacuidade de todos os fenômenos, teremos progredido, passando de um Bodhisattva no Caminho da Preparação para um Bodhisattva no Caminho da Visão. No momento em que alcançarmos o Caminho da Visão, seremos um Bodhisattva superior, que não mais experiencia os sofrimentos do samsara. Mesmo que alguém corte o nosso corpo, pedaço por pedaço, com uma faca, não sentiremos dor porque temos uma realização direta do modo como as coisas realmente existem.

Tendo concluído o Caminho da Visão, precisamos, para continuar a fazer progressos, de nos empenharmos continuamente na meditação sobre a vacuidade de todos os fenômenos, com a motivação de bodhichitta. Essa meditação é denominada "o Caminho da Meditação". Quando alcançarmos essa etapa, teremos progredido, passando de um Bodhisattva no Caminho da Visão para um Bodhisattva no Caminho da Meditação.

Tendo concluído o Caminho da Meditação, quando então nossa sabedoria do Caminho da Meditação se transforma na sabedoria onisciente que é permanente livre de todas as aparências equivocadas, essa sabedoria onisciente passa a ser denominada

MEDITAÇÃO DE UMA PESSOA DE GRANDE ESCOPO

"o Caminho do Não-Mais-Aprender", que é a iluminação propriamente dita. Quando alcançarmos essa etapa, teremos progredido, passando de um Bodhisattva no Caminho da Meditação para o estado de um ser iluminado, um Buda. Teremos concluído o objetivo último dos seres vivos.

O treino inicial de um Bodhisattva em acumular mérito ou sabedoria é o Caminho da Acumulação do Bodhisattva; o treino de um Bodhisattva em acumular mérito ou sabedoria, que é a preparação para alcançar o Caminho da Visão, é o Caminho da Preparação do Bodhisattva; o treino do Bodhisattva que é a realização direta inicial da vacuidade é o Caminho da Visão do Bodhisattva. Após completar o Caminho da Visão, o treino do Bodhisattva de meditar continuamente na vacuidade é o Caminho da Meditação do Bodhisattva; e a sabedoria onisciente de Buda, que é alcançada pela conclusão de todos os treinos de Sutra e de Tantra, é o Caminho do Não-Mais-Aprender, o estado de iluminação.

O OBJETO DESTA MEDITAÇÃO

O objeto desta meditação é a nossa determinação e promessa de praticar sinceramente as seis perfeições. Devemos aprender a desenvolver essa determinação e promessa por meio de contemplar a explicação acima sobre o propósito desta meditação. Quando, por meio dessa contemplação, surgir em nosso coração a firme determinação e promessa de praticar sinceramente as seis perfeições, teremos encontrado o objeto desta meditação.

A MEDITAÇÃO PROPRIAMENTE DITA

Do fundo do nosso coração, devemos pensar:

Assim como todos os Budas anteriores geraram a preciosa mente de bodhichitta e concluíram todas as etapas do caminho do Bodhisattva, eu também vou gerar, para o benefício de todos os seres vivos, a preciosa mente de bodhichitta e concluir todas as etapas do caminho do Bodhisattva, a prática das seis perfeições.

Mantemos firmemente essa determinação e permanecemos estritamente focados nela pelo maior tempo possível. Por nos empenharmos continuamente nesta meditação, desenvolveremos um desejo espontâneo de concluir nosso treino nas seis perfeições, o Caminho do Bodhisattva. Esse desejo é a realização desta meditação.

Durante o intervalo entre as meditações, devemos aplicar esforço irreversível para treinar as seis perfeições e para acumular as coleções de mérito e de sabedoria. Desse modo, podemos fazer progressos, momento a momento, em direção à conquista da iluminação.

TREINAR A MEDITAÇÃO NA VACUIDADE

O PROPÓSITO DESTA MEDITAÇÃO

O propósito desta meditação é libertar permanentemente a nossa mente de todas as aparências equivocadas, que são a obstrução principal à conquista da iluminação. No entanto, sem compreender a vacuidade corretamente, não há base para esta meditação. Portanto, com a explicação dada a seguir, devemos nos esforçar para compreender o significado da vacuidade. Uma explicação simples é a seguinte:

Por exemplo, normalmente vemos nosso corpo nas suas partes – as mãos, as costas e assim por diante – mas nem as partes individuais tampouco o conjunto das partes são o nosso corpo, porque elas são partes do nosso corpo – ou seja, elas não são o corpo ele próprio. No entanto, não existe "nosso corpo" além de suas partes. Ao procurarmos, com sabedoria, pelo nosso corpo desse modo, realizaremos que não é possível encontrar nosso corpo – ele é inencontrável. Essa é uma razão válida para provar que o nosso corpo que normalmente vemos não existe de modo algum.

Da mesma maneira, normalmente vemos nosso self no nosso corpo e mente, mas nem o nosso corpo nem a nossa mente, e tampouco o conjunto do nosso corpo e mente, são o nosso self, porque nosso corpo e nossa mente são nossas posses, e o nosso self é o possuidor – e o possuidor e as posses não podem ser o mesmo. No entanto, não existe "nosso self" além do nosso corpo e mente. Ao procurar, com sabedoria, por nosso self desse modo, realizaremos que não é possível encontrar nosso self – ele é inencontrável. Essa é uma razão válida para provar que o nosso self que normalmente vemos não existe de modo algum.

Devemos aplicar esses raciocínios a todos os demais fenômenos, de modo que venhamos a compreender que todos os fenômenos que normalmente vemos ou percebemos não existem. Em conclusão, compreenderemos que o verdadeiro significado da vacuidade é a mera ausência de todos os fenômenos que normalmente vemos ou percebemos.

O OBJETO DESTA MEDITAÇÃO

O objeto desta meditação é a vacuidade de todos os fenômenos, a mera ausência de todos os fenômenos que normalmente vemos ou percebemos. Devemos aprender a perceber claramente a mera ausência de todos os fenômenos que normalmente vemos ou percebemos por meio de contemplar a explicação acima sobre o propósito desta meditação. Quando, por meio dessa contemplação, surgir em nosso coração um conhecimento profundo da mera ausência de todos os fenômenos que normalmente vemos ou percebemos, teremos encontrado o objeto desta meditação.

A MEDITAÇÃO PROPRIAMENTE DITA

Quando um conhecimento profundo da mera ausência de todos os fenômenos que normalmente vemos ou percebemos surgir em

Dorjechang Kelsang Gyatso Rinpoche

nossa mente, devemos mantê-lo e permanecer estritamente focados nele, sem esquecê-lo. Por treinar continuamente nesta meditação, desenvolveremos um conhecimento mais profundo que funciona para reduzir ou cessar nosso agarramento ao em-si. Essa é a realização desta meditação.

Durante o intervalo entre as meditações, devemos aprender a reconhecer que as coisas que normalmente vemos são como ilusões, o que significa que, embora as vejamos, elas não existem.

MEDITAÇÃO SOBRE CONFIAR NO NOSSO GUIA ESPIRITUAL

O PROPÓSITO DESTA MEDITAÇÃO

O propósito desta meditação é receber as poderosas bênçãos de todos os Budas. Precisamos confiar, sincera e puramente, em nosso Guia Espiritual. A razão para isso é muito simples. A meta última da vida humana é alcançar a iluminação, e isso depende de receber continuamente as bênçãos especiais de todos os Budas através do nosso Guia Espiritual.

Todos os Budas alcançaram a iluminação com a única intenção de conduzir todos os seres vivos pelas etapas do caminho para a iluminação através das suas emanações. Quem é a emanação que está nos conduzindo pelas etapas do caminho para a iluminação? Está claro que é o nosso professor espiritual atual que, sincera e corretamente, nos conduz pelos caminhos da renúncia, bodhichitta e visão correta da vacuidade por meio de dar esses ensinamentos e de mostrar um exemplo prático para os outros seguirem. Compreendendo isso, devemos acreditar fortemente que nosso Guia Espiritual é uma emanação de Buda e desenvolver e manter profunda fé nele ou nela.

O OBJETO DESTA MEDITAÇÃO

O objeto desta meditação é a nossa profunda fé em nosso Guia Espiritual. Devemos aprender a desenvolver essa fé por meio de contemplar a explicação acima sobre o propósito desta meditação. Quando, por meio dessa contemplação, surgir em nosso coração uma profunda fé em nosso Guia Espiritual, teremos encontrado o objeto desta meditação.

A MEDITAÇÃO PROPRIAMENTE DITA

Do fundo do nosso coração, devemos pensar:

> *Está claro que se eu confiar, sincera e puramente, no meu Guia Espiritual, receberei as poderosas bênçãos de todos os Budas através do meu Guia Espiritual, de modo que eu possa facilmente fazer progressos e concluir minha prática de Sutra e de Tantra. Através disso, eu posso satisfazer os meus desejos e os desejos dos outros.*

Desse modo, geramos profunda fé no nosso Guia Espiritual e permanecemos estritamente focados nele pelo maior tempo possível. Por treinar continuamente nesta meditação, desenvolveremos espontaneamente os três tipos de fé – a fé de admirar, a fé de acreditar e a fé de almejar – que são a realização desta meditação.

Durante o intervalo entre as meditações, devemos aplicar forte esforço para praticar sinceramente os ensinamentos do nosso Guia Espiritual sobre renúncia, bodhichitta, visão correta da vacuidade e os estágios de geração e de conclusão do Tantra.

Em resumo, se praticarmos, sincera e continuamente, a união das etapas do caminho do Sutra e do Tantra, faremos rapidamente progressos, desde um estado inferior até estados cada vez mais elevados, até nos tornarmos um ser iluminado, um Buda. Isso significa que teremos despertado permanentemente do sono da ignorância, seremos capazes de ver tudo – do passado, futuro e presente – direta e simultaneamente, e iremos nos tornar a fonte de felicidade para todos os seres vivos. Que maravilhoso!

Dedicatória

PELAS VIRTUDES QUE acumulei por preparar este livro, que o Budadharma – o único remédio para todo o sofrimento e a fonte de toda felicidade – seja materialmente apoiado e respeitado e permaneça por um longo tempo. Que haja paz permanente no mundo e que todos os seres vivos encontrem uma vida significativa.

Este livro, O Espelho do Dharma com Adições, *são os ensinamentos do Venerável Geshe Kelsang Gyatso Rinpoche. Estes ensinamentos foram gravados e transcritos e, então, editados principalmente por ele e alguns dos seus estudantes seniores.*

Apêndice I

O Texto-Raiz:
Os Três Aspectos Principais do Caminho para a Iluminação

pelo Buda da Sabedoria Je Tsongkhapa

O Texto-Raiz:
Os Três Aspectos Principais do Caminho para a Iluminação

Homenagem ao Venerável Guia Espiritual.

Explicarei, com o melhor de minha habilidade,
O significado essencial dos ensinamentos de todos os Budas
[renúncia],
O caminho principal dos Bodhisattvas, que têm compaixão por
todos os seres vivos [bodhichitta],
E o caminho último dos afortunados que buscam a libertação
[a visão correta da vacuidade].

Tu não deves estar apegado aos prazeres mundanos,
Mas empenhar-te para encontrar o verdadeiro significado da vida
humana
Por ouvir e praticar as instruções dadas aqui,
As quais todos os Budas anteriores praticaram com deleite.

O apego à satisfação dos teus próprios desejos, o desejo descontrolado,
É a causa principal de todos os teus próprios problemas e sofrimentos,
E não há método para abandoná-lo sem, primeiro, desenvolver
renúncia.
Portanto, deves aplicar grande esforço para desenvolver e manter
renúncia pura.

APÊNDICE I – OS TRÊS ASPECTOS PRINCIPAIS DO CAMINHO PARA A ILUMINAÇÃO

Quando, por meio do treino diário, gerares os pensamentos
   espontâneos:
"Pode ser que eu morra hoje" e "Uma preciosa vida humana é tão rara",
E meditares na verdade do carma e nos sofrimentos do ciclo
   de vida impura, o samsara,
O teu apego aos prazeres mundanos cessará.

Desse modo, quando o desejo descontrolado por prazeres mundanos
Não surgir sequer por um momento,
Mas uma mente ávida por libertação – nirvana – surgir ao longo
   do dia e da noite,
Nesse momento, renúncia pura terá sido gerada.

No entanto, se essa renúncia não for mantida
Pela compassiva mente de bodhichitta,
Ela não será uma causa da felicidade insuperável, a iluminação;
Portanto, deves aplicar esforço para gerar a preciosa mente
   de bodhichitta.

Arrastadas pelas correntezas dos quatro poderosos rios [nascimento,
   envelhecimento, doença e morte],
Acorrentadas firmemente pelos grilhões do carma, tão difíceis
   de soltar,
Capturadas na rede de ferro do agarramento ao em-si,
Completamente envoltas pela densa escuridão da ignorância,

Renascendo muitas e muitas vezes no ilimitado samsara
E atormentadas ininterruptamente pelos três sofrimentos [sensações
   dolorosas, sofrimento-que-muda e sofrimento-que-permeia] –
Por contemplares o estado das tuas mães, todos os seres vivos,
   em condições como essas,
Gera a suprema mente de bodhichitta.

Porém, embora possas estar familiarizado com renúncia e bodhichitta,
Se não possuíres a sabedoria que realiza o modo como as coisas
   realmente são,
Não serás capaz de cortar a raiz do samsara;
Portanto, empenha-te de modo a realizares a relação-dependente.

Quando vires claramente os fenômenos – como o samsara e o
nirvana, e causa e efeito – tal como existem
E, ao mesmo tempo, vires que todos os fenômenos que normalmente
vês ou percebes não existem
Terás ingressado no caminho da visão correta da vacuidade,
Deleitando, assim, todos os Budas.

Se perceberes e acreditares que a aparência – os fenômenos –
E o vazio – a vacuidade dos fenômenos –
São duais,
Não terás, ainda, realizado a intenção de Buda.

Se, por apenas veres que as coisas existem
Na dependência dos seus meros nomes,
O teu agarramento ao em-si reduzir ou cessar,
Nesse momento, concluíste a tua compreensão da vacuidade.

Além disso, se negares o extremo da existência
Através de simplesmente realizares que os fenômenos são apenas
meras aparências,
E se negares o extremo da não-existência
Através de simplesmente realizares que todos os fenômenos que
normalmente vês ou percebes não existem,

E se realizares como, por exemplo, a vacuidade de causa e efeito
É percebida como causa e efeito,
Porque não existe causa e efeito que não vacuidade,
Com essas realizações, tu não serás prejudicado pela visão extrema.

Quando, desse modo, tiveres realizado corretamente os pontos
essenciais
Dos três aspectos principais do caminho,
Caro amigo, recolhe-te em retiro solitário, gera e mantém forte
esforço
E alcança, rapidamente, a meta final.

Cólofon: Este texto foi traduzido pelo Venerável Geshe
Kelsang Gyatso Rinpoche.

Apêndice II

Prece Libertadora

LOUVOR A BUDA SHAKYAMUNI

Ó Abençoado, Shakyamuni Buda,
Precioso tesouro de compaixão,
Concessor de suprema paz interior,

Tu, que amas todos os seres sem exceção,
És a fonte de bondade e felicidade,
E nos guias ao caminho libertador.

Teu corpo é uma joia-que-satisfaz-os-desejos,
Tua fala é um néctar purificador e supremo
E tua mente, refúgio para todos os seres vivos.

Com as mãos postas, me volto para ti,
Amigo supremo e imutável,
E peço do fundo do meu coração:

Por favor, concede-me a luz de tua sabedoria
Para dissipar a escuridão da minha mente
E curar o meu *continuum* mental.

Por favor, me nutre com tua bondade,
Para que eu possa, por minha vez, nutrir todos os seres
Com um incessante banquete de deleite.

Por meio de tua compassiva intenção,
De tuas bênçãos e feitos virtuosos
E por meu forte desejo de confiar em ti,

Que todo o sofrimento rapidamente cesse,
Que toda a felicidade e alegria aconteçam
E que o sagrado Dharma floresça para sempre.

Cólofon: Esta prece foi escrita por Venerável Geshe
Kelsang Gyatso Rinpoche e é recitada regularmente no
início de ensinamentos, meditações e preces nos
Centros Budistas Kadampa em todo o mundo.

Avalokiteshvara

Apêndice III

Sadhana de Avalokiteshvara

PRECES E PEDIDOS AO BUDA DA COMPAIXÃO

Introdução

AVALOKITESHVARA, OU "CHENREZIG" em tibetano, é um ser iluminado que é uma manifestação da compaixão de todos os Budas. Ele é conhecido como "o Buda da Compaixão". Ele aparece, habitualmente, com um corpo branco e quatro braços. As duas primeiras mãos estão juntas, na altura do coração, simbolizando seu respeito pelo seu Guia Espiritual, Buda Amitabha, que está em sua coroa. Mesmo sendo um ser iluminado, Buda Avalokiteshvara permanece demonstrando respeito pelo seu Guia Espiritual. Suas duas primeiras mãos seguram uma joia, que simboliza sua própria iluminação. Esse mudra está indicando: "Eu alcancei a grande iluminação, que é semelhante a uma joia, por meio de ter recebido bênçãos de meu Guia Espiritual Amitabha".

Sua segunda mão esquerda segura uma flor de lótus branca. O lótus nasce no lodo do fundo de um lago, porém suas flores desabrocham na superfície da água, completamente livres das manchas do lodo. Ao segurar uma flor de lótus, Avalokiteshvara está mostrando que, por ter alcançado a iluminação, ele está livre de todos os obstáculos e tem um corpo, fala e mente completamente puros. Sua segunda mão direita segura um mala de cristal, simbolizando que ele pode livrar do samsara todos os seres vivos e conduzi-los à libertação.

Se confiarmos sinceramente em Avalokiteshvara e recitarmos seu mantra com forte fé, iremos melhorar temporariamente nossas realizações das etapas do caminho, especialmente nossa realização de grande compaixão e, por fim, alcançaremos a suprema Budeidade na Terra Pura de Avalokiteshvara, a Terra Pura de Êxtase.

APÊNDICE III: SADHANA DE AVALOKITESHVARA

Esta sadhana é muito abençoada. A parte principal da sadhana foi escrita por um grande iogue tibetano chamado Drubchen Tangtong Gyalpo, proveniente do Monastério Ngam Ring, no Tibete Ocidental. A prece dos sete membros, o oferecimento do mandala, o pedido dos cinco grandes propósitos e a estrofe dedicatória final foram adicionadas posteriormente a partir de fontes tradicionais.

Geshe Kelsang Gyatso
1978

Sadhana de Avalokiteshvara

Buscar refúgio

Eu e todos os seres sencientes, até alcançarmos a iluminação,
Nos refugiamos em Buda, Dharma e Sangha.   (3x)

Gerar a bodhichitta

Pelas virtudes que coleto, praticando o dar e as outras perfeições,
Que eu me torne um Buda para o benefício de todos.   (3x)

Visualizar Arya Avalokiteshvara

Eu e todos os seres vivos, tão extensos como o espaço,
Temos na nossa coroa um lótus branco e um assento de lua.
Sobre estes, do HRIH, surge Arya Avalokiteshvara.
Ele tem um corpo translúcido e branco que irradia luzes de
    cinco cores.
Tem uma expressão sorridente e nos fita com olhos de compaixão.
Possui quatro mãos, as duas primeiras juntas na altura do seu coração,
As outras duas seguram um rosário de cristal e uma flor de
    lótus branco.
Está adornado com sedas e ornamentos de joias
E veste na parte de cima uma pele de antílope.
Sua coroa está adornada com Amitabha.
Senta-se com as pernas cruzadas em postura-vajra,
E atrás dele ergue-se uma lua imaculada.
Ele é a síntese de todos os objetos de refúgio.

Prece dos sete membros

Com meu corpo, fala e mente, humildemente me prostro
E faço oferendas, efetivas e imaginadas.
Confesso meus erros em todos os tempos
E regozijo-me nas virtudes de todos.
Peço, permanece até o cessar do samsara
E gira a Roda do Dharma para nós.
Dedico todas as virtudes à grande iluminação.

Oferenda do mandala

O chão espargido com perfume e salpicado de flores,
A Grande Montanha, quatro continentes, sol e lua,
Percebidos como Terra de Buda e assim oferecidos.
Que todos os seres desfrutem dessas Terras Puras.

Contemplando que todos esses pobres migrantes são minhas mães,
Que, por bondade, cuidaram de mim muitas e muitas vezes,
Peço tuas bênçãos para gerar espontânea compaixão
Como a de uma amorosa mãe por seu mais querido filho.

IDAM GURU RATNA MANDALAKAM NIRYATAYAMI

Louvor a Arya Avalokiteshvara

Tu, cujo corpo branco é imaculado, livre de falhas,
Cuja coroa é adornada com um Buda plenamente iluminado,
Que fitas os migrantes com olhos de compaixão,
A ti, Arya Avalokiteshvara, eu me prostro.

Pedir os cinco grandes propósitos

Ó Arya Avalokiteshvara, Tesouro de Compaixão,
E todo o teu séquito, por favor, ouve-me.

Por favor, liberta-me rapidamente e a todas as minhas mães e pais,
As seis classes de seres vivos, do oceano do samsara.

Por favor, gera rapidamente em nosso *continuum* mental
O Dharma vasto e profundo da insuperável bodhichitta.

Com teu compassivo néctar, por favor, purifica velozmente
O carma e a delusão que temos acumulado desde tempos sem início.

E com tuas mãos compassivas, por favor, conduze-me velozmente
E a todos os seres vivos à Terra Pura de Êxtase.

Ó Amitabha e Avalokiteshvara,
Ao longo de todas as nossas vidas, por favor, sede nosso Guia
    Espiritual,
E revelando perfeitamente o caminho inequívoco,
Por favor, conduzi-nos velozmente ao estado da Budeidade.

Prece de pedidos

Ó Guru Avalokiteshvara, Buda da Compaixão,
Por favor, abençoa, rapidamente, o meu *continuum* mental,
Para que eu possa concluir rapidamente
O treino de purificar e transformar as seis classes de seres vivos.

(3x)

Como resultado desses pedidos estritamente focados,
Raios de luz irradiam-se do corpo de Arya Avalokiteshvara
E purificam todas as aparências cármicas impuras e percepções
    equivocadas.
O ambiente transforma-se na Terra Pura de Êxtase,
E o corpo, fala e mente de todos os habitantes
Transformam-se no corpo, fala e mente de Avalokiteshvara.
Tudo o que conhecemos pela visão, audição e pensamento
    torna-se inseparável da vacuidade.

Recitação do mantra

OM MANI PEME HUM

O significado desse mantra é: com OM estamos chamando Avalokiteshvara, MANI significa a preciosa joia da iluminação, PEME significa libertação e HUM significa "por favor, concede". Juntas, essas palavras significam: "Ó Avalokiteshvara, por favor, concede a preciosa joia da iluminação para libertar todos os seres vivos". Por meio da recitação desse mantra, treinamos na mente compassiva da bodhichitta.

Todas as formas físicas, minha e dos outros, são [manifestações do] corpo de Arya Avalokiteshvara,
Todos os sons são [manifestações do] mantra de seis letras
E toda a atividade mental surge da grande excelsa sabedoria.

Dedicatória

Pelas virtudes que acumulei
Por treinar em compaixão e sabedoria,
Que todas as impurezas das seis classes de seres vivos sejam purificadas,
E, assim, que todos eles se transformem em seres iluminados.

Preces pela Tradição Virtuosa

Para que a tradição de Je Tsongkhapa,
O Rei do Dharma, floresça,
Que todos os obstáculos sejam pacificados
E todas as condições favoráveis sejam abundantes.

Pelas duas coleções, minhas e dos outros,
Reunidas ao longo dos três tempos,
Que a doutrina do Conquistador Losang Dragpa
Floresça para sempre.

Prece *Migtsema* de nove versos

Tsongkhapa, ornamento-coroa dos eruditos da Terra das Neves,
Tu és Buda Shakyamuni e Vajradhara, a fonte de todas as conquistas,
Avalokiteshvara, o tesouro de inobservável compaixão,
Manjushri, a suprema sabedoria imaculada,
E Vajrapani, o destruidor das hostes de maras.

Ó Venerável Guru Buda, síntese das Três Joias,
Com meu corpo, fala e mente, respeitosamente faço pedidos:
Peço, concede tuas bênçãos para amadurecer e libertar a mim
    e aos outros,
E confere-nos as aquisições comuns e a suprema.   (3x)

*Cólofon: Esta sadhana, ou prece ritual, para aquisições
espirituais foi traduzida sob a orientação compassiva de
Venerável Geshe Kelsang Gyatso Rinpoche em 1978
e revisada em 2017.*

Buda Shakyamuni

Apêndice IV

Preces para Meditação

PRECES PREPARATÓRIAS CURTAS PARA MEDITAÇÃO

Introdução

TODOS NÓS TEMOS o potencial para obter as realizações de todas as etapas do caminho para a iluminação. Esses potenciais são como sementes no campo da nossa mente, e a nossa prática de meditação é como cultivar essas sementes. Porém, nossa prática de meditação só será bem-sucedida se, antes, fizermos boas preparações.

Se quisermos cultivar uma plantação exterior, começamos fazendo cuidadosos preparativos. Primeiro, removemos do solo tudo que possa obstruir o desenvolvimento das plantas, como pedras e ervas daninhas. Em segundo lugar, enriquecemos o solo com adubo, para fortalecê-lo e sustentar o crescimento da plantação. Em terceiro lugar, providenciamos calor e umidade – as condições necessárias para que as sementes germinem e as plantas cresçam. Do mesmo modo, para cultivar nossas plantações interiores das realizações de Dharma precisamos, também, começar fazendo cuidadosos preparativos.

Primeiro, precisamos purificar nossa mente para eliminar o carma negativo que acumulamos no passado, porque se não purificarmos esse carma, ele obstruirá o desenvolvimento das realizações de Dharma. Em segundo lugar, precisamos acumular mérito, para dar à nossa mente vigor para sustentar o crescimento das realizações de Dharma. Em terceiro lugar, precisamos receber as bênçãos dos seres sagrados, para ativar e sustentar o desenvolvimento das realizações de Dharma.

As preces curtas a seguir contêm a essência dessas três preparações. Para mais informações, consultar os livros *Novo Manual de Meditação* ou *Caminho Alegre da Boa Fortuna.*

Geshe Kelsang Gyatso
1987

Preces para Meditação

PRECES PREPARATÓRIAS CURTAS PARA MEDITAÇÃO

Buscar refúgio

Eu e todos os seres sencientes, até alcançarmos a iluminação,
Nos refugiamos em Buda, Dharma e Sangha.

(3x, 7x, 100x etc.)

Gerar bodhichitta

Pelas virtudes que coleto, praticando o dar e as outras perfeições,
Que eu me torne um Buda para o benefício de todos.   (3x)

Gerar os quatro incomensuráveis

Que cada um seja feliz,
Que cada um se liberte da dor,
Que ninguém jamais seja separado de sua felicidade,
Que todos tenham equanimidade, livres do ódio e do apego.

Visualizar o Campo de Acumular Mérito

No espaço à minha frente está Buda Shakyamuni vivo, rodeado
por todos os Budas e Bodhisattvas, como a lua cheia rodeada
pelas estrelas.

Prece dos sete membros

Com meu corpo, fala e mente, humildemente me prostro
E faço oferendas, efetivas e imaginadas.
Confesso meus erros em todos os tempos
E regozijo-me nas virtudes de todos.
Peço, permanece até o cessar do samsara
E gira a Roda do Dharma para nós.
Dedico todas as virtudes à grande iluminação.

Oferecimento do mandala

O chão espargido com perfume e salpicado de flores,
A Grande Montanha, quatro continentes, sol e lua,
Percebidos como Terra de Buda e assim oferecidos.
Que todos os seres desfrutem dessas Terras Puras.

Ofereço, sem nenhum sentimento de perda,
Os objetos que fazem surgir meu apego, ódio e confusão,
Meus amigos, inimigos e estranhos, nossos corpos e prazeres.
Peço, aceita-os e abençoa-me, livrando-me diretamente
     dos três venenos.

IDAM GURU RATNA MANDALAKAM NIRYATAYAMI

Prece das etapas do caminho

O caminho começa com firme confiança
No meu bondoso mestre, fonte de todo bem;
Ó, abençoa-me com essa compreensão
Para segui-lo com grande devoção.

Esta vida humana, com todas as suas liberdades,
Extremamente rara, com tanta significação;
Ó, abençoa-me com essa compreensão,
Dia e noite, para captar a sua essência.

Meu corpo, qual bolha-d'água,
Decai e morre tão rapidamente;
Após a morte, vêm os resultados do carma,
Qual sombra de um corpo.

Com esse firme conhecimento e lembrança,
Abençoa-me, para ser extremamente cauteloso,
Evitando sempre ações nocivas
E reunindo abundante virtude.

Os prazeres do samsara são enganosos,
Não trazem contentamento, apenas tormentos;
Abençoa-me, para ter o esforço sincero
Para obter o êxtase da liberdade perfeita.

Ó, abençoa-me, para que desse pensamento puro
Resulte contínua-lembrança e imensa cautela,
A fim de manter como minha prática essencial
A raiz da doutrina, o Pratimoksha.

Assim como eu, todas as minhas bondosas mães
Estão se afogando no oceano do samsara;
Para que logo eu possa libertá-las,
Abençoa-me, para treinar a bodhichitta.

Mas não posso tornar-me um Buda
Apenas com isso, sem as três éticas;
Assim, abençoa-me com a força de praticar
Os votos do Bodhisattva.

Por pacificar minhas distrações
E analisar perfeitos sentidos,
Abençoa-me, para logo alcançar a união
Da visão superior com o tranquilo-permanecer.

Quando me tornar um puro recipiente
Pelos caminhos comuns, abençoa-me, para ingressar
Na essência da prática da boa fortuna,
O supremo veículo, Vajrayana.

As duas conquistas dependem, ambas,
De meus sagrados votos e compromissos;
Abençoa-me, para entender isso claramente
E conservá-los à custa da minha vida.

Por sempre praticar em quatro sessões
A via explicada pelos santos mestres,
Ó, abençoa-me, para obter ambos os estágios
Que são a essência dos Tantras.

Que os que me guiam no bom caminho
E meus companheiros tenham longas vidas;
Abençoa-me, para pacificar inteiramente
Todos os obstáculos internos e externos.

Que eu sempre encontre perfeitos mestres
E deleite-me no sagrado Dharma,
Conquiste todos os solos e caminhos velozmente
E obtenha o estado de Vajradhara.

Receber bênçãos e purificar

Do coração de todos os seres sagrados, fluem correntes de luz
e néctar, concedendo bênçãos e purificando.

*Neste ponto, fazemos a contemplação e a meditação. Após a
meditação, dedicamos nosso mérito enquanto recitamos as
seguintes preces:*

Preces dedicatórias

Pelas virtudes que coletei
Praticando as etapas do caminho,
Que todos os seres vivos tenham a oportunidade
De praticar da mesma forma.

Que cada um experiencie
A felicidade de humanos e deuses
E rapidamente alcance a iluminação,
Para que o samsara seja finalmente extinto.

Preces pela Tradição Virtuosa

Para que a tradição de Je Tsongkhapa,
O Rei do Dharma, floresça,
Que todos os obstáculos sejam pacificados
E todas as condições favoráveis sejam abundantes.

Pelas duas coleções, minhas e dos outros,
Reunidas ao longo dos três tempos,
Que a doutrina do Conquistador Losang Dragpa
Floresça para sempre.

Prece *Migtsema* de nove versos

Tsongkhapa, ornamento-coroa dos eruditos da Terra das Neves,
Tu és Buda Shakyamuni e Vajradhara, a fonte de todas as conquistas,
Avalokiteshvara, o tesouro de inobservável compaixão,
Manjushri, a suprema sabedoria imaculada,
E Vajrapani, o destruidor das hostes de maras.
Ó Venerável Guru Buda, síntese das Três Joias,
Com meu corpo, fala e mente, respeitosamente faço pedidos:
Peço, concede tuas bênçãos para amadurecer e libertar a mim e
aos outros,
E confere-nos as aquisições comuns e a suprema.   (3x)

Cólofon: Estas preces foram compiladas por Venerável
Geshe Kelsang Gyatso a partir de fontes tradicionais.

Buda Vajradharma

Apêndice V

Caminho de Êxtase

A SADHANA CONDENSADA
DE AUTOGERAÇÃO DE VAJRAYOGINI

Aqueles que desejam treinar a autogeração de Vajrayogini como uma prática diária, mas não têm tempo ou habilidade suficientes para praticar tanto a sadhana extensa quanto a mediana, podem realizar seu propósito praticando, com forte fé, esta breve sadhana. No entanto, toda vez que nos empenharmos na recitação, contemplação e meditação desta sadhana, Caminho de Êxtase, *devemos estar totalmente livres de distrações. Com distrações, não conseguimos realizar nada.*

A SADHANA PROPRIAMENTE DITA

AS QUATRO PRÁTICAS PREPARATÓRIAS

Visualizar os objetos de refúgio, a porta de entrada pela qual desenvolvemos e aumentamos a fé budista

Fé em Buda, Dharma e Sangha é fé budista em geral, e, nesta prática de Vajrayogini, fé em Guru Vajradharma Heruka Pai e Mãe é fé budista em particular. Guru Vajradharma Heruka Pai e Mãe não são pessoas diferentes, mas uma mesma pessoa com aspectos diferentes. Empenhamo-nos nessa prática, seguindo a contemplação apresentada na sadhana:

No espaço à minha frente, aparece meu Guru-raiz sob o aspecto de Buda Vajradharma, a manifestação da fala de todos os Budas, com Heruka Pai e Mãe em seu coração, rodeado pela assembleia de Gurus-linhagem; Yidams – as Deidades iluminadas; as Três Joias Preciosas – Buda, Dharma e Sangha, os praticantes espirituais puros; e Protetores do Dharma.

Meditamos, com forte fé, nessa magnífica assembleia de seres sagrados iluminados. Por visualizar nosso Guru-raiz dessa maneira, receberemos as bênçãos especiais da fala de todos os Budas. Por meio disso, podemos alcançar rapidamente as realizações de fala – as realizações das instruções de Dharma de Sutra e de Tantra. Somente pelas realizações de Dharma podemos cessar nossos problemas samsáricos, em geral, e nossos problemas humanos, em particular.

Treinar em buscar refúgio, a porta de entrada pela qual ingressamos no Budismo

Nessa prática, com o objetivo de libertar, permanentemente, a nós mesmos e a todos os seres vivos do sofrimento, fazemos a promessa, do fundo de nosso coração, de buscar refúgio na assembleia de Gurus, Budas, Dharma e Sangha, os praticantes

APÊNDICE V: SADHANA CAMINHO DE ÊXTASE

espirituais puros, por toda a nossa vida. Essa promessa é o voto de refúgio, que abre a porta à libertação, a suprema paz mental permanente, conhecida como "nirvana". Empenhamo-nos nessa prática, seguindo a contemplação apresentada na sadhana:

Eu e todos os seres sencientes tão extensos quanto o espaço,
doravante, até alcançarmos a iluminação,
Buscamos refúgio nos Gurus, os supremos Guias Espirituais,
Buscamos refúgio nos Budas, os seres plenamente iluminados,
Buscamos refúgio no Dharma, os preciosos ensinamentos de Buda,
Buscamos refúgio na Sangha, os praticantes espirituais puros.

(3x)

Como compromissos do nosso voto de refúgio, devemos aplicar esforço para receber as bênçãos de Buda, para colocar o Dharma em prática e para receber ajuda da Sangha, os praticantes espirituais puros. Praticantes espirituais puros nos conduzem ao caminho espiritual através de mostrar um bom exemplo para seguirmos e, por essa razão, são objetos de refúgio.

Gerar o supremo bom coração, bodhichitta, a porta de entrada pela qual ingressamos no caminho para a grande iluminação

Nessa prática, para alcançar a iluminação a fim de beneficiar todos e cada um dos seres vivos todos os dias, fazemos a promessa, do fundo de nosso coração, de praticar as etapas do caminho de Vajrayogini, o que significa praticar as etapas dos caminhos do estágio de geração e do estágio de conclusão de Vajrayogini. Essa promessa é o nosso voto bodhisattva, que abre a porta ao caminho rápido à grande iluminação. Empenhamo-nos nessa prática, seguindo a contemplação apresentada na sadhana:

Uma vez que eu tenha alcançado o estado da completa iluminação, a Budeidade, libertarei todos os seres sencientes do oceano de sofrimento do samsara e os levarei ao êxtase da plena iluminação. Com esse propósito, vou praticar as etapas do caminho de Vajrayogini.   (3x)

Como compromissos do nosso voto bodhisattva, devemos aplicar esforço para praticar as seis perfeições: dar, disciplina moral, paciência, esforço, concentração e sabedoria. Uma explicação detalhada sobre essas práticas pode ser encontrada no livro Budismo Moderno.

Receber bênçãos, a porta de entrada pela qual podemos obter o corpo, a fala e a mente iluminados, através de purificarmos a aparência comum de nosso corpo, fala e mente

Nessa prática, devemos, primeiro, fazer a oferenda breve de mandala:

O chão espargido com perfume e salpicado de flores,
A Grande Montanha, quatro continentes, Sol e Lua,
Percebidos como Terra de Buda e assim oferecidos,
Que todos os seres desfrutem dessas Terras Puras.

IDAM GURU RATNA MANDALAKAM NIRYATAYAMI

Fazemos, então, o seguinte pedido três vezes:

Eu me prostro e busco refúgio nos Gurus e nas Três Joias Preciosas. Por favor, abençoai meu *continuum* mental. (3x)

Em seguida, empenhamo-nos na prática propriamente dita, seguindo a contemplação apresentada na sadhana:

Por ter feito pedidos dessa maneira, a magnífica assembleia de seres sagrados iluminados à minha frente se converte em raios de luz branca, vermelha e azul escura. Os raios de luz branca são da natureza dos corpos de todos os Budas, os raios de luz vermelha são da natureza da fala de todos os Budas, e os raios de luz azul escura são da natureza da mente de todos os Budas. Todos esses raios de luz se dissolvem em mim e recebo as bênçãos especiais do corpo, fala e mente de todos os Budas. Minha aparência comum de corpo, fala e mente é purificada, e meu corpo, fala e mente residente-contínuos transformam-se no corpo, fala e mente iluminados.

APÊNDICE V: SADHANA CAMINHO DE ÊXTASE

Meditamos nessa crença com concentração estritamente focada. Nossa percepção de nosso corpo, fala e mente que normalmente vemos é a aparência comum de nosso corpo, fala e mente.

A PRÁTICA DE AUTOGERAÇÃO PROPRIAMENTE DITA

Trazer a morte para o caminho que conduz ao Corpo-Verdade, o corpo muito sutil de Buda

Nessa prática transformamos, por meio de imaginação correta, nossa clara-luz da morte no caminho espiritual da união de grande êxtase e vacuidade. Empenhamo-nos nessa prática, seguindo a contemplação apresentada na sadhana:

O mundo inteiro e seus habitantes se convertem em luz e se dissolvem em meu corpo. Meu corpo também se converte em luz e diminui lentamente de tamanho até, por fim, se dissolver na vacuidade, a mera ausência de todos os fenômenos que normalmente vejo. Isso se assemelha à maneira como todas as aparências desta vida se dissolvem no momento da morte. Eu experiencio a clara-luz da morte, que é da natureza de êxtase. Eu não percebo nada além que vacuidade. A minha mente, a clara-luz da morte, torna-se a união de grande êxtase e vacuidade.

Meditamos nessa crença, totalmente livres de distrações. Ao final da meditação, pensamos:

Eu sou o Corpo-Verdade Vajrayogini.

Uma mente muito sutil manifesta no momento da morte é a clara-luz da morte. Embora essa contemplação e meditação sejam imaginadas, sua natureza é sabedoria e têm um significado inconcebível. Por praticarmos essa contemplação e meditação continuamente e com sinceridade, iremos ganhar profunda familiaridade de transformar, por meio de imaginação, nossa clara-luz da morte na união de grande êxtase e vacuidade.

Quando, no futuro, experienciarmos de fato o processo da morte, seremos capazes de reconhecer nossa clara-luz da morte e de transformá-la na união de grande êxtase e vacuidade. Essa transformação é a realização da clara-luz-exemplo última, que irá nos proporcionar, diretamente, a aquisição do corpo-ilusório, um corpo imortal. A partir desse momento, teremos nos tornado uma pessoa imortal e experienciaremos nosso mundo como a Terra Pura de Keajra, e a nós mesmos como Vajrayogini. Teremos, então, realizado nosso objetivo último. Vajrayogini, ou designada, ou imputada, ao Corpo-Verdade de Buda é o Corpo-Verdade Vajrayogini, Vajrayogini definitiva.

Trazer o estado intermediário para o caminho que conduz ao Corpo-de-Deleite, o Corpo-Forma sutil de Buda

O estado entre esta vida e o próximo renascimento é o estado intermediário. Os seres que estão nesse estado são os seres do estado intermediário, também chamados de "seres-do-bardo". Nessa prática, transformamos a experiência de um ser do estado intermediário na experiência do Corpo-de-Deleite Vajrayogini. Vajrayogini imputada, ou designada, ao Corpo-Forma sutil de Buda é o Corpo-de-Deleite Vajrayogini. Empenhamo-nos nessa prática, seguindo a contemplação apresentada na sadhana:

Mantendo a experiência de que minha mente de clara-luz da morte se transformou na união de grande êxtase e vacuidade, eu me transformo instantaneamente – a partir da vacuidade do Corpo-Verdade, o Dharmakaya – no Corpo-de-Deleite Vajrayogini no aspecto de uma bola de luz vermelha, cuja natureza é grande êxtase inseparável da vacuidade. Isso se assemelha à maneira como o corpo de um ser do estado intermediário surge da clara-luz da morte. Eu sou o Corpo-de-Deleite Vajrayogini.

Permanecemos com concentração estritamente focada, pelo maior tempo possível, na experiência de nós mesmos como o Corpo-de-Deleite Vajrayogini.

APÊNDICE V: SADHANA CAMINHO DE ÊXTASE

Trazer o renascimento para o caminho conduz ao Corpo-Emanação, o Corpo-Forma denso de Buda

Nessa prática, transformamos nossa experiência de tomar um renascimento no samsara como um ser comum na experiência de renascer na Terra Pura de Keajra como o Corpo-Emanação Vajrayogini. Vajrayogini designada, ou imputada, ao Corpo-Forma denso de Buda é o Corpo-Emanação Vajrayogini. Empenhamo-nos nessa prática, seguindo a contemplação apresentada na sadhana:

No vasto espaço da vacuidade de todos os fenômenos, a natureza da minha aparência equivocada de todos os fenômenos purificada – que é a Terra Pura de Keajra –, eu apareço como Vajrayogini, a manifestação da sabedoria da clara-luz de todos os Budas. Eu tenho um corpo vermelho feito de luz, com uma face e duas mãos, e assumo a forma de uma jovem de dezesseis anos, na flor de minha juventude. Embora eu tenha essa aparência, ela não é algo além que a vacuidade de todos os fenômenos. Eu sou o Corpo-Emanação Vajrayogini.

Meditamos nessa autogeração pelo maior tempo possível, com o reconhecimento de que a aparência de nós mesmos como Vajrayogini em nossa Terra Pura de Keajra e a vacuidade de todos os fenômenos são uma única entidade, e não duas. Nossa meditação na autogeração tem o poder de reduzir e cessar nosso agarramento ao em-si. Nessa prática, devemos aperfeiçoar nossa experiência de treinar em orgulho divino e de treinar em clara aparência através de contemplar e meditar continuamente nas instruções sobre esses treinos, apresentadas no livro Novo Guia à Terra Dakini.

Devemos saber que as quatro práticas preparatórias são como as quatro rodas de um veículo, e que a prática de autogeração propriamente dita é como o próprio veículo. Isso mostra que tanto as práticas preparatórias quanto a prática propriamente dita são igualmente importantes para a realização de nossa meta última.

Neste ponto, podemos treinar a meditação especial no fogo interior, ou tummo. *Uma explicação clara e detalhada sobre como fazer essa meditação pode ser encontrada no livro* Novo Guia à Terra Dakini.

Recitar o mantra

Em meu coração está o ser-de-sabedoria Vajrayogini – Vajrayogini definitiva – a síntese do corpo, fala e mente de todos os Budas.

Ó meu Guru-Deidade Vajrayogini,
Por favor, concede a mim e a todos os seres sencientes
As aquisições do corpo, fala e mente iluminados.
Por favor, pacifica nossos obstáculos exteriores, interiores e secretos.
Por favor, estabelece dentro de nós o fundamento básico para
 todas essas aquisições.

Com este pedido, recitamos o mantra tri-OM, pelo menos, o número de vezes que tenhamos prometido.

OM OM OM SARWA BUDDHA DAKINIYE VAJRA WARNANIYE VAJRA BEROTZANIYE HUM HUM HUM PHAT PHAT PHAT SÖHA

Obstáculos exteriores são danos recebidos de humanos e não-humanos, assim como de objetos inanimados, como fogo, água e assim por diante; obstáculos interiores são nossas delusões, como raiva, apego e ignorância; e o obstáculo secreto é a nossa aparência equivocada sutil de todos os fenômenos. Nossa percepção de todos os fenômenos que normalmente vemos é a nossa aparência equivocada sutil de todos os fenômenos.

Neste ponto, se desejarmos, podemos fazer uma oferenda tsog. A prece ritual para fazer uma oferenda tsog pode ser encontrada no livro Novo Guia à Terra Dakini.

APÊNDICE V: SADHANA CAMINHO DE ÊXTASE

Dedicatória

Pelas virtudes que acumulei por praticar essas instruções,
Que eu receba o cuidado especial da Venerável Vajrayogini e de
suas Dakinis emanadas
E, por receber suas poderosas bênçãos sobre meu corpo, fala e
mente muito sutis,
Que eu alcance, rapidamente, a iluminação para libertar todos
os seres vivos.

Preces pela Tradição Virtuosa

Para que a tradição de Je Tsongkhapa,
O Rei do Dharma, floresça,
Que todos os obstáculos sejam pacificados
E todas as condições favoráveis sejam abundantes.

Pelas duas coleções, minhas e dos outros,
Reunidas ao longo dos três tempos,
Que a doutrina do Conquistador Losang Dragpa
Floresça para sempre.

Prece *Migtsema* de nove versos

Tsongkhapa, ornamento-coroa dos eruditos da Terra das Neves,
Tu és Buda Shakyamuni e Vajradhara, a fonte de todas as conquistas,
Avalokiteshvara, o tesouro de inobservável compaixão,
Manjushri, a suprema sabedoria imaculada,
E Vajrapani, o destruidor das hostes de maras.
Ó Venerável Guru Buda, síntese das Três Joias,
Com meu corpo, fala e mente, respeitosamente faço pedidos:
Peço, concede tuas bênçãos para amadurecer e libertar a mim
e aos outros,
E confere-nos as aquisições comuns e a suprema.   (3x)

*Cólofon: Esta sadhana, ou prece ritual, para obter as
aquisições espirituais de Vajrayogini foi compilada por
Venerável Geshe Kelsang Gyatso Rinpoche a partir de fontes
tradicionais em 2012 e revista em 2013.*

Vajrayogini

Apêndice VI

Os Onze Iogas de Vajrayogini

OS IOGAS DE DORMIR, DE ACORDAR E DE EXPERIMENTAR NÉCTAR

VAJRAYOGINI É UMA Deidade iluminada feminina do Tantra Ioga Supremo e a manifestação da sabedoria de todos os Budas. Sua função é guiar todos os seres vivos à Terra Pura de Keajra, ou Terra Dakini. As instruções de Vajrayogini foram ensinadas por Buda no *Tantra Raiz de Heruka*. O grande iogue Naropa recebeu essas instruções diretamente de Vajrayogini e as transmitiu para Pamtingpa – um dos seus discípulos-coração. Pamtingpa, então, transmitiu essas instruções para o tradutor tibetano Sherab Tseg, e de Sherab Tseg essas instruções foram transmitidas numa linhagem ininterrupta até Je Phabongkhapa e, então, para o muito Venerável Vajradhara Trijang Rinpoche, o detentor da linhagem. Foi desse grande mestre que eu, o autor deste livro, recebi estas preciosas instruções.

O Tantra Ioga Supremo pode ser dividido em Tantra-Pai e Tantra-Mãe. Os Tantras-Mãe revelam, principalmente, o treino na clara-luz, que é a causa principal para alcançar a mente sagrada de Buda; e os Tantras-Pai, como o *Tantra Guhyasamaja*, revelam principalmente o treino no corpo-ilusório, que é a causa principal para alcançar o corpo sagrado de Buda. Porque o Tantra de Vajrayogini é um Tantra-Mãe, o corpo principal da prática de Vajrayogini é o treino da clara-luz. Esse corpo principal tem onze membros, que são chamados "os onze iogas". Neste contexto, "ioga" significa treinar caminhos espirituais. Por exemplo, o treino de um caminho espiritual praticado durante o estado de dormir é chamado de "o ioga de dormir".

Quando os onze iogas são listados nas escrituras, o primeiro a ser mencionado é o ioga de dormir. Isso indica que devemos começar a prática de Vajrayogini pelo ioga de dormir. Como mencionado anteriormente, o corpo principal da prática de Vajrayogini é o treino da clara-luz. A clara-luz manifesta-se naturalmente durante o sono; por essa razão, temos a oportunidade para, durante o sono, treinar no seu reconhecimento. Quando reconhecermos e realizarmos diretamente a clara-luz, teremos alcançado a clara-luz-significativa, a realização da quarta etapa das cinco etapas do estágio de conclusão.

O que é a clara-luz? Ela é a mente muito sutil que se manifesta quando os ventos interiores entram, permanecem e se dissolvem dentro do canal central. A clara-luz é o oitavo sinal da dissolução dos ventos interiores dentro do canal central, e ela percebe vacuidade. Existem três tipos diferentes de clara-luz: (1) a clara-luz do sono, (2) a clara-luz da morte, e (3) a realização da clara-luz.

Durante o sono, nossa mente muito sutil se manifesta porque os nossos ventos interiores naturalmente entram e se dissolvem dentro do canal central. Essa mente muito sutil é a clara-luz do sono. Ela percebe vacuidade, mas não podemos reconhecer nem a clara-luz nem a vacuidade porque a nossa memória não consegue funcionar durante o sono. De modo semelhante, durante a nossa morte, nossa mente muito sutil se manifesta porque os nossos ventos interiores entram e se dissolvem dentro do canal central. Essa mente muito sutil é a clara-luz da morte. Ela percebe vacuidade, mas não podemos reconhecer a clara-luz ou a vacuidade porque a nossa memória não consegue funcionar durante a morte.

Se, quando estamos acordados, formos capazes de fazer com que nossos ventos interiores entrem, permaneçam e se dissolvam dentro do canal central pelo poder da meditação, experienciaremos

APÊNDICE VI: OS ONZE IOGAS DE VAJRAYOGINI

uma profunda dissolução dos nossos ventos interiores dentro do canal central e, por meio disso, nossa mente muito sutil irá se manifestar. Essa mente muito sutil é a realização da clara-luz. Sua natureza é um êxtase que surge do derretimento das gotas dentro do canal central, e sua função é impedir a aparência equivocada. Ela é também a realização da clara-luz de êxtase, que é a verdadeira essência do Tantra Ioga Supremo e o verdadeiro caminho rápido para a iluminação.

Concluindo, o corpo principal da prática de Vajrayogini é treinar a clara-luz de êxtase. Ele pode ser dividido em dois: (1) treinar o êxtase; e (2) treinar a clara-luz. Antes de treinarmos o êxtase, precisamos saber o que ele é. Esse êxtase não é o êxtase sexual; não precisamos treinar o êxtase sexual, já que qualquer um, até mesmo um animal, pode experienciá-lo sem treino. O êxtase que estamos treinando é o êxtase que Buda explicou no Tantra Ioga Supremo. Ele é chamado "grande êxtase" e possui duas características especiais: (1) sua natureza é um êxtase que surge do derretimento das gotas dentro do canal central; e (2) sua função é impedir a aparência equivocada sutil. Os seres comuns não podem experienciar um êxtase como esse. O êxtase sexual dos seres comuns surge do derretimento das gotas dentro do canal esquerdo, e não no canal central.

No *Tantra-Raiz Condensado de Heruka*, Buda diz:

O supremo segredo do grande êxtase
Surge pelo derretimento das gotas dentro do canal central;
Assim, é difícil encontrar no mundo
Uma pessoa que experiencie um êxtase como este.

Um grande êxtase como esse é experienciado somente por quem for capaz de fazer com que os seus ventos interiores entrem, permaneçam e se dissolvam dentro do canal central pelo poder da meditação. Porque o grande êxtase impede a aparência equivocada sutil, quando experienciamos esse êxtase nossa ignorância do agarramento ao em-si e todos os pensamentos conceituais distrativos cessam, e experienciamos uma profunda paz interior que é superior à suprema paz interior do nirvana, explicada por Buda nos ensinamentos de Sutra.

COMO PRATICAR O IOGA DE DORMIR

Todas as noites, quando formos dormir, devemos pensar:

Para beneficiar todos os seres vivos,
Vou me tornar o Buda iluminado Vajrayogini.
Com esse propósito, vou alcançar a realização da clara-luz
de êxtase.

Então, lembramos que o nosso corpo, o nosso *self* e todos os fenômenos que normalmente percebemos não existem. Tentamos perceber a mera ausência de todos os fenômenos que normalmente vemos, a vacuidade de todos os fenômenos, e meditamos nessa vacuidade. Então, pensamos e imaginamos:

No vasto espaço da vacuidade de todos os fenômenos – a Terra Pura de Keajra – apareço como Vajrayogini, rodeada pelas Heroínas e Heróis iluminados. Embora eu tenha essa aparência, ela não é nada além que a vacuidade de todos os fenômenos.

Meditamos nessa autogeração.

Devemos treinar essa profunda meditação de autogeração enquanto dormimos, mas não durante o sono profundo. Treinando essa prática todas as noites com esforço contínuo, nossa memória gradualmente será capaz de funcionar durante o sono. Por causa disso, quando nossa mente muito sutil se manifestar durante o sono, seremos capazes de reconhecê-la ou de realizá-la. Com mais treinamento, realizaremos diretamente nossa mente muito sutil. Quando isso acontecer, nossa mente irá se misturar com a vacuidade de todos os fenômenos, como água misturando-se com água. Por causa disso, nossa aparência equivocada sutil cessará rápida e permanentemente e iremos nos tornar um ser iluminado, um Buda. Como Buda disse: "Se realizares tua própria mente, irás te tornar um Buda; não precisas buscar a Budeidade em nenhum outro lugar". Nosso sono, com relação a essa realização, possui imenso significado.

COMO PRATICAR O IOGA DE ACORDAR

Devemos tentar praticar o ioga de dormir ao longo de toda a noite, e durante o dia devemos tentar praticar o ioga de acordar. Todos os dias, de manhã cedo, devemos primeiro meditar na mera ausência de todos os fenômenos que normalmente vemos ou percebemos, a vacuidade de todos os fenômenos. Então, pensamos e imaginamos:

> *No vasto espaço da vacuidade de todos os fenômenos – a Terra Pura de Keajra – apareço como Vajrayogini, rodeada pelas Heroínas e Heróis iluminados. Embora eu tenha essa aparência, ela não é outra senão a vacuidade de todos os fenômenos.*

Meditamos nessa autogeração.

Devemos repetir esta prática de meditação muitas e muitas vezes, durante todo o dia. Esse é o ioga de acordar. Então, à noite, praticamos novamente o ioga de dormir. Praticando continuamente o ciclo dos iogas de dormir e de acordar, nossas aparências e concepções comuns, que são a raiz do nosso sofrimento, irão cessar.

COMO PRATICAR O IOGA DE EXPERIMENTAR NÉCTAR

Sempre que comermos ou bebermos, devemos, em primeiro lugar, compreender e pensar:

> *Para os seres iluminados, toda comida ou bebida são néctares supremos, que possuem três qualidades especiais: (1) é um néctar-medicinal que cura doenças; (2) é um néctar-vital que*

impede a morte; e (3) é um néctar-sabedoria que pacifica as delusões.

Com esse reconhecimento, sempre que comermos ou bebermos devemos oferecer o nosso prazer em desfrutar esses objetos de desejo a nós mesmos: Vajrayogini *autogerada*. Praticando desse modo, podemos transformar nossas experiências diárias de comer e beber num caminho espiritual que acumula uma grande coleção de mérito, ou boa fortuna. Do mesmo modo, sempre que desfrutarmos da visão de formas atraentes ou coisas belas, da audição de belos sons como músicas ou canções, do aroma de perfumes e do toque de objetos táteis, devemos oferecer o nosso prazer em desfrutar desses objetos de desejo a nós mesmos: Vajrayogini autogerada. Desse modo, podemos transformar todas as nossas experiências diárias dos objetos de desejo num caminho espiritual que nos conduzirá à conquista do estado iluminado de Vajrayogini.

Em resumo, devemos reconhecer que, no vasto espaço da vacuidade de todos os fenômenos (a Terra Pura de Keajra), encontra-se Vajrayogini (nós mesmos) rodeada pelas Heroínas e Heróis iluminados. Devemos manter esse reconhecimento durante todo o dia e toda a noite, exceto quando estivermos concentrados nos caminhos comuns, como buscar refúgio, treinar renúncia e bodhichitta, e práticas de purificação.

Esse modo de praticar os iogas de dormir, acordar e experimentar néctar é simples, porém muito profundo. Existem outras maneiras de praticar esses iogas, e uma explicação sobre elas pode ser encontrada no livro *Novo Guia à Terra Dakini*.

OS OITO IOGAS REMANESCENTES

Os oito iogas remanescentes, desde o ioga das incomensuráveis até o ioga das ações diárias, devem ser praticados juntamente com a sadhana *Caminho Rápido ao Grande Êxtase*, elaborada por Je Phabongkhapa. Essa sadhana é muito abençoada e preciosa.

APÊNDICE VI: OS ONZE IOGAS DE VAJRAYOGINI

Um comentário detalhado a essa sadhana e uma explicação sobre como praticar cada ioga podem ser encontrados no livro *Novo Guia à Terra Dakini*, e o que se segue é apenas uma breve explicação de sua essência.

O IOGA DAS INCOMENSURÁVEIS

Buscar refúgio, gerar bodhichitta e a meditação e recitação de Vajrasattva são chamados de "o ioga das incomensuráveis" porque são treinos em caminhos espirituais que nos trazem incomensurável benefício nesta vida e nas incontáveis vidas futuras.

A meditação e recitação de Vajrasattva nos proporciona a grande oportunidade de purificar rapidamente a nossa mente, de modo que possamos alcançar mais rapidamente a iluminação. Como foi mencionado anteriormente, alcançar a iluminação é muito simples; tudo o que precisamos fazer é aplicar esforço para purificar a nossa mente.

O IOGA DO GURU

Nesta prática do Guru-Ioga, para receber as bênçãos da fala de todos os Budas visualizamos nosso Guru-raiz sob o aspecto de Buda Vajradharma. Vajradharma, Vajradhara, Vajrasattva e Heruka são aspectos diferentes de um único ser iluminado. A função de Buda Vajradharma é conceder as bênçãos da fala de todos os Budas. Por receber essas bênçãos, a nossa fala irá se tornar muito poderosa sempre que explicarmos instruções de Dharma. Desse modo, poderemos satisfazer os desejos de incontáveis seres vivos e purificar, ou curar, seu *continuum* mental por meio do néctar da nossa fala.

Este Guru-Ioga contém uma prática denominada "oferenda *kusali tsog*", que tem a mesma função da prática *"chod"*, ou prática de "cortar". Ele também contém uma prática de receber as bênçãos das quatro iniciações, que nos dará grande confiança em alcançar as realizações dos estágios de geração e de conclusão.

O IOGA DA AUTOGERAÇÃO

Este ioga inclui as práticas de trazer a morte, o estado intermediário (*bardo*) e o renascimento para os caminhos que conduzem ao Corpo-Verdade, ao Corpo-de-Deleite e ao Corpo-Emanação.

Nesta prática, o mandala sustentador é visualizado sob o aspecto de um duplo tetraedro, que simboliza a vacuidade de todos os fenômenos; e as Deidades sustentadas são a Vajrayogini imaginada (nós próprios) e o nosso séquito de Heroínas.

O IOGA DE PURIFICAR OS MIGRANTES

Nesta prática, após gerarmo-nos como o Buda iluminado Vajrayogini, imaginamos então que concedemos bênçãos que libertam todos os seres vivos do sofrimento e das negatividades e os transformam no estado de Vajrayogini – o estado de felicidade suprema. Essa é uma prática especial de tomar e dar de acordo com o Tantra Ioga Supremo. Ela faz com que o nosso potencial de beneficiar diretamente todos e cada ser vivo amadureça, e também cumpre o compromisso que fizemos quando recebemos a iniciação do Tantra Ioga Supremo, na qual prometemos beneficiar todos os seres vivos.

O IOGA DE SER ABENÇOADO POR HERÓIS E HEROÍNAS

Nesta prática, por meio da meditação no mandala de corpo de Vajrayogini, nossos canais e gotas receberão diretamente as poderosas bênçãos das 37 Heroínas (as Deidades iluminadas femininas do mandala de corpo de Vajrayogini) e, indiretamente, as poderosas bênçãos de seus consortes, os Heróis. Ao convidar todas as Heroínas e Heróis (Deidades iluminadas femininas e masculinas) das dez direções sob o aspecto de Vajrayogini e dissolvê-las em nós, receberemos também as bênçãos de todas as Heroínas e Heróis.

A meditação no mandala de corpo de Vajrayogini é muito profunda. Embora seja uma prática do estágio de geração, ela faz com que os ventos interiores entrem, permaneçam e se dissolvam dentro do canal central. Je Phabongkhapa louvou em alto grau a prática do mandala de corpo de Vajrayogini.

O IOGA DA RECITAÇÃO VERBAL E MENTAL

Concentrando-nos na recitação verbal do mantra de Vajrayogini (o "mantra tri-OM"), podemos obter as aquisições pacificadoras, de incremento, controladoras, iradas e a suprema, mencionadas na seção *Treinar a Recitação do Mantra* no capítulo *A Prática do Mandala de Corpo de Heruka*, no livro *Budismo Moderno*. A prática da recitação mental apresenta duas meditações do estágio de conclusão, ambas as quais constituem a verdadeira essência da prática de Vajrayogini. Essas duas meditações estão claramente explicadas no livro *Novo Guia à Terra Dakini*.

O IOGA DA INCONCEPTIBILIDADE

Como está descrito na sadhana *Caminho Rápido ao Grande Êxtase*, imaginamos que, após termos dissolvido tudo na vacuidade, desde o reino da sem-forma até o *nada*, experienciamos a clara-luz de êxtase e, com essa experiência, meditamos na vacuidade de todos os fenômenos – a mera ausência de todos os fenômenos que normalmente percebemos. Essa meditação é o treino na clara-luz de êxtase, o corpo principal da prática de Vajrayogini. Praticando continuamente essa meditação, experienciaremos gradualmente a clara-luz-significativa – a união de grande êxtase e vacuidade – que é a verdadeira inconceptibilidade. Neste contexto, "inconceptibilidade" significa que ela não pode ser experienciada por aqueles que não alcançaram a clara-luz-significativa.

O IOGA DAS AÇÕES DIÁRIAS

O ioga das ações diárias é um método para transformar todas as nossas ações diárias, como comer, dormir, trabalhar e conversar, em caminhos espirituais profundos e, assim, extrair grande significado de cada momento da nossa vida.

*Objetos de compromisso tântricos:
oferenda interior no kapala, vajra, sino, damaru,
vaso-ação e mala*

Apêndice VII

Nova Essência do Vajrayana

A PRÁTICA DE AUTOGERAÇÃO DO MANDALA
DE CORPO DE HERUKA, UMA INSTRUÇÃO
DA LINHAGEM ORAL GANDEN

Introdução

DEVEMOS SABER QUE, em geral, quando Buda dava iniciações tântricas, ele aparecia como Vajradhara, mas, quando deu a iniciação de Heruka, Buda apareceu como Heruka. Isso mostra que Vajradhara, Heruka e Buda Shakyamuni são a mesma pessoa, mas com aspectos diferentes e funções diferentes.

É comumente sabido que as instruções sobre como praticar os estágios de geração e de conclusão do mandala de corpo de Heruka e de Vajrayogini são mais profundas que as instruções sobre como praticar os estágios de geração e de conclusão de outras Deidades tântricas, tais como Guhyasamaja e Yamantaka. Por essa razão, as práticas do mandala de corpo de Heruka e Vajrayogini são a verdadeira essência do Tantra Ioga Supremo.

Nas escrituras, está dito que, à medida que os tempos tornam-se mais e mais degenerados, levará cada vez mais tempo para que os praticantes recebam as bênçãos de Deidades tântricas. Em geral, isso é verdadeiro, mas, para os praticantes das Deidades tântricas Heruka e Vajrayogini, o que ocorre é o oposto. À medida que os tempos tornam-se cada vez mais impuros, receberemos mais rapidamente as bênçãos e o cuidado especial de Heruka e Vajrayogini e, através disso, obteremos realizações fácil e rapidamente. A razão para isso é que as pessoas deste mundo têm uma conexão especial com Heruka e Vajrayogini.

Em nosso mundo, existem 24 lugares sagrados de Heruka, tais como Puliramalaya, Dzalendhara e assim por diante, incluindo o Monte Kailash. Em cada um desses lugares sagrados, um mundo humano aparece sobre o solo, e o mundo de Heruka (o mandala) aparece no céu acima. Praticantes como Milarepa viram diretamente o mandala de Heruka nesses lugares. Assim, os Heróis e Dakinis, que são as emanações de Heruka e Vajrayogini, permeiam todos os lugares deste mundo, e as pessoas recebem suas bênçãos e cuidados especiais. Tudo isso são indicações claras de que os seres humanos deste mundo têm uma conexão especial com as Deidades iluminadas Heruka e Vajrayogini.

Compreendendo tudo isso, devemos nos regozijar com nossa boa fortuna e nos encorajarmos a praticar, sinceramente, os caminhos comuns (os treinos em renúncia, no supremo bom coração – bodhichitta –, e na visão correta da vacuidade) e os caminhos incomuns (os treinos nos estágios de geração e de conclusão do mandala de corpo de Heruka ou de Vajrayogini). Desse modo, podemos alcançar a meta última da vida humana.

Mais explicações podem ser encontradas na introdução da sadhana extensa, *Essência do Vajrayana*.

Geshe Kelsang Gyatso
2015

A PRÁTICA DAS PRELIMINARES

Refúgio e bodhichitta

No espaço à minha frente, aparece Heruka Pai e Mãe,
Inseparável de meu Guru-raiz,
Rodeado por um infinito número de objetos de refúgio –
Uma assembleia de Gurus, Deidades iluminadas, as Três Joias
   Preciosas, e Heróis e Heroínas Bodhisattvas.

Meditamos nesta vasta assembleia de objetos de refúgio com a fé de admirar, a fé de acreditar e a fé de almejar. A fé de admirar é da natureza do regozijo – regozijar-se com a completa pureza dos seres iluminados; a fé de acreditar é da natureza da crença correta – acreditar que a assembleia de seres iluminados está realmente presente diante de nós; e a fé de almejar é da natureza de um desejo profundo – o desejo de tornar-se exatamente como eles.

Eternamente vou me refugiar
Em Buda, Dharma e Sangha.
Para o bem de todos os seres vivos,
Vou me tornar Heruka.   (3x)

Concentramo-nos no infinito número de objetos de refúgio, refugiamo-nos, e geramos bodhichitta de acordo com o Tantra.

Purificar nosso corpo, fala e mente

Eu não percebo nada além que vacuidade.
Do estado de êxtase e vacuidade, eu surjo como Heruka,
Com um corpo azul, uma face e duas mãos,
Segurando vajra e sino e unido em abraço com Vajravarahi.
Estou em pé, com minha perna direita esticada.

Contemplando isso, por meio de crença correta, tornamos puros nosso corpo, fala e mente, transformando-os no corpo, fala e mente de Heruka.

Purificar todos os lugares, prazeres e atividades

Raios de luz se irradiam da letra HUM em meu coração,
Purificando completamente todos os mundos e seus seres.
Tudo se torna imaculadamente puro,
Totalmente preenchido por um vasto conjunto de oferendas que
concedem êxtase incontaminado.

*Acreditamos fortemente que, pelo poder de imaginação correta,
todos os lugares, prazeres e atividades tornam-se totalmente
puros, concedendo naturalmente êxtase incontaminado.*

Purificar não-virtudes e obstruções

Visualização

Sobre uma almofada de lua no centro de um lótus de oito pétalas
em minha coroa, senta-se Guru Vajrasattva com sua consorte. Ele é
inseparavelmente uno com todos os Budas das dez direções. Ele tem
um corpo de luz branca, e olha para mim com olhos de compaixão.

Meditamos brevemente nessa visualização.

Pedido

Ó Guru Vajrasattva, não tenho outro refúgio além de ti. Por
favor, purifica permanentemente minhas não-virtudes, quedas
morais e aparências e concepções comuns.   (3x)

*Enquanto nos concentramos no significado desse pedido, reci-
tamos o seguinte mantra 21 vezes, cem vezes ou mais:*

OM VAJRASATTVA SARWA SIDDHI HUM

Por ter sido solicitado desse modo, Vajrasattva Pai e Mãe
convertem-se em luz branca, entra por minha coroa e se dissolve na
escuridão interior de minhas não-virtudes, quedas morais e aparências e concepções comuns, em meu coração. Minhas não-virtudes,
quedas morais e aparências e concepções comuns são permanentemente purificadas.

Meditamos nessa crença por um breve período.

Vajrasattva Pai e Mãe

A prática de Guru-Ioga, a porta de ingresso para receber bênçãos

Visualizar o Campo de Mérito, os seres-de-compromisso

No espaço à minha frente, em pé sobre um lótus, sol e demônios
    furiosos,
Está meu Guru-raiz Heruka,
Com um corpo azul-escuro de luz-sabedoria, semelhante
    a uma montanha lazulita.
Ele tem quatro faces, que, em sentido anti-horário, são azul,
    verde, vermelha e amarela.

Suas duas mãos principais seguram um vajra e um sino, e abraçam
    a Mãe.
Em sequência, ele tem duas mãos que seguram uma pele de
    elefante,
Duas mãos que seguram um damaru e um khatanga, duas
    mãos que seguram um machado e uma cuia de crânio com
    sangue,
Duas mãos que seguram uma faca curva e um laço-vajra, e duas
    mãos que seguram um tridente e uma cabeça de Brahma com
    quatro faces.

Ele mostra nove estados de ânimo e usa seis ornamentos de osso.
Sua coroa está adornada com uma meia lua e dois vajras cruzados.
Ele usa um colar de cabeças humanas e veste, na parte inferior
    de seu corpo, uma pele de tigre.
Em pé, com sua perna direita esticada, ele está no centro de uma
    massa de fogo ardente.

Vajravarahi é vermelha e está adornada com cinco ornamentos
    de osso.
Segurando uma faca curva e uma cuia de crânio, ela envolve o Pai
    em união.
Os quatro elementos, Monte Meru e a mansão celestial são da
    natureza do corpo de Heruka.

Heruka de Doze Braços

APÊNDICE VII: SADHANA NOVA ESSÊNCIA DO VAJRAYANA

No centro da roda-canal do coração de Heruka,
Suas gotas – a branca e a vermelha – aparecem como Heruka
e Vajravarahi unidos em abraço,
As pétalas-canais dos elementos, nas quatro direções, aparecem
como as Quatro Ioguines
E as pétalas-canais das direções intermediárias aparecem como
cuias de crânio, repletas de néctar.

Nos vinte e quatro lugares – nas partes superior, mediana e inferior
de seu corpo –
Os canais, ocos, e as gotas neles contidas
São os vinte e quatro Heróis, a natureza das gotas,
Unidos em abraço com as vinte e quatro Heroínas, a natureza
dos canais.
Os canais nas suas portas sensoriais são as Oito Deusas dos portais.
Eles estão rodeados por uma assembleia de Gurus, Deidades,
Três Joias, Heróis, Dakinis e Protetores do Dharma.

Seus três lugares – a coroa, a garganta e o coração – estão
marcados pelas três letras – OM, AH e HUM.
Raios de luz se irradiam da letra HUM e convidam a assembleia
de seres-de-sabedoria.
Eles se tornam inseparáveis dos seres-de-compromisso.

Prostração

À medida que os tempos tornam-se cada vez mais impuros,
Teu poder e bênçãos crescem continuamente,
E cuidas de nós rapidamente, tão veloz quanto o pensamento;
Ó Heruka Pai e Mãe, a ti eu me prostro.

Fazer oferendas exteriores, interiores, secreta e da talidade

Nuvens de oferendas exteriores, as oito oferendas e as substâncias
auspiciosas,
Uma profusão de oferendas interiores das dez substâncias
purificadas, transformadas e aumentadas,

E hostes de consortes-Dakinis, que concedem grande êxtase
espontâneo –
Eu ofereço tudo isso, contido no estado de tua suprema mente
da bodhichitta última.

Purificação

Por favor, purifica, dentro da esfera da clara-luz da vacuidade,
Todas as não-virtudes e quedas morais de minhas três portas
Que eu tenho cometido desde tempos sem início, enquanto vago
pelo samsara,
Iludido por aferrar-me às coisas como elas aparecem.

Pedir que gire a Roda do Dharma e Dedicatória

Pela roda de armas afiadas da excelsa sabedoria de êxtase e vacuidade,
Envolvendo inteiramente o espaço mental dos seres sencientes até o
final do éon,
Extirpando o demônio do agarramento ao em-si, a raiz do samsara,
Que Heruka definitivo seja vitorioso.

Oferenda do mandala

Ofereço aos Gurus, às Deidades e às Três Joias Preciosas;
Uma centena de milhões de quatro continentes, Montes Meru,
De sol e lua, de sete objetos preciosos, e assim por diante –
Um universo adornado de joias, com infinitas nuvens de oferendas
completamente puras, transformado na Terra Pura de um Buda –
Por favor, aceitai com compaixão e concedei-me vossas bênçãos.

IDAM GURU RATNA MANDALAKAM NIRYATAYAMI

Receber as quatro iniciações

Ó Guru Heruka, síntese das Três Joias,
Por conceder-me as quatro profundas iniciações,
Por favor, purifica minhas não-virtudes de corpo, fala e mente
e minhas obstruções de aparência dual,
E abençoa-me para que eu alcance os quatro corpos da
iluminação.   (3x)

APÊNDICE VII: SADHANA NOVA ESSÊNCIA DO VAJRAYANA

Tendo sido solicitado de modo estritamente focado,
Vajravarahi emanada e as Quatro Ioguines concedem a
iniciação-vaso.
Todas as obstruções do meu corpo são purificadas,
E eu me torno habilitado a alcançar realizações do estágio
de geração e o Corpo-Emanação.

Guru Pai e Mãe entram em união, e eu provo a substância
secreta deles.
Todas as obstruções de minha fala, canais e ventos são purificadas,
Eu me torno habilitado a alcançar a realização do estágio de
conclusão do corpo-ilusório
E meus potenciais para obter a fala de Buda e o Corpo-de-
-Deleite amadurecem.

Eu recebo Vajravarahi como minha consorte.
Por entrar em união com ela, eu gero as excelsas sabedorias
das quatro alegrias.
Todas as obstruções de minha mente são purificadas,
E eu me torno habilitado a alcançar o estágio de conclusão
da clara-luz-significativa e o Corpo-Verdade.

Por ouvir com atenção a explicação da União
Do corpo-ilusório último com a clara-luz-significativa,
Minhas obstruções de aparência dual são purificadas,
E meu potencial para alcançar a União de Heruka é amadurecido.

Pedir aos Gurus-linhagem

Por tua revelação da Deidade-Ioga do grande segredo,
Os afortunados são conduzidos ao estado de União em uma vida;
Ó Abençoado Heruka, Glorioso Pai e Mãe,
Peço a ti, por favor, concede a União nesta vida.

Ó Mahasiddha Ghantapa, Kurmapada,
Dzalandhara, Krishnapada,
E todos os demais Gurus-linhagem deste caminho,
Peço a vós, por favor, concedei a União nesta vida.

E especialmente, Ó Venerável, meu bondoso Guru-raiz,
A compaixão de todos os Budas
Aparecendo como meu Guia Espiritual, revelando o caminho
  completo à iluminação,
Peço a ti, por favor, concede a União nesta vida.

Por favor, abençoa-me, para que eu gere rapidamente
As realizações espontâneas
De todas as etapas do caminho –
Renúncia, bodhichitta, visão correta, e os dois estágios tântricos.

Em resumo, Venerável Guru Pai e Mãe,
Pelo poder de tuas profundas bênçãos entrando em meu coração,
Abençoa-me, por favor, para que eu alcance nesta vida
O verdadeiro estado de União de Heruka.

Realizar grande êxtase espontâneo por dissolver o Guru em nós mesmos

O Campo de Mérito inteiro se recolhe a partir de suas extremidades
E se dissolve em meu Guru-raiz Heruka.
Com deleite, meu Guru vem até a minha coroa,
Desce pelo meu canal central até o meu coração
E torna-se uno com minha mente, em meu coração.
Experiencio a união de grande êxtase espontâneo e vacuidade.

Meditamos brevemente nessa união que geramos por meio de imaginação correta.

A PRÁTICA PROPRIAMENTE DITA DE AUTOGERAÇÃO

Trazer a morte para o caminho do Corpo-Verdade, o corpo muito sutil de Buda

O mundo inteiro e seus habitantes se convertem em luz e se
dissolvem em meu corpo. Meu corpo também se converte
em luz e diminui vagarosamente de tamanho, até, por fim, se
dissolver na vacuidade. Isso se assemelha à maneira pela qual
todas as aparências desta vida se dissolvem na morte.

Experiencio a clara-luz da morte, cuja natureza é grande êxtase. Minha mente, a clara-luz de êxtase, torna-se inseparavelmente *una* com a vacuidade, a mera ausência de todas as coisas que normalmente vejo ou percebo. Eu não percebo nada além que vacuidade, a verdade última. Eu sou o Corpo-Verdade Heruka.

Como meditar em trazer a clara-luz da morte para o caminho do Corpo-Verdade

Como mencionado acima, imaginamos que estamos experienciando a clara-luz da morte, cuja natureza é grande êxtase, e que ela se torna inseparavelmente una *com a vacuidade, e acreditamos que essa união de grande êxtase e vacuidade é o Corpo-Verdade de Heruka.*

Então, por meio de perceber esse vasto espaço da vacuidade do Corpo-Verdade, desenvolvemos e mantemos o pensamento "eu sou o Corpo-Verdade Heruka". Nossa mente se transforma no pensamento "eu sou o Corpo-Verdade Heruka", e meditamos nele pelo maior tempo possível.

Por treinarmos continuamente nessa meditação, no momento em que espontaneamente pensarmos "eu, eu" no vasto vazio do Corpo-Verdade de Heruka, teremos trocado, nesse momento, a base de designação, ou de imputação, do nosso self – de um corpo normal (que é um corpo contaminado) para o Corpo-Verdade de Heruka (que é um corpo incontaminado, um corpo completamente puro). A partir de então, porque a base de designação para o nosso self é completamente pura, isso significa que nos tornamos um ser completamente puro – Heruka. Assim, esta instrução é um método científico para alcançar a iluminação muito rapidamente.

Devemos saber que, normalmente, desenvolvemos e mantemos o pensamento "eu, eu" com relação ao nosso corpo atual. Esse pensamento é ignorância, pois o nosso corpo atual não pode ser o nosso self, visto que o nosso corpo atual é parte do corpo de outras pessoas – isto é, parte do corpo de nossos pais. Isso mostra claramente que a nossa maneira normal de identificar nosso self *é ignorância. Devido à essa ignorância, desenvolvemos vários tipos de aparência equivocada e, delas, desenvolvem-se diversos tipos de sofrimentos e problemas, semelhantes a alucinações, numa sequência sem fim.*

Por outro lado, se pensarmos espontaneamente "eu, eu" no vasto espaço da vacuidade do Corpo-Verdade, nossa maneira de identificar nosso self *será correta. Por identificarmos corretamente nosso* self *dessa maneira, nossa aparência equivocada irá cessar e, devido à isso, nossas alucinações de todos os sofrimentos e problemas desta vida e das incontáveis vidas futuras cessarão permanentemente. Essa é, também, uma das funções principais da meditação acima. Esta explicação não é comumente conhecida – ela é uma instrução oral.*

Se nos empenharmos então, ao menos por familiaridade, nessa meditação quando estivermos morrendo, não há dúvida de que renasceremos na Terra Pura de Heruka – Keajra – em nossa próxima vida.

Essa meditação nos conduz à aquisição do Corpo-Verdade de Buda Heruka por meio de transformar nossa clara-luz da morte no caminho do Corpo-Verdade. Por essa razão, ela é denominada "trazer a morte para o caminho do Corpo-Verdade".

Trazer o estado intermediário para o caminho do Corpo-de-Deleite, o Corpo-Forma sutil de Buda

Da vacuidade do Corpo-Verdade, o Dharmakaya, eu me transformo, instantaneamente, no Corpo-de-Deleite Heruka na forma de um *nada*. Isso se assemelha à maneira pela qual o corpo de um ser do estado intermediário surge da clara-luz da morte. Eu sou o Corpo-de-Deleite Heruka.

Meditamos nesse orgulho divino por um breve período. Heruka designado, ou imputado, ao Corpo-Forma sutil de Buda é o Corpo-de-Deleite Heruka.

Trazer o renascimento para o caminho do Corpo-Emanação, o Corpo-Forma denso de Buda, por meio de realizar as cinco sabedorias oniscientes

No centro dos quatro elementos, Monte Meru e um lótus, está uma lua branco-avermelhada, que surgiu das vogais e consoantes. Eu ingresso no centro da lua e, gradualmente, transformo-me em um HUM. Do HUM, que é a coleção das cinco sabedorias oniscientes, surge, instantaneamente e por inteiro, o mandala sustentado e sustentador.

Eu sou Heruka-base com minha consorte. A mansão celestial do mandala de corpo é a natureza das partes densas de meu corpo, e a assembleia de Heróis e Heroínas do mandala de corpo é a natureza das partes sutis de meu corpo – os canais e elementos--gotas. Assim, eu surjo como Heruka Pai e Mãe do mandala de corpo – a natureza de minha gota indestrutível branca e vermelha – com todo o mandala de corpo sustentado e sustentador, plena e instantaneamente. Eu sou o Corpo-Emanação Heruka.

Meditamos, pensando: "eu sou o Corpo-Emanação Heruka".

Essa meditação impede de tomarmos renascimento no samsara após morrermos, e funciona como a causa para obtermos o Corpo-Emanação Heruka. Por essa razão, essa meditação é denominada "trazer o renascimento para o caminho do Corpo-Emanação".

Por realizarmos plenamente, pelo poder de imaginação correta, as cinco sabedorias oniscientes em nosso continuum mental, percebidas devido ao desenvolvimento do HUM a partir do nada, geramo-nos como o Corpo-Emanação Heruka. Meditamos então, estritamente focados, nessa autogeração pelo maior tempo possível.

Nada *e HUM*

APÊNDICE VII: SADHANA NOVA ESSÊNCIA DO VAJRAYANA

A meditação de examinar Heruka-base com consorte

Ademais, eu sou o Abençoado Heruka,
Com um corpo azul escuro, semelhante a uma montanha lazulita.
Tenho quatro faces, que, em sentido anti-horário, são azul, verde,
vermelha e amarela.
Minhas duas mãos principais seguram um vajra e um sino, e
abraçam minha consorte.

Em sequência, tenho duas mãos que seguram uma pele de elefante,
Duas mãos que seguram um damaru e um khatanga, duas mãos
que seguram um machado e uma cuia de crânio com sangue,
Duas mãos que seguram uma faca curva e um laço-vajra, e duas
mãos que seguram um tridente e uma cabeça de Brahma com
quatro faces.
Eu mostro nove estados de ânimo e uso seis ornamentos de osso.

Minha coroa está adornada com uma meia lua e dois vajras cruzados.
Uso um colar de cabeças humanas e visto, na parte inferior de
meu corpo, uma pele de tigre.
Estou em pé sobre um lótus, sol e demônios furiosos, com minha
perna direita esticada.
Vajravarahi é vermelha e está adornada com cinco ornamentos
de osso.
Ela segura uma faca curva e uma cuia de crânio, e envolve o Pai
em união.

A meditação de examinar o mandala de corpo

Os quatro elementos, Monte Meru e a mansão celestial são
a natureza das partes purificadas do meu corpo denso como
Heruka-base.

No centro, dentro da roda-canal do coração de mim mesmo
como Heruka-base, aparecem Heruka Pai e Mãe – o Principal
do mandala de corpo – do tamanho de um grão de cevada. Eles
são a natureza de minha gota indestrutível branca e vermelha
purificada. O Pai tem quatro faces e doze braços.

As pétalas-canais dos elementos, nas quatro direções, aparecem como as Quatro Ioguines, e as pétalas-canais das direções intermediárias aparecem como cuias de crânio repletas de néctares.

Nos vinte e quatro lugares, nas partes superior, mediana e inferior de meu corpo – o contorno do couro cabeludo; a coroa; a orelha direita; a nuca; a orelha esquerda; o ponto entre as sobrancelhas; os dois olhos; os dois ombros; as duas axilas; os dois mamilos; o umbigo; a ponta do nariz; a boca; a garganta; o coração; os dois testículos; a ponta do órgão sexual; o ânus; as duas coxas; as duas panturrilhas; os oito dedos das mãos, exceto os polegares, e os oito dedos dos pés, exceto os dedões; o dorso dos pés; os dois polegares e os dois dedões dos pés; e os dois joelhos – aparecem, em seus canais, ocos, os vinte e quatro Heróis, a natureza dos elementos-gotas, abraçando em união as vinte e quatro Heroínas, a natureza dos canais.

Os canais nas minhas portas sensoriais aparecem como as Oito Deusas dos portais.

Com as sessenta e duas Deidades, a mansão celestial com todas as suas características essenciais, o círculo de proteção e os oito solos sepulcrais – tudo está completo.

Em geral, Buda explicou quatro mandalas: o mandala de areia, o mandala desenhado, o mandala de corpo, e o mandala concentração. No entanto, Mahasiddha Ghantapa disse que os dois primeiros mandalas (o mandala de areia e o mandala desenhado) não são mandalas propriamente ditos, mas apenas criações. A razão pela qual Buda os explicou foi para beneficiar temporariamente aqueles que acreditam que esses dois mandalas são muito importantes.

Uma explicação detalhada sobre como meditar no mandala de corpo de Heruka pode ser encontrada na sadhana extensa, inti-
tulada Essência do Vajrayana, *e no comentário a essa sadhana, também intitulado* Essência do Vajrayana.

APÊNDICE VII: SADHANA NOVA ESSÊNCIA DO VAJRAYANA

Convidar os seres-de-sabedoria e dissolvê-los nos seres de compromisso, em associação com receber a iniciação e demais práticas

PHAIM

Meus três lugares estão marcados pelas três letras. Raios de luz se irradiam da letra HUM e convidam todos os Budas das dez direções – todos no mesmo aspecto daqueles visualizados – juntamente com as Deidades Que-Concedem-Iniciação.

DZA HUM BAM HO

Os seres-de-sabedoria tornam-se inseparáveis dos seres-de--compromisso.

As Deidades Que-Concedem-Iniciação conferem a iniciação, meu corpo é preenchido e experiencio êxtase. O excesso de néctar nas coroas transforma-se totalmente, e o Principal está adornado com Vajrasattva; Vajravarahi está adornada com Akshobya; as Quatro Mães estão adornadas com Ratnasambhava; e as Deidades das Quatro Rodas – as rodas coração, fala, corpo e compromisso – estão adornadas com Akshobya, Amitabha, Vairochana e Amoghasiddhi, respectivamente.

Abençoar a oferenda interior

OM KHANDAROHI HUM HUM PHAT
OM SÖBHAWA SHUDDHA SARWA DHARMA SÖBHAWA
SHUDDHO HAM
Tudo se torna vacuidade.

Do estado de vacuidade, do YAM vem vento; do RAM vem fogo; do AH, um tripé de três cabeças humanas. Sobre ele, do AH aparece uma ampla e vasta cuia de crânio. Dentro dela, do OM, KHAM, AM, TRAM, HUM vêm os cinco néctares; e do LAM, MAM, PAM, TAM, BAM vêm as cinco carnes, cada qual marcado por uma das letras. O vento sopra, o fogo arde e as substâncias dentro da cuia de crânio derretem e se fundem. Acima delas, do

HUM surge um khatanga branco de cabeça para baixo, que cai e se derrete na cuia de crânio, fazendo com que as substâncias assumam cor de mercúrio. Acima disso, três fileiras sobrepostas de vogais e consoantes transformam-se em OM AH HUM. Deles, raios de luz atraem o néctar de excelsa sabedoria do coração de todos os Tathagatas, Heróis e Ioguines das dez direções. Quando isso é adicionado, o conteúdo aumenta e se torna vasto.

OM AH HUM   (3x)

Se você preferir uma bênção abreviada:

HA HO HRIH

Todos os potenciais de impureza de cor, cheiro e sabor são purificados e transformam-se em néctar.

OM AH HUM   (3x)

Ele aumenta, torna-se vasto e é abençoado.

Abençoar as oferendas para a autogeração

OM KHANDAROHI HUM HUM PHAT
OM SÖBHAWA SHUDDHA SARWA DHARMA SÖBHAWA
    SHUDDHO HAM
Tudo se torna vacuidade.

Do estado de vacuidade, de KAMs vêm vastas e amplas cuias de crânio, dentro das quais, de HUMs surgem água para beber, água para banhar, água para a boca, flores, incenso, luzes, perfume, alimentos e música. Por sua natureza, vacuidade, apresentam o aspecto individual de uma das substâncias de oferenda, e servem como objetos de prazer dos seis sentidos para proporcionar especial êxtase incontaminado.

OM AHRGHAM AH HUM
OM PADÄM AH HUM
OM ÄNTZAMANAM AH HUM
OM VAJRA PUPE AH HUM

OM VAJRA DHUPE AH HUM
OM VAJRA DIWE AH HUM
OM VAJRA GÄNDHE AH HUM
OM VAJRA NEWIDE AH HUM
OM VAJRA SHAPTA AH HUM

Fazer oferendas e louvores à autogeração

Incontáveis oferendas, surpreendentemente belas, e deusas louvadoras emanam de meu coração e fazem oferendas e louvores a mim.

Oferendas exteriores

OM AHRGHAM PARTITZA SÖHA
OM PADÄM PARTITZA SÖHA
OM ÄNTZAMANAM PARTITZA SÖHA
OM VAJRA PUPE AH HUM SÖHA
OM VAJRA DHUPE AH HUM SÖHA
OM VAJRA DIWE AH HUM SÖHA
OM VAJRA GÄNDHE AH HUM SÖHA
OM VAJRA NEWIDE AH HUM SÖHA
OM VAJRA SHAPTA AH HUM SÖHA

Oferenda interior

OM HUM BAM RIM RIM LIM LIM, KAM KHAM GAM GHAM NGAM, TSAM TSHAM DZAM DZHAM NYAM, TrAM THrAM DrAM DHrAM NAM, TAM THAM DAM DHAM NAM, PAM PHAM BAM BHAM, YAM RAM LAM WAM, SHAM KAM SAM HAM HUM HUM PHAT OM AH HUM

Oferenda secreta

Os quatro lugares e o lugar secreto são abençoados.
Eu, o Principal Pai e Mãe, entro na união de abraço.
A bodhichitta derrete e, à medida que desce da minha coroa para
    a minha garganta, experiencio alegria;
À medida que desce da minha garganta para o meu coração,
    experiencio suprema alegria;

À medida que desce do meu coração para o meu umbigo,
experiencio extraordinária alegria;
E, à medida que desce do meu umbigo para a extremidade de
minha joia, experiencio grande êxtase espontâneo inseparável
da vacuidade.

Oferenda da talidade

O Principal e todo o séquito experienciam uma excelsa sabedoria
especial de êxtase e vacuidade.

*No intervalo entre as sessões, sempre que desfrutarmos de quais-
quer objetos de desejo, primeiro recitamos as seguintes palavras:*

*"No Templo do corpo de mim mesmo como Heruka-base,
Aparece Heruka Pai e Mãe, a natureza de minha gota branca e
vermelha indestrutível purificada,
Rodeado pelos Heróis e Heroínas das Cinco Rodas, a natureza
de meus canais e elementos-gotas purificados.
Eu ofereço a ti, síntese de todos os Budas das dez direções,
todos os meus prazeres diários – comer, beber e o desfrute
de quaisquer outros objetos de desejo.
Que eu alcance rapidamente a iluminação e me torne igual a ti,
de modo que eu beneficie, fácil e espontaneamente, todos os
seres vivos".*

*Enquanto nos concentramos no significado dessas palavras, des-
frutamos de quaisquer objetos de desejo como oferendas aos seres sagrados que residem no Templo de nosso corpo. Essa prática
é um método especial para transformar nossos prazeres diários
no caminho rápido à iluminação. Isso é tecnologia tântrica!*

Louvor

Eu ofereço louvor ao Glorioso Heruka Pai e Mãe, o Principal do
mandala de corpo,
Em cujo grande êxtase todos os fenômenos estão reunidos em um,
E à assembleia de Heróis e Heroínas
Que residem nos lugares das Cinco Rodas.

APÊNDICE VII: SADHANA NOVA ESSÊNCIA DO VAJRAYANA

Meditação no estágio de geração de aparência e vacuidade não-duais

No vasto espaço da vacuidade de todos os fenômenos, a natureza de minha aparência equivocada de todos os fenômenos purificada – que é a Terra Pura de Keajra – eu apareço como Buda Heruka, com um corpo azul, quatro faces e doze braços, a natureza de minha gota branca indestrutível purificada. Abraço Vajravarahi, a natureza de minha gota vermelha indestrutível purificada. Estou rodeado pelos Heróis e Heroínas das Cinco Rodas, que são a natureza de meu corpo sutil purificado – os canais e os elementos-gotas. Resido no mandala, a mansão celestial, que é a natureza de meu corpo denso purificado. Embora eu tenha essa aparência, ela não é outra senão a vacuidade. Ela é uma manifestação da vacuidade.

Enquanto nos concentramos no significado, repetimos mentalmente:

"Embora eu tenha essa aparência, o mandala sustentado e sustentador inteiro – a natureza de meus corpos denso e sutil purificados – não é nada além que vacuidade, a mera ausência de todos os fenômenos que normalmente vejo ou percebo. Ele é uma manifestação da vacuidade".

Mantemos, então, fortemente esse profundo conhecimento ou experiência, e meditamos estritamente focados nesse conhecimento ou experiência.

Devemos praticar continuamente essa meditação todos os dias, até realizarmos diretamente a aparência e vacuidade não--duais. Por meio disso, nossa aparência dual cessará, e iremos nos tornar um ser iluminado.

Essa meditação tem três funções:

1. *Por meditarmos na vacuidade, ela impede de renascermos no samsara;*
2. *Por meditarmos no mandala de corpo, ela abre a porta para nascermos na Terra Pura de Keajra;*

3. Por meditarmos na união de aparência e vacuidade, alcançaremos a União do estado de Não-Mais-Aprender, a Budeidade, nesta vida.

As práticas dos três trazeres explicadas aqui purificam nossa morte, estado intermediário e renascimento, e são causas para obtermos, muito rapidamente, os três corpos de um Buda (o Corpo-Verdade, o Corpo-de-Deleite e o Corpo-Emanação).

O corpo muito sutil de um Buda é o Corpo-Verdade. Esse corpo é a base de designação, ou de imputação, do Corpo-Verdade Heruka. "Corpo-Verdade Heruka" é Heruka designado ao Corpo-Verdade.

O Corpo-Forma sutil de um Buda é o Corpo-de-Deleite. Esse corpo é a base de designação, ou de imputação, do Corpo-de-Deleite Heruka. "Corpo-de-Deleite Heruka" é Heruka designado ao Corpo-de-Deleite.

O Corpo-Forma denso de um Buda é o Corpo-Emanação. Esse corpo é a base de designação, ou de imputação, do Corpo-Emanação Heruka. "Corpo-Emanação Heruka" é Heruka designado ao Corpo-Emanação.

Em geral, precisamos distinguir entre Corpo-Emanação e uma emanação. Somente os Budas têm o Corpo-Emanação, mas uma emanação pode ter qualquer aspecto: de um Buda ou de algo que não seja um Buda. Por exemplo, há muitos objetos inanimados – como navios e pontes – que são emanações.

Recitar os mantras

Abençoar o mala

O mala torna-se Pemanarteshvara, a natureza da fala-vajra de todos os Budas.

Como recitar os mantras

Pela recitação dos mantras, transformarei minha mente na mente de clara-luz de grande êxtase de Heruka, inseparável da vacuidade, a mera ausência de todos os fenômenos que normalmente vejo ou percebo.

O mantra a ser recitado sai do HUM em meu coração e, então, desce e sai pela extremidade do meu vajra, entra pela bhaga da consorte, sobe, sai por sua boca, entra em minha boca, desce, e se dissolve novamente no HUM. O mantra circula então, novamente, como antes, saindo e tornando a entrar em meu canal central. Minhas quatro bocas e todas as Deidades do séquito recitam os mantras.

Os mantras a serem recitados

O mantra-essência do Pai

OM SHRI VAJRA HE HE RU RU KAM HUM HUM PHAT DAKINI DZALA SHAMBARAM SÖHA

O mantra-essência-aproximador do Pai

OM HRIH HA HA HUM HUM PHAT

O mantra-essência da Mãe

OM VAJRA BEROTZANIYE HUM HUM PHAT SÖHA

O mantra-essência-aproximador da Mãe

OM SARWA BUDDHA DAKINIYE VAJRA WARNANIYE HUM HUM PHAT SÖHA

As recitações dos mantras-essência e dos mantras-essência-aproximadores são o método especial para alcançarmos a união de grande êxtase e vacuidade, união essa que é a verdadeira essência do Tantra Ioga Supremo. Por essa razão, o primeiro mantra é denominado "essência". O segundo mantra é denominado "essência-aproximador", o que significa que sua função é semelhante à do primeiro mantra, o mantra-essência.

O mantra do séquito

OM RIM RIM LIM LIM, KAM KHAM GAM GHAM NGAM, TSAM TSHAM DZAM DZHAM NYAM, TrAM THrAM DrAM DHrAM NAM, TAM THAM DAM DHAM NAM, PAM PHAM BAM BHAM, YAM RAM LAM WAM, SHAM KAM SAM HAM HUM HUM PHAT

Recitamos o mantra quantas vezes desejarmos.

Ao final da recitação desse mantra, meditamos em nossa mente como sendo a mente de clara-luz de grande êxtase de Heruka, inseparável da vacuidade, a mera ausência de todos os fenômenos que normalmente vemos ou percebemos.

Para um retiro-aproximador, é necessário recitar cem mil vezes cada um destes mantras: o mantra-essência do Pai, o mantra-essência-aproximador do Pai, o mantra-essência da Mãe, e o mantra-essência-aproximador da Mãe. O mantra do séquito deve ser recitado dez mil vezes.

Se desejarmos recitar os mantras-raiz do Pai e da Mãe, os mantras-armadura do Pai e da Mãe e os mantras longos do séquito, eles podem ser encontrados na sadhana extensa de autogeração, Essência do Vajrayana.

Oferecer a torma

Abençoamos a torma do mesmo modo como abençoamos anteriormente a oferenda interior.

Geração-em-frente

PHAIM
De uma letra HUM sobre um assento de sol em meu coração, raios de luz se irradiam e convidam, ao espaço à minha frente, todo o mandala de corpo juntamente com todos os séquitos mundanos – tais como os guardiões direcionais que residem nos oito solos sepulcrais.

OM AHRGHAM PARTITZA SÖHA
OM PADÄM PARTITZA SÖHA
OM ÄNTZAMANAM PARTITZA SÖHA
OM VAJRA PUPE AH HUM SÖHA
OM VAJRA DHUPE AH HUM SÖHA
OM VAJRA DIWE AH HUM SÖHA
OM VAJRA GÄNDHE AH HUM SÖHA
OM VAJRA NEWIDE AH HUM SÖHA
OM VAJRA SHAPTA AH HUM SÖHA

De um HUM branco na língua de cada convidado, surge um
vajra branco tridentado, através do qual eles compartilham da
essência da torma, sorvendo-a por canudos de luz da espessura
de apenas um grão de cevada.

OM VAJRA AH RA LI HO: DZA HUM BAM HO: VAJRA DAKINI
SAMAYA TÖN TRISHAYA HO   (3x)

> *Recitamos isso três vezes. Com a primeira recitação, oferecemos
> a torma ao Pai-Principal; com a segunda recitação, oferecemos
> a torma à Mãe-Principal; e com a terceira recitação, oferecemos
> a torma ao séquito.*

Oferendas exteriores

OM AHRGHAM PARTITZA SÖHA
OM PADÄM PARTITZA SÖHA
OM ÄNTZAMANAM PARTITZA SÖHA
OM VAJRA PUPE AH HUM SÖHA
OM VAJRA DHUPE AH HUM SÖHA
OM VAJRA DIWE AH HUM SÖHA
OM VAJRA GÄNDHE AH HUM SÖHA
OM VAJRA NEWIDE AH HUM SÖHA
OM VAJRA SHAPTA AH HUM SÖHA

Oferenda interior

OM HUM BAM RIM RIM LIM LIM, KAM KHAM GAM GHAM
NGAM, TSAM TSHAM DZAM DZHAM NYAM, TrAM THrAM
DrAM DHrAM NAM, TAM THAM DAM DHAM NAM, PAM
PHAM BAM BHAM, YAM RAM LAM WAM, SHAM KAM SAM
HAM HUM HUM PHAT OM AH HUM

Louvor e prostrações

Eu ofereço louvor e prostrações ao Guru Protetor Heruka,
Que, do jogo de grande êxtase e da união de AH e HAM –
No qual tudo está reunido em um –
Emana a assembleia das Deidades das Cinco Rodas.

Pedir a satisfação dos desejos

Tu, que destruíste igualmente o apego pelo samsara e pela paz
    solitária, assim como todas as conceitualizações,
Que vês todas as coisas que existem por todo o espaço;
Ó Protetor, dotado com forte compaixão, que eu seja abençoado
    pelas águas da tua compaixão,
E que as Dakinis me tomem sob seus cuidados amorosos.

Oferecer a torma às Deidades mundanas

Os guardiões direcionais, guardiões regionais, nagas e assim por
diante, que residem nos oito grandes solos sepulcrais, ingressam
instantaneamente na clara-luz e surgem na forma das Deidades
de Heruka no aspecto de Pai e Mãe. De um HUM branco na
língua de cada convidado, surge um vajra branco tridentado,
através do qual eles compartilham da essência da torma,
sorvendo-a por canudos de luz da espessura de apenas um grão
de cevada.

OM KHA KHA, KHAHI KHAHI, SARWA YAKYA RAKYASA,
BHUTA, TRETA, PISHATSA, UNATA, APAMARA, VAJRA
DAKA, DAKI NÄDAYA, IMAM BALING GRIHANTU, SAMAYA

APÊNDICE VII: SADHANA NOVA ESSÊNCIA DO VAJRAYANA

RAKYANTU, MAMA SARWA SIDDHI METRA YATZANTU,
YATIPAM, YATETAM, BHUDZATA, PIWATA, DZITRATA,
MATI TRAMATA, MAMA SARWA KATAYA, SÄDSUKHAM
BISHUDHAYE, SAHAYEKA BHAWÄNTU, HUM HUM PHAT
PHAT SÖHA (2x)

Recitamos isso duas vezes, oferecendo aos convidados nas direções cardeais e intermediárias.

Oferendas exteriores

OM AHRGHAM PARTITZA SÖHA
OM PADÄM PARTITZA SÖHA
OM VAJRA PUPE AH HUM SÖHA
OM VAJRA DHUPE AH HUM SÖHA
OM VAJRA DIWE AH HUM SÖHA
OM VAJRA GÄNDHE AH HUM SÖHA
OM VAJRA NEWIDE AH HUM SÖHA
OM VAJRA SHAPTA AH HUM SÖHA

Oferenda interior

Às bocas dos guardiões direcionais, guardiões regionais, nagas, e assim por diante, OM AH HUM

Pedidos

Que eu e os demais praticantes
Tenhamos boa saúde, vida longa, poder,
Glória, fama, fortuna
E extensos prazeres.

Por favor, concedei-me as aquisições
Das ações pacificadoras, crescentes, controladoras e iradas.
Ó Guardiões, ajudai-me sempre.
Erradicai toda morte prematura, doenças,
Danos causados por espíritos e obstruções.
Eliminai sonhos ruins,
Maus presságios e más ações.

Heruka de Dois Braços

Que haja felicidade no mundo e os anos por vir sejam bons,
Que as colheitas aumentem e o Dharma floresça.
Que toda bondade e felicidade aconteçam
E todos os desejos sejam realizados.

> *Se desejar, você pode fazer uma oferenda tsog neste ponto. As preces para a oferenda tsog, intituladas* "A Oferenda Tsog do Mandala de Corpo de Heruka", *podem ser encontradas na sadhana e no livro* Essência do Vajrayana.

Dissolução e geração das Deidades-ação

Os solos sepulcrais e o círculo de proteção se dissolvem na mansão celestial.
A mansão celestial se dissolve em Heruka-base.
As Deidades do mandala de corpo se dissolvem em seus próprios lugares, abençoando meus canais e elementos-gotas.
Heruka-base se converte em luz e se dissolve na vacuidade.

Do estado de vacuidade, eu surjo como o Abençoado Heruka, com um corpo azul, uma face e duas mãos que seguram um vajra e um sino. Estou em pé, com minha perna direita esticada, unido em abraço com a Mãe Vajravarahi, que é vermelha, com uma face e duas mãos que seguram uma faca curva e cuia de crânio.

Meditação na primeira das cinco etapas do estágio de conclusão, a etapa de abençoar o *self*

Dentro do meu canal central, no centro da minha roda-canal do coração, encontra-se uma gota. Sua metade superior branca e a metade inferior vermelha estão unidas. Ela é do tamanho de uma pequena ervilha, e irradia raios de luz de cinco cores.

No interior dessa gota está meu vento e mente indestrutíveis no aspecto de uma letra HUM, que é branca com um sombreado vermelho. Ela é da natureza de Heruka. O minúsculo *nada* de três curvas do HUM, tão fino quanto a ponta de um cabelo, é vermelho no topo e branco-avermelhado na base. Ele é extremamente brilhante, irradia luz vermelha, e goteja néctar cuja natureza é grande êxtase. Minha mente é inseparavelmente *una* com esse *nada*.

Meditamos estritamente focados nesse nada *do HUM, que é inseparavelmente* uno *com nossa mente. Devemos conquistar uma profunda experiência dessa meditação por meio de praticá-la continuamente.*

Preces dedicatórias

Assim, por minhas virtudes de corretamente fazer as oferendas,
  louvores, recitações e meditações
Do estágio de geração do Glorioso Heruka,
Que eu complete todas as etapas
Dos caminhos comum e incomum.

Para o benefício de todos os seres vivos
Que eu me torne Heruka;
E, então, conduza cada ser vivo
Ao estado supremo de Heruka.

E, se eu não alcançar esse estado supremo nesta vida,
Que eu seja encontrado, na hora da minha morte, pelos Veneráveis
  Pai e Mãe e seus séquitos,
Com nuvens de oferendas extremamente belas, música celestial,
E muitos sinais auspiciosos e excelentes.

Então, ao final da clara-luz da morte,
Que eu seja conduzido à Terra Pura de Keajra,
A morada dos Detentores do Saber, que praticam o caminho
  supremo;
E que, ali, eu conclua rapidamente esse caminho profundo.

Que a mais profunda prática e instrução de Heruka,
Praticada por milhões de poderosos iogues, aumente imensamente;
E que ela permaneça por muito tempo sem se degenerar,
Como a entrada principal para os que buscam libertação.

Que os Heróis, Dakinis e seus séquitos,
Que residem nos vinte e quatro lugares supremos de Heruka
neste mundo,
Que possuem um poder livre de obstruções para realizarem
este método,
Nunca oscilem em ajudar continuamente os praticantes.

Em resumo, que eu nunca esteja separado do Venerável Guru
Pai e Mãe,
Mas esteja sempre sob seu cuidado amoroso e receba suas bênçãos.
Deste modo, que eu conclua velozmente todos os solos e caminhos,
E alcance rapidamente o estado de Heruka.

Preces auspiciosas

Que haja a auspiciosidade de um grande tesouro de bênçãos
Surgindo dos excelentes feitos do Guru-raiz e de todos os
Gurus-linhagem,
Que realizaram a suprema aquisição de Buda Heruka
Por confiarem no excelente caminho secreto do Rei dos Tantras.

Que haja a auspiciosidade dos grandes e excelentes feitos das
Três Joias –
A sagrada Joia Buda, a natureza de Heruka que tudo permeia;
A magnífica e secreta Joia Dharma última, as escrituras e
realizações do Tantra de Heruka;
E a suprema Joia Sangha, as assembleias das Deidades do séquito
de Heruka.

Por toda a grande boa fortuna que existe
Nas preciosas mansões celestiais, tão extensas como os três mil mundos,
Adornadas com ornamentos semelhantes aos raios do sol e da lua,
Que todos os mundos e seus seres tenham felicidade, bondade,
glória e prosperidade.

Quando fazemos um retiro-aproximador com quatro ses-
sões, não há necessidade de, nas três primeiras sessões, ofe-
recer a torma ou recitar as preces auspiciosas. Nas três últimas

sessões, não há necessidade de fazer a meditação e recitação de Vajrasattva ou de abençoar a oferenda interior.

Tendo percebido que os praticantes modernos necessitam de uma sadhana do mandala de corpo de Heruka que não contenha um texto extenso, mas que seja fácil de compreender e praticar, eu preparei esta prática, que é a verdadeira essência do mandala de corpo de Heruka, fundamentado nas instruções dos grandes eruditos Gungtang Tenpai Dronme, Ngulchu Dharmabhadra, Je Phabongkhapa e Vajradhara Trijang Rinpoche.

Por essas virtudes, que o sagrado Dharma apresentado no Tantra de Heruka floresça para sempre.

Preces pela Tradição Virtuosa

Para que a tradição de Je Tsongkhapa,
O Rei do Dharma, floresça,
Que todos os obstáculos sejam pacificados
E todas as condições favoráveis sejam abundantes.

Pelas duas coleções, minhas e dos outros,
Reunidas ao longo dos três tempos,
Que a doutrina do Conquistador Losang Dragpa
Floresça para sempre.

Prece *Migtsema* de nove versos

Tsongkhapa, ornamento-coroa dos eruditos da Terra das Neves,
Tu és Buda Shakyamuni e Vajradhara, a fonte de todas as conquistas,
Avalokiteshvara, o tesouro de inobservável compaixão,
Manjushri, a suprema sabedoria imaculada,
E Vajrapani, o destruidor das hostes de maras.
Ó Venerável Guru Buda, síntese das Três Joias,
Com meu corpo, fala e mente, respeitosamente faço pedidos:
Peço, concede tuas bênçãos para amadurecer e libertar a mim e
   aos outros,
E confere-nos as aquisições comuns e a suprema.   (3x)

Cólofon: Esta sadhana, ou prece ritual para obter aquisições espirituais, foi compilada por Venerável Geshe Kelsang Gyatso Rinpoche a partir de fontes tradicionais. 2015.

Lama Losang Tubwang Dorjechang

Apêndice VIII

Oferenda ao Guia Espiritual

UMA MANEIRA ESPECIAL DE CONFIAR
NO NOSSO GUIA ESPIRITUAL

**compilada por
Losang Chokyi Gyaltsen**

Introdução

Oferenda ao Guia Espiritual, ou *Lama Chopa* em tibetano, é um Guru-Ioga especial de Je Tsongkhapa relacionado ao Tantra Ioga Supremo. Foi compilado pelo primeiro Panchen Lama, Losang Chokyi Gyaltsen, como uma prática preliminar ao *Mahamudra Vajrayana*. Embora a prática principal seja confiar no Guia Espiritual, *Oferenda ao Guia Espiritual* também inclui todas as práticas essenciais das etapas do caminho (*Lamrim*) e do treino da mente (*Lojong*), assim como o estágio de geração e o estágio de conclusão do Tantra Ioga Supremo.

A essência do Guru-Ioga é desenvolver a forte convicção de que nosso Guia Espiritual é um Buda, fazer prostrações, oferendas e pedidos sinceros a ele ou ela e, então, receber suas profundas bênçãos. De acordo com o Guru-Ioga de Oferenda ao Guia Espiritual, desenvolvemos a convicção de que nosso Guia Espiritual é de mesma natureza que Je Tsongkhapa, uma emanação do Buda da Sabedoria Manjushri.

Por confiar em Je Tsongkhapa, nossa compaixão, sabedoria e poder espiritual irão aumentar naturalmente. Em particular, porque Je Tsongkhapa é uma emanação do Buda da Sabedoria Manjushri, seus devotados discípulos nunca experienciam dificuldades para aumentar sua sabedoria. Há muitos outros benefícios de praticar *Oferenda ao Guia Espiritual*. Eles são explicados no livro *Grande Tesouro de Mérito*, que contém um comentário completo a essa prática.

Oferenda ao Guia Espiritual pode ser praticada privadamente todos os dias, mas há dois dias especiais por mês – o décimo e o

APÊNDICE VIII: SADHANA OFERENDA AO GUIA ESPIRITUAL

25º – quando esta sadhana é recitada juntamente com a realização de uma oferenda tsog. Nos Centros Budistas Kadampa, a oferenda tsog do décimo dia é feita para enfatizar a acumulação de grande mérito, que é, então, dedicado à longa vida do nosso Guia Espiritual; e, no 25º dia, a oferenda tsog é feita para enfatizar a obtenção rápida das realizações das etapas do caminho. Em cada um desses dois dias, há uma sequência diferente de preces, como indicado nas notas em itálico intercaladas ao longo do texto.

Geshe Kelsang Gytaso
1985

Oferenda ao Guia Espiritual

Buscar refúgio

Com uma mente perfeitamente pura de grande virtude,
Eu e todos os seres sencientes-mães, tão extensos como o espaço,
Doravante, até que alcancemos a essência da iluminação,
Buscamos refúgio no Guru e nas Três Joias Preciosas.

Namo Gurubhä
Namo Buddhaya
Namo Dharmaya
Namo Sanghaya   (3x)

Gerar a bodhichitta aspirativa

Para o bem de todos os seres sencientes-mães,
Vou me tornar o Guru-Deidade
E, então, conduzirei cada ser senciente
Ao estado supremo do Guru-Deidade.   (3x)

Gerar a bodhichitta de compromisso

Para o bem de todos os seres sencientes-mães, alcançarei o mais
rapidamente possível, nesta mesma vida, o estado do Guru-Deidade,
o Buda primordial.

Libertarei todos os seres sencientes-mães de seus sofrimentos
e os conduzirei ao grande êxtase dos solos de Buda. Portanto,
praticarei o caminho profundo do ioga do Guru-Deidade.

*Neste ponto, podemos nos autogerar brevemente como nossa
Deidade pessoal.*

Autogerar-se como a Deidade

Do estado de grande êxtase, eu surjo como o Guru-Deidade.

Purificar o ambiente e seus habitantes

Raios de luz irradiam-se de meu corpo,
Abençoando todos os mundos e seres nas dez direções.
Tudo se torna um arranjo primoroso
De boas qualidades imaculadamente puras.

Abençoar as oferendas

OM AH HUM   (3x)

Sendo, por natureza, excelsa sabedoria, possuindo o aspecto
da oferenda interior e das substâncias individuais de oferenda,
e funcionando como objetos de prazer dos seis sentidos para
gerar uma excelsa sabedoria especial de êxtase e vacuidade,
inconcebíveis nuvens de oferendas exteriores, interiores e
secretas, substâncias de compromisso e oferendas fascinantes
cobrem o solo por inteiro e preenchem todo o espaço.

Visualizar o Campo de Mérito

No vasto espaço de êxtase e vacuidade indivisíveis, entre ondulantes
nuvens de oferendas de Samantabhadra, plenamente adornada
com folhas, flores e frutos, há uma árvore-que-satisfaz-os-desejos,
que concede tudo o que quer que se deseje. No seu topo, num
resplandecente trono de leões adornado com joias, sobre um
assento de lótus, lua e sol, senta-se meu Guru-raiz, que é bondoso
de três formas, a verdadeira essência de todos os Budas. Ele está
sob o aspecto de um monge plenamente ordenado, com uma face,
duas mãos e um sorriso radiante. Sua mão direita está no mudra
de expor o Dharma, e sua mão esquerda, no mudra do equilíbrio
meditativo, segura uma vasilha repleta de néctar. Ele usa três vestes
da resplandecente cor-de-açafrão, e sua cabeça está adornada
com um chapéu dourado de Pândita. Em seu coração, estão Buda

Shakyamuni e Vajradhara, que tem um corpo azul, uma face e duas mãos. Segurando vajra e sino, ele abraça Yingchugma e se deleita no jogo de êxtase espontâneo e vacuidade. Ele está adornado com muitos diferentes tipos de ornamentos de joias e usa vestimentas de seda celestial. Dotado com os sinais maiores e as indicações menores e brilhando com mil raios de luz, meu Guru senta-se no centro de uma aura de vários arco-íris de cinco cores. Sentado em postura vajra, seus agregados completamente puros são os cinco Sugatas, seus quatro elementos são as quatro Mães, e suas fontes, veias e articulações são, na realidade, Bodhisattvas. Seus poros são os 21 mil Destruidores de Inimigos; e seus membros, as Deidades iradas. Seus raios de luz são guardiões direcionais, como causadores-de-mal e comedores-de-cheiro, e sob seu trono estão os seres mundanos. Rodeando-o em sequência, está uma vasta assembleia de Gurus-linhagem, Yidams, hostes de Deidades do mandala, Budas, Bodhisattvas, Heróis, Dakinis e Protetores do Dharma. Suas três portas estão marcadas pelos três vajras. Raios de luz fisgadores irradiam-se da letra HUM e convidam os seres-de-sabedoria a virem de suas moradas naturais e permanecerem inseparáveis.

Convidar os seres-de-sabedoria

Vós que sois a fonte de toda felicidade e bondade –
Os Gurus raiz e linhagem dos três tempos, os Yidams e as Três
    Joias Preciosas,
Juntamente com a assembleia de Heróis, Dakinis, Dharmapalas
    e Protetores –
Por vossa grande compaixão, por favor, vinde a este lugar
    e permanecei firmes.

Embora os fenômenos sejam, por natureza, totalmente livres
    de ir e de vir,
Apareceis de acordo com as inclinações de cada discípulo
E realizais feitos iluminados motivados por sabedoria e compaixão;
Ó Sagrados Refúgios e Protetores, por favor, vinde a este lugar
    juntamente com vosso séquito.

OM GURU BUDDHA BODHISATTÖ DHARMAPALA SAPARIWARA
EH HAYE HI: DZA HUM BAM HO
Os seres-de-sabedoria tornam-se inseparáveis dos seres-de-compromisso.

Prostrar-se ao Guia Espiritual como o Corpo-de-Deleite

Guia Espiritual, com uma forma semelhante à de uma joia,
Que, por compaixão, concedes num instante,
Até mesmo o supremo estado dos três corpos, a esfera de grande
êxtase,
Ó Detentor do Vajra, a teus pés de lótus eu me prostro.

Prostrar-se ao Guia Espiritual como o Corpo-Emanação

Excelsa sabedoria de todos os infinitos Conquistadores,
Que, por meios supremamente habilidosos, apareces para servir
aos discípulos,
Assumindo, agora, a forma de um monge em vestes de cor açafrão;
Ó Sagrado Refúgio e Protetor, a teus pés de lótus eu me prostro.

Prostrar-se ao Guia Espiritual como o Corpo-Verdade

Abandono de todas as falhas juntamente com suas marcas,
Precioso tesouro de incontáveis boas qualidades,
E única passagem a todo benefício e felicidade,
Ó Venerável Guia Espiritual, a teus pés de lótus eu me prostro.

Prostrar-se aos Guias Espirituais como a síntese das Três Joias

Essência de todos os Gurus-Budas e Deidades,
Fontes de todas as 84 mil classes de sagrado Dharma,
Principais dentre toda a Assembleia Superior,
Ó Bondosos Guias Espirituais, a vossos pés de lótus eu me prostro.

Prostrar-se aos Gurus-linhagem e às Três Joias

Aos Gurus que residem nos três tempos e nas dez direções,
Às Três Joias Supremas e a todos os outros objetos de prostração,
Eu me prostro com fé e respeito, um coro melodioso de louvor
E corpos emanados, tão numerosos quanto os átomos existentes
  no mundo.

Oferecer as oferendas exteriores e os cinco objetos de desejo

Ó Guru, Refúgio e Protetor, juntamente com teu séquito,
Ofereço a ti estas vastas nuvens de diversas oferendas:

Os néctares purificadores das quatro águas a fluir suavemente
De amplos e radiantes jarros adornados com joias, perfeitamente
  dispostos;

Lindas flores, pétalas e grinaldas delicadamente arrumadas,
Que cobrem o solo e preenchem o céu;

A fumaça azulada de fragrante incenso
Ondulando nos céus como nuvens azuis de verão;

As luzes brincalhonas do sol e da lua, joias resplandecentes e um
  vasto conjunto de lamparinas,
Que dissipam a escuridão dos três mil mundos;

Requintados perfumes aromatizados com cânfora, sândalo e
  açafrão,
Num vasto oceano rodopiante que se estende tão longe quanto
  os olhos podem ver;

Alimentos e bebidas nutritivos, dotados com uma centena de
  sabores
E iguarias, de deuses e homens, sobrepostas tão alto quanto uma
  montanha;

De uma infinita variedade de instrumentos musicais,
Sons melodiosos preenchem a totalidade dos três mundos;

APÊNDICE VIII: SADHANA OFERENDA AO GUIA ESPIRITUAL

Adoráveis portadoras de formas, sons, odores, sabores e objetos
de toque –
Deusas de prazeres externos e internos, que ocupam todas as
direções.

Oferecer o mandala

Ó Tesouro de Compaixão, meu Refúgio e Protetor, Campo de
Mérito supremamente perfeito,
Com uma mente de devoção, a ti eu ofereço
Um bilhão de Grandes Montanhas, de quatro continentes,
De sete maiores e menores posses reais e assim por diante,
Uma coleção de mundos e de seres perfeitos, que fazem surgir
todas as alegrias,
Um grande tesouro de prazeres almejados por deuses e homens.

Oferecer nossa prática espiritual

Ó Venerável Guru, ofereço a ti estes jardins de prazeres,
Tanto os efetivamente dispostos quanto os emanados pela mente,
nas praias de um mar-que-concede-desejos,
Nos quais, das puras virtudes brancas do samsara e do nirvana,
Surgem substâncias de oferendas de amplos lótus de mil pétalas,
que deleitam as mentes de todos;
Onde as virtudes mundanas e supramundanas das três portas,
tanto as minhas como as dos outros,
São flores que trazem cor a todos os lugares
E exalam uma profusão de aromas tal qual as oferendas de
Samantabhadra;
E onde os três treinos, os cinco caminhos e os dois estágios são
o fruto.

Oferenda interior

Ofereço este oceano de néctar com os cinco anzóis, as cinco
lamparinas e assim por diante,
Purificado, transformado e aumentado,
Juntamente com uma bebida de excelente chá,
Dotada com uma centena de sabores, a radiância do açafrão e
um delicado aroma.

*Durante um puja de longa vida, no 10º dia do mês, é costume
fazer uma oferenda de chá neste ponto, enquanto recitamos
a seguinte estrofe:*

O Guru é Buda, o Guru é Dharma,
O Guru também é Sangha.
O Guru é a fonte de todas as alegrias;
A todos os Gurus, faço esta oferenda.
OM AH HUM   (3x)

*Se desejarmos fazer uma oferenda tsog para enfatizar a acumu-
lação de grande mérito, tal como no 10º dia do mês, devemos
fazê-la neste ponto. A oferenda tsog está na página 234.*

Oferenda secreta

E ofereço os mais atraentes e ilusórios mudras,
Uma hoste de mensageiras nascidas de lugares, nascidas de mantra
e espontaneamente nascidas,
Com esbeltos corpos, peritas nas sessenta e quatro artes do amor,
E com o esplendor da beleza juvenil.

Oferenda da talidade (*thatness*)

E ofereço a ti a suprema bodhichitta última,
Uma perfeita, excelsa sabedoria de êxtase espontâneo livre de
obstruções,
Inseparável da natureza de todos os fenômenos, a esfera livre
de elaboração,
Sem esforço e além de palavras, pensamentos e expressões.

Oferecer remédios e a nós mesmos como um servidor

Ofereço muitos tipos diferentes de excelentes remédios,
Que destroem as quatrocentas e quatro doenças das delusões,
E, para agradar-te, ofereço-me como um servidor;
Por favor, mantenha-me a teu serviço enquanto o espaço exista.

*Se desejarmos, podemos recitar o Sutra Mahayana dos Três
Montes Superiores neste ponto.*

*Se desejarmos fazer uma oferenda tsog para enfatizar purificação, devemos fazê-la neste ponto. A oferenda tsog está
na página 234.*

Confissão

Na presença dos grandes Compassivos,
Confesso, com uma mente de grande arrependimento,
Todas as não-virtudes e ações negativas que, desde tempos sem
   princípio,
Eu fiz, ordenei que fossem feitas ou com as quais me regozijei;
E prometo que, de agora em diante, não vou mais cometê-las.

Regozijo

Embora os fenômenos não tenham sinal de existência inerente,
Regozijamo-nos do fundo do nosso coração
Com toda felicidade e pura virtude branca, semelhantes-a-um-
   -sonho,
Que surgem para os seres comuns e os Superiores.

Pedir que a Roda do Dharma seja girada

Das miríades de nuvens ondulantes de tua sublime sabedoria e
   compaixão,
Por favor, envia uma chuva do Dharma vasto e profundo,
Para que, no jardim de jasmins de benefício e felicidade,
Haja crescimento, sustento e progresso para todos os seres vivos.

Rogar ao Guia Espiritual que não morra

Em um puja de longa vida, no 10º do mês, é costume, neste ponto, fazer uma oferenda especial de mandala (ver página 243), recitar preces especiais para a longa vida do nosso Guia Espiritual e recitar a seguinte estrofe três vezes:

Embora teu corpo-vajra não tenha nascimento ou morte,
Pedimos ao recipiente do grande Rei da União
Que permaneça imutável de acordo com os nossos desejos,
Sem falecer, até que o samsara termine.

Dedicatória

Dedico todas as puras virtudes brancas que aqui acumulei, para que em todas as minhas vidas,
Eu nunca esteja separado do venerável Guru, que é bondoso de três formas;
Que eu sempre esteja sob seu cuidado amoroso,
E alcance a União-de-Vajradhara.

Neste ponto, é costume recitar a prece Migtsema *de nove versos:*

Prece *Migtsema* de nove versos

Tsongkhapa, ornamento-coroa dos eruditos da Terra das Neves,
Tu és Buda Shakyamuni e Vajradhara, a fonte de todas as conquistas,
Avalokiteshvara, o tesouro de inobservável compaixão,
Manjushri, a suprema sabedoria imaculada,
E Vajrapani, o destruidor das hostes de maras.
Ó Venerável Guru Buda, síntese das Três Joias,
Com meu corpo, fala e mente, respeitosamente faço pedidos:
Peço, concede tuas bênçãos para amadurecer e libertar a mim e aos outros,
E confere-nos as aquisições comuns e supremas.   (3x)

APÊNDICE VIII: SADHANA OFERENDA AO GUIA ESPIRITUAL

Se desejarmos fazer uma oferenda de mandala juntamente com os três grandes pedidos, podemos fazê-los neste ponto. A oferenda de mandala está na página 241.

Se também desejarmos receber bênçãos para obter as realizações do Mahamudra, podemos recitar neste ponto as Preces de Pedidos aos Gurus da Linhagem Mahamudra *e/ou* O Sentido Condensado do Caminho Rápido Vajrayana. *Essas preces podem ser encontradas no comentário* Grande Tesouro de Mérito.

Pedir relembrando suas boas qualidades, como explicado nas escrituras Vinaya

Grande oceano de disciplina moral, fonte de todas as boas qualidades,
Repleto com uma coleção de joias de extenso saber,
Segundo Buda, venerável monge em vestes de cor açafrão,
Ó Venerável e Detentor do Vinaya, a ti faço pedidos.

Pedir relembrando suas boas qualidades como um Guia Espiritual mahayana

Tu, que possuis as dez qualidades,
De um autêntico Mestre do caminho dos Sugatas,
Senhor do Dharma, representante de todos os Conquistadores,
Ó Guia Espiritual mahayana, a ti faço pedidos.

Pedir relembrando suas boas qualidades como um Guia Espiritual vajrayana

Tuas três portas são perfeitamente controladas, tens grande
    sabedoria e paciência,
Sem pretensão ou engodo, és versado nos mantras e no Tantra,
Tu possuis os dois conjuntos de dez qualidades e és hábil em
    desenhar e explicar;
Ó Principal Detentor do Vajra, a ti faço pedidos.

Pedir relembrando que ele é mais bondoso que todos os Budas

Para os seres rudes destes tempos impuros que, sendo tão difíceis
de domar,
Não foram subjugados pelos incontáveis Budas de outrora,
Tu revelas corretamente o excelente caminho dos Sugatas;
Ó Compassivo Refúgio e Protetor, a ti faço pedidos.

Pedir relembrando que ele é mais bondoso até mesmo que Buda Shakyamuni

Agora, quando o sol de Buda se pôs,
Para os incontáveis migrantes sem proteção ou refúgio,
Tu realizas exatamente os mesmos feitos que o Conquistador;
Ó Compassivo Refúgio e Protetor, a ti faço pedidos.

Pedir relembrando que ele é o Campo de Mérito supremo

Até mesmo um único de teus poros é louvado por nós,
Como um Campo de Mérito superior a todos os Conquistadores
Dos três tempos e das dez direções;
Ó Compassivo Refúgio e Protetor, a ti faço pedidos.

Pedir expressando suas qualidades exteriores

Do jogo de teus poderes miraculosos e meios hábeis,
As rodas ornamentais dos teus três corpos de Sugata
Aparecem sob uma forma comum para guiar os migrantes;
Ó Compassivo Refúgio e Protetor, a ti faço pedidos.

Pedir expressando suas qualidades interiores

Teus agregados, elementos, fontes e membros
São, por natureza, os Pais e as Mães das Cinco Famílias de Buda,
Os Bodhisattvas e as Deidades Iradas;
Ó Supremo Guia Espiritual, da natureza das Três Joias, a ti faço
pedidos.

Pedir expressando suas qualidades secretas

Tu és a essência dos dez milhões de círculos de mandalas
Que surgem do estado da excelsa sabedoria onisciente;
Principal Detentor do Vajra, fonte que permeia a centena de famílias,
Ó Protetor da União Primordial, a ti faço pedidos.

Pedir expressando suas qualidades referentes à talidade (*thatness*)

Natureza que permeia todas as coisas estáveis e móveis,
Inseparável da experiência de alegria espontânea sem obstruções;
Completamente bom, livre dos extremos desde o princípio,
Ó verdadeira bodhichitta última, a ti faço pedidos.

Pedido estritamente focado

Tu és o Guru, tu és o Yidam, tu és o Daka e o Protetor do Dharma;
Doravante, até que eu alcance a iluminação, não buscarei outro
refúgio além de ti.
Nesta vida, no bardo e até o fim de minhas vidas, por favor,
segura-me com o gancho da tua compaixão,
Liberta-me dos medos do samsara e da paz, concede-me todas as
aquisições, sê meu constante companheiro e protege-me contra
todos os obstáculos.   (3x)

Receber as bênçãos das quatro iniciações

Por força de pedir três vezes dessa maneira, raios de luz e néctares
de cor branca, vermelha e azul surgem dos lugares do corpo, fala
e mente de meu Guru, em série e conjuntamente, e se dissolvem
em meus três lugares, em série e conjuntamente. Minhas quatro
obstruções são purificadas e recebo as quatro iniciações. Alcanço
os quatro corpos e, por deleite, uma emanação do meu Guru
dissolve-se em mim e concede suas bênçãos.

*Neste ponto, meditamos brevemente sobre receber as bênçãos
das quatro iniciações de acordo com o comentário,* Grande

Tesouro de Mérito. *Depois, imaginamos que uma emanação de Lama Losang Tubwang Dorjechang vem à coroa de nossa cabeça e, entrando por nosso canal central, desce até o nosso coração. Imaginamos que nosso corpo, fala e mente sutis tornam-se um único sabor com o corpo, fala e mente de nosso Guia Espiritual e meditamos nessa sensação especial de êxtase durante algum tempo. Em seguida, recitamos os mantras de acordo com o comentário.*

No 25º dia do mes, é costume, neste ponto, fazer uma oferenda de chá, enquanto recitamos a seguinte estrofe:

O Guru é Buda, o Guru é Dharma,
O Guru também é Sangha.
O Guru é a fonte de todas as alegrias;
A todos os Gurus, faço esta oferenda.
OM AH HUM   (3x)

Se desejarmos fazer uma oferenda tsog para enfatizar a aquisição rápida das realizações das etapas do caminho, tal como no 25º de cada mês, devemos fazê-la aqui. A oferenda tsog está na página 234.

Se desejarmos oferecer um mandala longo para pedir as realizações das etapas do caminho, como no 25º de cada mês, devemos fazê-lo aqui. A oferenda de mandala está na página 241.

Prece de Pedidos das Etapas do Caminho

A maneira de confiar em nosso Guia Espiritual, a raiz dos caminhos espirituais

Por força das minhas oferendas e pedidos respeitosos
Ao Venerável Guia Espiritual, o sagrado e supremo Campo de Mérito,
Busco tuas bênçãos, Ó Protetor, a raiz de toda a bondade e alegria,
Para que, alegremente, me tomes sob o teu cuidado amoroso.

Desenvolver a aspiração de extrair a essência de nossa vida humana

Compreendendo que esta liberdade e dote, encontrados uma
só vez,
São difíceis de obter e, contudo, decaem tão rapidamente,
Busco tuas bênçãos para extrair seu significado essencial,
Sem me distrair com as atividades sem sentido desta vida.

O método propriamente dito para obter a felicidade de estados elevados nas vidas futuras

Temendo o fogo ardente dos sofrimentos das migrações ruins,
Do fundo de meu coração, busco refúgio nas Três Joias
E busco tuas bênçãos para empenhar-me sinceramente
Em abandonar não-virtude e praticar a coleção completa de virtudes.

Desenvolver o desejo de obter a libertação

Violentamente arremessado pelas ondas da delusão e do carma
E atormentado pelos monstros marinhos dos três sofrimentos,
Busco tuas bênçãos para desenvolver o forte desejo de me libertar
Do ilimitado e apavorante grande oceano do samsara.

Como praticar o caminho que conduz à libertação

Abandonando a mente que vê, como um jardim de prazeres,
Esta prisão insuportável do samsara,
Busco tuas bênçãos para erguer o estandarte vitorioso da libertação,
Mantendo os três treinos superiores e as riquezas dos Superiores.

Como gerar grande compaixão, o fundamento do Mahayana

Contemplando como todos esses lastimáveis migrantes são
minhas mães,
Que, por bondade, cuidaram de mim vezes sem conta,
Busco tuas bênçãos para gerar espontânea compaixão,
Como a de uma mãe amorosa por seu mais querido filho.

Equalizar eu com outros

Já que ninguém deseja sequer o mais ínfimo sofrimento,
Ou nunca se contenta com a felicidade que tem,
Não há diferença entre mim e os outros;
Compreendendo isso, busco, com alegria, tuas bênçãos para
    fazer os outros felizes.

Os perigos do autoapreço

Vendo que essa doença crônica de apreciar a mim mesmo
É a causa que dá origem a sofrimento indesejado,
Busco tuas bênçãos para destruir esse grande demônio do egoísmo,
Por me opor a ele – o objeto da acusação.

Os benefícios de apreciar os outros

Vendo que a mente que aprecia os seres-mães e assegura sua
    felicidade
É a passagem que conduz a infinitas boas qualidades,
Busco tuas bênçãos para apreciar esses seres mais do que a
    minha vida,
Mesmo que se insurjam contra mim, como meus inimigos.

Trocar eu por outros

Em resumo, já que os infantis estão preocupados apenas com eles
    próprios,
Ao passo que os Budas trabalham, exclusivamente, para o benefício
    dos outros,
Busco tuas bênçãos para distinguir falhas de benefícios
E, assim, ser capaz de me trocar por outros.

Visto que apreciar a mim mesmo é a porta para todas as falhas,
E apreciar os seres-mães é o fundamento de todas as boas
    qualidades,
Busco tuas bênçãos para adotar, como minha prática essencial,
O ioga de trocar eu por outros.

Tomar e Dar

Portanto, Ó Compassivo, Venerável Guru, busco tuas bênçãos
Para que todo sofrimento, negatividades e obstruções dos seres
  sencientes-mães
Amadureçam em mim neste instante;
E, por dar a minha felicidade e virtude aos outros,
Que todos os seres migrantes sejam felizes.   (3x)

Do terceiro ao sétimo pontos do treino da mente

Embora sobre o mundo e seus seres, repletos com os efeitos do mal,
Desabem, como chuva, sofrimentos indesejados,
Isso é uma oportunidade para exaurir os efeitos das ações negativas;
Compreendendo isso, busco tuas bênçãos para transformar
  condições adversas em caminho.

Em suma, quer surjam condições favoráveis, quer desfavoráveis,
Busco tuas bênçãos para transformá-las no caminho de aperfeiçoar
  as duas bodhichittas,
Praticando as cinco forças, a essência de todos os Dharmas,
E assim manter, unicamente, uma mente feliz.

Busco tuas bênçãos para tornar extremamente significativos esta
  liberdade e dote
Por aplicar meditação imediatamente a tudo o que encontrar
Pelos meios hábeis das quatro preparações
E por praticar os compromissos e preceitos do treino da mente.

Como meditar em intenção superior e gerar a bodhichitta

Por amor, compaixão e intenção superior,
E a prática mágica de montar o tomar e dar na respiração,
Busco tuas bênçãos para gerar a genuína bodhichitta
Para libertar todos os migrantes deste grande oceano do samsara.

Como tomar os votos da bodhichitta aspirativa e de compromisso

Busco tuas bênçãos para me empenhar sinceramente no único caminho
Percorrido por todos os Conquistadores dos três tempos –
Atar minha mente com os puros votos bodhisattva
E praticar as três disciplinas morais do Mahayana.

Neste ponto, podemos enviar para fora o que restou da oferenda tsog para os espíritos. Ver páginas 239–240.

Como praticar a perfeição de dar

Busco tuas bênçãos para completar a perfeição de dar
Por meio das instruções sobre como aperfeiçoar a mente de dar sem apego
E, assim, transformar meu corpo, meus prazeres e minhas virtudes acumuladas ao longo dos três tempos
Naquilo que cada ser senciente desejar.

Como praticar a perfeição de disciplina moral

Busco tuas bênçãos para completar a perfeição de disciplina moral,
Não transgredindo, mesmo à custa da minha vida,
A disciplina moral dos votos pratimoksha, bodhisattva e do mantra secreto,
E reunindo Dharmas virtuosos e realizando o bem-estar dos seres sencientes.

Como praticar a perfeição de paciência

Busco tuas bênçãos para completar a perfeição de paciência
De modo que, mesmo se cada um dos seres dos três reinos,
Por raiva, viesse a me prejudicar, criticar, ameaçar ou até mesmo tirar a minha vida,
Eu retribuísse, imperturbável, a sua maldade, ajudando-os.

Como praticar a perfeição de esforço

Busco tuas bênçãos para completar a perfeição de esforço,
Empenhando-me pela iluminação suprema com inabalável
  compaixão,
Mesmo que eu tenha de permanecer nas labaredas do mais
  profundo inferno
Por muitos éons, para o benefício de cada ser.

Como praticar a perfeição de estabilização mental

Busco tuas bênçãos para completar a perfeição de estabilização
  mental,
Abandonando as falhas do afundamento, excitação e divagação
  mentais,
E concentrando-me, em absorção estritamente focada,
No estado que é a ausência de existência verdadeira de todos os
  fenômenos.

Como praticar a perfeição de sabedoria por meio de manter o equilíbrio meditativo semelhante-ao-espaço

Busco tuas bênçãos para completar a perfeição de sabedoria
Pelo ioga do equilíbrio meditativo semelhante-ao-espaço sobre o
  último,
Com o grande êxtase da maleabilidade,
Induzido pela sabedoria da análise individual da talidade.

Como praticar a perfeição de sabedoria por meio de manter a aquisição subsequente semelhante-a-uma-ilusão

Fenômenos exteriores e interiores são como ilusões, como sonhos,
E como reflexos da lua num lago claro,
Pois, embora apareçam, eles não existem verdadeiramente;
Compreendendo isso, busco tuas bênçãos para completar a
  concentração semelhante-a-uma-ilusão.

Como treinar a mente na visão profunda do Caminho do Meio

Busco tuas bênçãos para compreender o significado da intenção
de Nagarjuna,
De que não há contradição, mas só harmonia,
Entre a ausência de até um só átomo de existência inerente no
samsara e no nirvana
E a relação-dependente não-enganosa de causa e efeito.

Tornar-se um recipiente adequado para o caminho profundo do Mantra Secreto e manter os votos e compromissos puramente

E, então, o turbilhão do oceano dos Tantras é atravessado
Graças à bondade do navegador, o Detentor do Vajra.
Busco tuas bênçãos para apreciar, mais que a minha vida,
Os votos e os compromissos, a raiz das aquisições.

Como meditar no estágio de geração

Pelo ioga do primeiro estágio, que transforma o nascimento, a
morte e o bardo
Nos três corpos dos Conquistadores,
Busco tuas bênçãos para purificar todas as máculas da aparência
e concepção comuns
E ver tudo o que apareça como a forma da Deidade.

Como praticar o estágio de conclusão

Busco tuas bênçãos, Ó Protetor, para que ponhas teus pés
No centro do lótus de oito pétalas em meu coração,
Para que eu manifeste, nesta vida,
Os caminhos do corpo-ilusório, da clara-luz e da união.

A maneira de praticar o ritual de transferência de consciência se, tendo meditado, não tivermos recebido sinais

Se, na hora da minha morte, eu não tiver completado o caminho,
Busco tuas bênçãos para ir para a Terra Pura
Por meio da instrução de como aplicar corretamente as cinco forças,
O método supremamente poderoso de transferência para a Budeidade.

Como oferecer preces para ser cuidado por nosso Guia Espiritual em todas as vidas futuras

Em suma, Ó Protetor, busco tuas bênçãos para que, em todas as minhas vidas,
Eu nunca esteja separado de ti, mas esteja sempre sob teus cuidados,
E, como o principal de teus discípulos,
Mantenha todos os segredos de teu corpo, fala e mente.

Ó Protetor, sempre que te manifestares como um Buda,
Que eu seja o primeiro de teu séquito;
E que tudo seja auspicioso para que eu realize, sem esforço,
Todos os desejos e necessidades temporários e últimos.

Reunir e dissolver o Campo de Mérito

É costume não recitar a estrofe a seguir durante um puja de longa vida, como no 10º do mês:

Por ter feito pedidos desta maneira, Ó Supremo Guia Espiritual,
Por favor, vem, com deleite, à minha coroa para conceder tuas bênçãos;
E, uma vez mais, põe firmemente teus pés radiantes,
Nas anteras do lótus no meu coração.

Neste ponto, podemos treinar a prática do Mahamudra Vajrayana, a meditação propriamente dita do estágio de conclusão, de acordo com o comentário.

Dedicatória

Dedico todas as puras virtudes brancas que aqui acumulei
Para que eu realize todas as preces
Feitas pelos Sugatas e Bodhisattvas dos três tempos
E mantenha o sagrado Dharma de escritura e *insight*.

Por força disso que, em todas as minhas vidas,
Eu nunca esteja separado das quatro rodas do Veículo Supremo,
E que, por meio delas, eu complete os caminhos da renúncia,
Bodhichitta, visão correta e dos dois estágios tântricos.

Preces auspiciosas

Por força de toda pura virtude branca no samsara e no nirvana,
Que, doravante, haja um tesouro celestial de bondade e alegria
    temporárias e últimas,
Livre das máculas de tudo o que não seja auspicioso;
E haja, assim, a auspiciosidade de desfrutar magnífico deleite.

Que os Centros de Dharma do Todo-Conhecedor Losang Dragpa
Se encham com uma multidão de Sangha e Iogues
Empenhando-se em praticar, com concentração estritamente
    focada, os três treinos puros;
E haja, assim, por muito tempo, a auspiciosidade da permanência
    da doutrina de Buda.

Permanecendo nas bênçãos de Losang Dragpa,
Que, desde a juventude, fez pedidos ao supremo Guru-Deidade,
Realizemos, sem esforço, o bem-estar dos outros;
E haja, assim, a auspiciosidade de Losang Dorjechang.

APÊNDICE VIII: SADHANA OFERENDA AO GUIA ESPIRITUAL

Que os almejados dotes cresçam como um lago de verão,
E encontremos renascimentos ininterruptos com liberdade em
famílias imaculadas,
Que passemos todos os dias e noites com o sagrado Dharma de
Losang;
E haja, assim, a auspiciosidade de desfrutar magnífico deleite.

Doravante, até que eu e os outros alcancemos a iluminação,
Pelas virtudes que temos criado e aquelas ainda por criar,
Que haja a auspiciosidade para que a forma sagrada do Venerável
Guru,
Permaneça neste mundo como um vajra imutável.

Preces pela Tradição Virtuosa

Para que a tradição de Je Tsongkhapa,
O Rei do Dharma, floresça,
Que todos os obstáculos sejam pacificados
E todas as condições favoráveis sejam abundantes.

Pelas duas coleções, minhas e dos outros,
Reunidas ao longo dos três tempos,
Que a doutrina do Conquistador Losang Dragpa
Floresça para sempre.

Prece *Migtsema* de nove versos

Tsongkhapa, ornamento-coroa dos eruditos da Terra das Neves,
Tu és Buda Shakyamuni e Vajradhara, a fonte de todas as conquistas,
Avalokiteshvara, o tesouro de inobservável compaixão,
Manjushri, a suprema sabedoria imaculada,
E Vajrapani, o destruidor das hostes de maras.
Ó Venerável Guru Buda, síntese das Três Joias,
Com meu corpo, fala e mente, respeitosamente faço pedidos:
Peço, concede tuas bênçãos para amadurecer e libertar a mim e
aos outros,
E confere-nos as aquisições comuns e supremas.   (3x)

A Oferenda Tsog

Abençoar as substâncias de oferenda

OM AH HUM   (3x)

Sendo, por natureza, excelsa sabedoria, possuindo o aspecto da oferenda interior e das substâncias individuais de oferenda, e funcionando como objetos de prazer dos seis sentidos para gerar uma excelsa sabedoria especial de êxtase e vacuidade, inconcebíveis nuvens de oferendas exteriores, interiores e secretas, substâncias de compromisso e oferendas fascinantes cobrem o solo por inteiro e preenchem todo o espaço.

EH MA HO Grande manifestação de excelsa sabedoria.
Todos os reinos são reinos vajra
E todos os lugares são magníficos palácios-vajra,
Dotados com vastas nuvens de oferendas de Samantabhadra,
Uma profusão de todos os prazeres desejados.
Todos os seres são Heróis e Heroínas,
Tudo é imaculadamente puro
Sem, sequer, o nome de aparência impura equivocada.

HUM Todas as elaborações são completamente pacificadas no estado do Corpo-Verdade. O vento sopra e o fogo arde. Acima, sobre um tripé de três cabeças humanas, AH dentro de uma qualificada cuia de crânio, OM as substâncias individuais ardem. Acima disso estão OM AH HUM, cada qual resplandecendo com sua cor brilhante. Pelo soprar do vento e o arder do fogo, as substâncias derretem. Fervendo, elas rodopiam num grande vapor. Imensidões de raios de luz irradiam das três letras para as dez direções e convidam os três vajras juntamente com néctares. Eles se dissolvem separadamente nas três letras. Derretendo-se no néctar, elas se

APÊNDICE VIII: SADHANA OFERENDA AO GUIA ESPIRITUAL

fundem com a mistura. Purificada, transformada e aumentada,
EH MA HO Isso se torna um fulgurante oceano de magníficos
deleites.

OM AH HUM   (3x)

Fazer o convite aos convidados da oferenda tsog

Ó Gurus raiz e linhagem, cuja natureza é compaixão,
A assembleia de Yidams e objetos de refúgio, as Três Joias Preciosas,
E as hostes de Heróis, Dakinis, Protetores do Dharma e
    Dharmapalas,
Eu vos convido, por favor, vinde a este lugar de oferendas.

Entre vastas nuvens de oferendas exteriores, interiores e secretas,
Com luz que se irradia até de teus pés,
Ó Supremamente Realizado, por favor, permanece firme nesse
    magnífico trono de joias,
E concede as aquisições que, ardorosamente, desejamos.

Fazer a oferenda tsog

HO Esse oceano de oferenda tsog de néctar incontaminado,
Abençoado por concentração, mantra e mudra,
Ofereço para agradar à assembleia de Gurus raiz e linhagem
OM AH HUM
Deleitados pelo desfrute desses magníficos objetos de desejo,
EH MA HO
Por favor, concedei uma grande chuva de bênçãos.

HO Esse oceano de oferenda tsog de néctar incontaminado,
Abençoado por concentração, mantra e mudra,
Ofereço para agradar à divina assembleia de Yidams e seus séquitos.
OM AH HUM
Deleitados pelo desfrute desses magníficos objetos de desejo,
EH MA HO
Por favor, concedei uma grande chuva de aquisições.

HO Esse oceano de oferenda tsog de néctar incontaminado,
Abençoado por concentração, mantra e mudra,
Ofereço para agradar à assembleia das Três Joias Preciosas.
OM AH HUM
Deleitadas pelo desfrute desses magníficos objetos de desejo,
EH MA HO
Por favor, concedei uma grande chuva de Dharmas sagrados.

HO Esse oceano de oferenda tsog de néctar incontaminado,
Abençoado por concentração, mantra e mudra,
Ofereço para agradar à assembleia de Dakinis e Protetores do
   Dharma.
OM AH HUM
Deleitados pelo desfrute desses magníficos objetos de desejo,
EH MA HO
Por favor, concedei uma grande chuva de feitos virtuosos.

HO Esse oceano de oferenda tsog de néctar incontaminado,
Abençoado por concentração, mantra e mudra,
Ofereço para agradar à assembleia dos seres sencientes-mães.
OM AH HUM
Deleitados pelo desfrute desses magníficos objetos de desejo,
EH MA HO
Que o sofrimento e a aparência equivocada sejam apaziguados.

Fazer a oferenda tsog ao Guia Espiritual vajrayana

EH MA HO Grande círculo do tsog!
Ó Grande Herói, compreendemos
Que, seguindo no caminho dos Sugatas dos três tempos,
Tu és a fonte de todas as aquisições.
Abandonando todas as mentes de conceitualização,
Por favor, desfruta continuamente deste círculo do tsog.
AH LA LA HO

A resposta do Guia Espiritual vajrayana

OM Com uma natureza inseparável dos três vajras,
Gero-me como o Guru-Deidade.
AH Este néctar de excelsa sabedoria e êxtase incontaminados,
HUM Sem afastar-me da bodhichitta,
Compartilho para deleitar as Deidades que residem no meu corpo.
AH HO MAHA SUKHA

> *Neste ponto, é costume recitar preces especiais para a longa vida do nosso Guia Espiritual.*

Canção da Rainha da Primavera

HUM A todos vós, Tathagatas,
Heróis, Ioguines,
Dakas e Dakinis,
A todos vós eu faço este pedido:
Ó Heruka, que te deleitas em grande êxtase,
Tu te envolves na União de espontâneo êxtase,
Acompanhando a Senhora inebriada de êxtase
E deleitando-te de acordo com os rituais.
AH LA LA, LA LA HO, AH I AH, AH RA LI HO
Que a assembleia de imaculadas Dakinis
Olhe com amorosa afeição e cumpra todos os feitos.

HUM A todos vós, Tathagatas,
Heróis, Ioguines,
Dakas e Dakinis,
A todos vós eu faço esse pedido:
Com uma mente completamente desperta por grande êxtase
E um corpo numa dança de constante meneio,
Ofereço às hostes de Dakinis
O grande êxtase de desfrutar do lótus do mudra.
AH LA LA, LA LA HO, AH I AH, AH RA LI HO
Que a assembleia de imaculadas Dakinis
Olhe com amorosa afeição e cumpra todos os feitos.

HUM A todos vós, Tathagatas,
Heróis, Ioguines,
Dakas e Dakinis,
A todos vós eu faço esse pedido:
Vós, que dançais de maneira linda e pacífica,
Ó Extasiante Protetor e hostes de Dakinis,
Por favor, vinde à minha frente e concedei-me vossas bênçãos
E concedei-me grande êxtase espontâneo.
AH LA LA, LA LA HO, AH I AH, AH RA LI HO
Que a assembleia de imaculadas Dakinis
Olhe com amorosa afeição e cumpra todos os feitos.

HUM A todos vós, Tathagatas,
Heróis, Ioguines,
Dakas e Dakinis,
A todos vós eu faço esse pedido:
Vós, que tendes a característica da libertação de grande êxtase,
Não dizeis que a libertação possa ser alcançada numa só vida
Por meio de práticas ascéticas de abandono do grande êxtase,
Mas que o grande êxtase reside no centro do supremo lótus.
AH LA LA, LA LA HO, AH I AH, AH RA LI HO
Que a assembleia de imaculadas Dakinis
Olhe com amorosa afeição e cumpra todos os feitos.

HUM A todos vós, Tathagatas,
Heróis, Ioguines,
Dakas e Dakinis,
A todos vós eu faço esse pedido:
Qual um lótus nascido no centro de um pântano,
Este método, embora nascido do apego, não é maculado pelas
    falhas do apego.
Ó Suprema Dakini, pelo êxtase do teu lótus,
Por favor, traz rapidamente a libertação das amarras do samsara.
AH LA LA, LA LA HO, AH I AH, AH RA LI HO
Que a assembleia de imaculadas Dakinis
Olhe com amorosa afeição e cumpra todos os feitos.

APÊNDICE VIII: SADHANA OFERENDA AO GUIA ESPIRITUAL

HUM A todos vós, Tathagatas,
Heróis, Ioguines,
Dakas e Dakinis,
A todos vós eu faço esse pedido:
Assim como a essência do mel, na fonte do mel,
É bebida por enxames de abelhas de todas as direções,
Do mesmo modo, por vosso amplo lótus com seis características,
Por favor, satisfazei-nos com o gosto do grande êxtase.
AH LA LA, LA LA HO, AH I AH, AH RA LI HO
Que a assembleia de imaculadas Dakinis
Olhe com amorosa afeição e cumpra todos os feitos.

No 10° de cada mês, quando fazemos uma oferenda tsog com o objetivo de enfatizar grande acumulação de mérito, como em um puja de longa vida, retornar à página 218.

Quando fazemos uma oferenda tsog para enfatizar purificação, retornar à página 219.

No 25° de cada mês, quando fazemos uma oferenda tsog com o objetivo de enfatizar a aquisição das etapas do caminho, retornar à página 224.

Abençoar a oferenda tsog remanescente

HUM Aparências impuras equivocadas são purificadas na vacuidade,
AH Grande néctar realizado a partir da excelsa sabedoria,
OM Isso se torna um vasto oceano de desejado prazer.

OM AH HUM   (3x)

Dar o remanescente da oferenda tsog para os espíritos

HO Esse oceano de oferenda tsog remanescente de incontaminado néctar,
Abençoado por concentração, mantra e mudra,
Ofereço para agradar à assembleia de guardiões sob-juramento.
OM AH HUM
Deleitados pelo desfrute desses magníficos objetos de desejo,
EH MA HO
Por favor, executai ações perfeitas para ajudar os praticantes.

Sair com o que restou da oferenda tsog para os espíritos.

HO

Ó Convidados do restante, juntamente com vossos séquitos,
Por favor, desfrutai desse oceano de oferenda tsog remanescente.
Que aqueles que difundem a preciosa doutrina,
Os detentores da doutrina, seus benfeitores e outros,
E, especialmente, eu e os demais praticantes
Tenhamos boa saúde, vida longa, poder,
Glória, fama, fortuna
E extensos prazeres.
Por favor, concedei-me as aquisições
Das ações pacificadoras, de incremento, controladoras e iradas.
Vós, que estais comprometidos por juramentos, por favor, protegei-me,
E ajudai-me a realizar todas as aquisições.
Erradicai toda morte prematura, doenças,
Danos causados por espíritos e obstruções.
Eliminai sonhos ruins,
Maus presságios e más ações.

Que haja felicidade no mundo e os anos por vir sejam bons,
Que as colheitas aumentem e o Dharma floresça.
Que toda bondade e felicidade aconteçam
E todos os desejos sejam realizados.

Por força dessa farta doação,
Que eu me torne um Buda para o benefício dos seres vivos,
E que, por minha generosidade, liberte
Todos os que não foram libertados pelos Budas anteriores.

Retornar à página 228.

Cólofon: Esta sadhana, ou prece ritual, para confiar no nosso Guia Espiritual foi traduzida sob a orientação compassiva de Venerável Geshe Kelsang Gyatso Rinpoche.

Oferenda do Mandala

OM VAJRA BHUMI AH HUM
Grande e poderoso solo dourado,
OM VAJRA REKHE AH HUM
Na fronteira, a cerca férrea rodeia o círculo exterior.
No centro, Monte Meru, o rei das montanhas,
Em torno do qual há quatro continentes:
A leste, Purvavideha, ao sul, Jambudipa,
A oeste, Aparagodaniya, ao norte, Uttarakuru.
Cada um tem dois subcontinentes:
Deha e Videha, Tsamara e Abatsamara,
Satha e Uttaramantrina, Kurava e Kaurava.
A montanha de joias, a árvore-que-concede-desejos,
A vaca-que-concede-desejos e a colheita não semeada.
A preciosa roda, a preciosa joia,
A preciosa rainha, o precioso ministro,
O precioso elefante, o precioso supremo cavalo,
O precioso general e o grande vaso tesouro.
A deusa da beleza, a deusa das grinaldas,
A deusa da música, a deusa da dança,
A deusa das flores, a deusa do incenso,
A deusa da luz e a deusa do perfume.
O sol e a lua, o precioso guarda-sol,
O estandarte da vitória em cada direção.
No centro, os tesouros tanto de deuses quanto de homens,
Uma coleção de excelências que nada exclui.

Ofereço-vos isso, meus bondosos Gurus raiz e linhagem,
A todos vós, sagrados e gloriosos Gurus;
E especialmente a ti, grande Lama Losang Tubwang Dorjechang,
  juntamente com teus séquitos,
Por favor, aceita com compaixão pelos seres migrantes,
E, tendo aceito, por tua grande compaixão,
Concede, por favor, tuas bênçãos a todos os seres sencientes que
  preenchem o espaço.

O chão espargido com perfume e salpicado de flores,
A Grande Montanha, quatro continentes, sol e lua,
Percebidos como Terra de Buda e assim oferecidos,
Que todos os seres desfrutem dessas Terras Puras.

Ofereço, sem nenhum sentimento de perda,
Os objetos que fazem surgir meu apego, ódio e confusão,
Meus amigos, inimigos e estranhos, nossos corpos e prazeres;
Peço, aceita-os e abençoa-me, livrando-me diretamente dos três
  venenos.

IDAM GURU RATNA MANDALAKAM NIRYATAYAMI

*No 25º do mês, quando fazemos uma oferenda de mandala
para solicitar realizações das etapas do caminho, retornar à
página 224.*

*Quando fazemos uma oferenda de mandala juntamente
com os três grandes pedidos, retornar à página 221.*

Oferenda do Mandala de Solicitação ao Guru para que Permaneça

Primeiro, o líder de canto recita o seguinte:

Ó Glorioso e Sagrado Guru, cuja natureza é inseparável
do Grande Conquistador, o Vajradhara que-tudo-permeia,
Senhor de um oceano de mandalas e linhagens, dotado com
o significado dos símbolos supremos, incomparavelmente
bondoso, Grande Guia Espiritual, Kelsang Gyatso Rinpoche,
permite que ofereçamos, em tua presença, um mandala de
solicitação, rogando que permaneças com um tempo de vida de
cem mil éons, para o benefício da doutrina e dos migrantes.

Agora, todos recitam:

OM VAJRA BHUMI AH HUM
Grande e poderoso solo dourado,
OM VAJRA REKHE AH HUM
Na fronteira, a cerca férrea rodeia o círculo exterior.
No centro, Monte Meru, o rei das montanhas,
Em torno do qual há quatro continentes:
A leste, Purvavideha, ao sul, Jambudipa,
A oeste, Aparagodaniya, ao norte, Uttarakuru.
Cada um tem dois subcontinentes:
Deha e Videha, Tsamara e Abatsamara,
Satha e Uttaramantrina, Kurava e Kaurava.
A montanha de joias, a árvore-que-concede-desejos,

A vaca-que-concede-desejos e a colheita não semeada.
A preciosa roda, a preciosa joia,
A preciosa rainha, o precioso ministro,
O precioso elefante, o precioso supremo cavalo,
O precioso general e o grande vaso tesouro.
A deusa da beleza, a deusa das grinaldas,
A deusa da música, a deusa da dança,
A deusa das flores, a deusa do incenso,
A deusa da luz e a deusa do perfume.
O sol e a lua, o precioso guarda-sol,
O estandarte da vitória em cada direção.
No centro, os tesouros tanto de deuses quanto de homens,
Uma coleção de excelências que nada exclui.
Ofereço-vos isso, meus bondosos Gurus raiz e linhagem,
E especialmente a ti, Senhor de um oceano de mandalas e
    linhagens,
Dotado com o significado dos símbolos supremos,
Incomparavelmente bondoso, Grande Guia Espiritual, Kelsang
    Gyatso Rinpoche,
Oferecemos, em tua presença, um mandala de solicitação, rogando
    a ti que permaneças com um tempo de vida de cem mil éons,
    para o benefício da doutrina e dos migrantes.
Por favor, aceita com compaixão pelos seres migrantes,
E, tendo aceito, por tua grande compaixão,
Concede, por favor, tuas bênçãos a todos os seres sencientes que
    preenchem o espaço.

O chão espargido com perfume e salpicado de flores,
A Grande Montanha, quatro continentes, sol e lua,
Percebidos como Terra de Buda e assim oferecidos,
Que todos os seres desfrutem dessas Terras Puras.

No espaço à minha frente, sobre um trono de leões, lótus e lua,
Os veneráveis Gurus sorriem com deleite.
Ó Supremo Campo de Mérito para a minha mente de fé,
Por favor, permanece por cem éons para difundir a doutrina.

APÊNDICE VIII: SADHANA OFERENDA AO GUIA ESPIRITUAL

Ó Losang, Buda Principal, Vajradhara,
Por favor, revela teus corpos exterior, interior e secreto, e que
tudo permeiam,
E com uma intenção compassiva pelos migrantes, tão extensos
quanto o espaço,
Por favor, gira as Rodas do Dharma exterior, interior e secreta.

IDAM GURU RATNA MANDALAKAM NIRYATAYAMI

Retornar à página 220.

Dorjechang Kelsang Gyatso Rinpoche

Apêndice IX

As Centenas de Deidades da Terra Alegre de Acordo com o Tantra Ioga Supremo

O GURU-IOGA DE JE TSONGKHAPA COMO UMA PRÁTICA PRELIMINAR AO MAHAMUDRA

NESTE CONTEXTO, "GURU" refere-se ao Guia Espiritual que nos conduz ao caminho espiritual correto e que mostra um bom exemplo. Por seguirmos o caminho espiritual correto, podemos alcançar todos os nossos objetivos, temporários e últimos. "Ioga" significa, neste contexto, uma prática ritual que é uma maneira especial de confiar no Guia Espiritual. Visto que a raiz de todas as realizações espirituais, de Sutra e de Tantra, é confiar puramente no Guia Espiritual, a prática de Guru-Ioga é uma prática essencial do Budismo.

Para muitas pessoas, recitar preces em voz alta faz com que tenham dificuldade em se concentrar no seu significado, pois o som interfere com a concentração delas. Por essa razão, precisamos nos familiarizar com a recitação mental de preces – preces que vêm do nosso coração, sem sons, o que significa que precisamos memorizar nossas preces diárias.

COMO PRATICAR ESTE GURU-IOGA

Visualização

No espaço à minha frente, aparece meu Guru-raiz, Guru Sumati Buda Heruka, rodeado por todos os Budas das dez direções.

Recitamos isso enquanto contemplamos o significado e, então, meditamos brevemente, com forte fé, na assembleia de objetos de refúgio e seres-de-compromisso do Campo de Mérito.

Tomar os votos de refúgio mahayana

Ó Gurus, Budas e Bodhisattvas, por favor, ouvi-me.
Eu e todos os seres vivos-mães, tão extensos quanto o espaço,
Doravante, até que alcancemos a iluminação,
Buscamos refúgio nas Três Joias Preciosas – Buda, Dharma e
Sangha.   (3x)

Recitamos isso três vezes e fazemos uma forte promessa: "Doravante, até que eu alcance a iluminação, vou confiar e manter unicamente, como meu refúgio último, Buda, Dharma e Sangha". Desse modo, tomamos os votos de refúgio mahayana.

Tomar o voto bodhisattva de acordo com o Tantra Ioga Supremo

Para o bem de todos os seres sencientes-mães,
Vou me tornar o Guru-Deidade
E, então, conduzirei cada ser senciente
Ao estado supremo do Guru-Deidade.   (3x)

Recitamos isso três vezes, enquanto contemplamos seu significado e fazemos essa promessa sinceramente. Desse modo, geramos bodhichitta e tomamos o voto bodhisattva de acordo com o Tantra Ioga Supremo.

Convidar os seres-de-sabedoria

Do coração do Protetor das centenas de Deidades da Terra Alegre,
Ao topo de uma nuvem como coalhada branca e fresca,
Ó Todo-Conhecedor Losang Dragpa, Rei do Dharma,
Por favor, vem a este lugar juntamente com teus Filhos.

Recitando isso, contemplamos que, da esfera do espaço infinito de êxtase e vacuidade no coração do Buda Protetor Maitreya, que reside na Terra Pura da Terra Alegre, convidamos os seres-de-sabedoria – o Rei do Dharma Todo-Conhecedor Je Tsongkhapa, rodeado pelos Budas das dez direções. Todos eles se dissolvem nos seres-de-compromisso no espaço à nossa frente, e acreditamos que os seres-de-sabedoria e os seres-de--compromisso tornam-se inseparavelmente unos.

Pedido

No espaço à minha frente, sobre um trono de leões, lótus e lua,
Os veneráveis Gurus sorriem com deleite.
Ó Supremo Campo de Mérito para a minha mente de fé,
Por favor, permanece por cem éons para difundir a doutrina.

Recitando isso, fazemos o pedido: "Ó Venerável Guia Espiritual, onde quer que eu esteja, por favor, aparece no espaço à minha frente e, com deleite, permanece por cem mil éons como um campo no qual eu possa plantar as sementes da fé, e como o objeto por meio do qual eu possa acumular a coleção de mérito".

Os sete membros

Prostração

Tua mente de sabedoria compreende a extensão integral dos objetos
de conhecimento,
Tua eloquente fala é o ornamento-orelha dos afortunados,
Teu lindo corpo brilha com a glória do renome,
Prostro-me a ti, que és tão significativo de ver, ouvir e recordar.

*Recitando isto, acreditamos fortemente que estamos nos pros-
trando a incontáveis objetos de refúgio por incontáveis éons,
com incontáveis corpos que emanamos por força de imaginação
correta, ao mesmo tempo que recordamos a bondade e as boas
qualidades desses incontáveis objetos de refúgio.*

Oferenda

Agradáveis oferendas de água, diversas flores,
Incenso de doce aroma, luzes, água perfumada e assim por diante,
Uma vasta nuvem de oferendas, tanto as efetivas como as imaginadas,
Ofereço a ti, Ó Supremo Campo de Mérito.

*Contemplamos e acreditamos que todos os mundos são Terras
Búdicas totalmente puras, com vastas oferendas exteriores,
interiores e secretas, geradas pela força de concentração – inconcebíveis nuvens de oferendas totalmente puras, cobrindo
todo o solo e preenchendo todo o espaço – e imaginamos que
estamos fazendo essas oferendas por incontáveis éons ao supremo Campo de Mérito – a assembleia de Deidades de Guru
Sumati Buda Heruka.*

Purificação

Sejam quais forem as não-virtudes de corpo, fala e mente
Que tenho acumulado desde tempos sem início,
Especialmente as transgressões dos meus três votos,
Com grande remorso, confesso uma a uma do fundo de meu coração.

*Clamamos a Guru Sumati Buda Heruka: "Todas as negati-
vidades, quedas morais e compromissos quebrados que tenho
acumulado com meu corpo, fala e mente por todas as minhas
incontáveis vidas até agora, eu os confesso com uma mente
de forte arrependimento e forte promessa. Ó Protetor, pelo
poder da tua compaixão, por favor, abençoa-me para purificá-
-los agora". Contemplamos isso muitas e muitas vezes, do
fundo do nosso coração, para fazer a purificação.*

APÊNDICE IX: SADHANA AS CENTENAS DE DEIDADES DA TERRA ALEGRE

Regozijo

Nesta era degenerada, te empenhaste em muito estudo e realização.
Abandonando os oito interesses mundanos, tornaste significativos
tuas liberdades e dotes.
Ó Protetor, regozijo-me do fundo de meu coração,
Na grande onda de teus feitos.

*Fazemos a promessa: "Ó Venerável Guru, regozijo-me, do
fundo de meu coração, com os teus habilidosos feitos, através
dos quais conduzes tantos seres afortunados ao estado de
União da iluminação, e prometo tornar-me igual a ti".*

Pedir que gire a Roda do Dharma

Das ondulantes nuvens de sabedoria e de compaixão
No espaço do vosso Corpo-Verdade, Ó Veneráveis e Sagrados Gurus,
Por favor, derramai uma chuva do Dharma vasto e profundo
Apropriado aos discípulos deste mundo.

*Fazemos o pedido: "Ó Venerável Guru, das ondulantes nuvens
de sabedoria e de compaixão no espaço do teu Corpo-Verdade,
o Dharmakaya, por favor, emana incontáveis Guias Espirituais
sob diversas formas, preenchendo o mundo inteiro de acordo
com as necessidades dos discípulos, e derrama uma chuva do
Dharma vasto e profundo da Linhagem Oral Ganden sobre
incontáveis discípulos".*

Rogar aos Guias Espirituais que não morram

Do teu verdadeiro corpo imortal, nascido da clara-luz-significativa,
Por favor, envia incontáveis emanações ao mundo inteiro
Para difundir a Linhagem Oral da doutrina Ganden
E que elas permaneçam por muito tempo.

*Fazemos o pedido estritamente focado: "Ó Protetor, embora
teu corpo de União, surgido da clara-luz-significativa, nunca
morra, os diversos tipos de Guias Espirituais que emanaste*

como seres comuns não são imortais. Rogamos que esses Guias Espirituais nunca morram, mas que permaneçam até que o samsara termine".

Dedicatória

Pelas virtudes que aqui acumulei,
Que a doutrina e todos os seres vivos recebam todo benefício.
Especialmente, que a essência da doutrina
Do Venerável Losang Dragpa brilhe para sempre.

Dedicamos, para o benefício da doutrina e de todos os seres vivos, todas as virtudes que nós e os outros acumulamos até agora, e, especialmente, para que a essência da doutrina de Je Tsongkhapa (as instruções e a prática da Linhagem Oral Ganden) aumente e se espalhe pelo mundo inteiro.

Oferecer o mandala

Fazemos a oferenda do mandala longo ou breve a Guru Sumati Buda Heruka juntamente com sua Assembleia de Deidades.

OM VAJRA BHUMI AH HUM
Grande e poderoso solo dourado,
OM VAJRA REKHE AH HUM
Na fronteira, a cerca férrea rodeia o círculo exterior.
No centro, Monte Meru, o rei das montanhas,
Em torno do qual há quatro continentes:
A leste, Purvavideha, ao sul, Jambudipa,
A oeste, Aparagodaniya, ao norte, Uttarakuru.
Cada um tem dois subcontinentes:
Deha e Videha, Tsamara e Abatsamara,
Satha e Uttaramantrina, Kurava e Kaurava.
A montanha de joias, a árvore-que-concede-desejos,
A vaca-que-concede-desejos e a colheita não semeada.
A preciosa roda, a preciosa joia,
A preciosa rainha, o precioso ministro,
O precioso elefante, o precioso supremo cavalo,

APÊNDICE IX: SADHANA AS CENTENAS DE DEIDADES DA TERRA ALEGRE

O precioso general e o grande vaso tesouro.
A deusa da beleza, a deusa das grinaldas,
A deusa da música, a deusa da dança,
A deusa das flores, a deusa do incenso,
A deusa da luz e a deusa do perfume.
O sol e a lua, o precioso guarda-sol,
O estandarte da vitória em cada direção.
No centro, os tesouros tanto de deuses quanto de homens,
Uma coleção de excelências que nada exclui.
Ofereço-vos isso, meus bondosos Guru-raiz e Gurus-linhagem,
A todos vós, sagrados e gloriosos Gurus,
E especialmente a ti, Guru Sumati Buda Heruka, juntamente
    com teus séquitos.
Por favor, aceita com compaixão pelos seres migrantes,
E, tendo aceito, por tua grande compaixão,
Concede, por favor, tuas bênçãos a todos os seres sencientes que
    preenchem o espaço.

O chão espargido com perfume e salpicado de flores,
A Grande Montanha, quatro continentes, sol e lua,
Percebidos como Terra de Buda e assim oferecidos,
Que todos os seres desfrutem dessas Terras Puras.

Ofereço, sem nenhum sentimento de perda,
Os objetos que fazem surgir meu apego, ódio e confusão,
Meus amigos, inimigos e estranhos, nossos corpos e prazeres;
Peço, aceita-os e abençoa-me, livrando-me diretamente dos três
    venenos.

IDAM GURU RATNA MANDALAKAM NIRYATAYAMI

Fazemos essa oferenda de mandala com forte fé, transformando o universo inteiro numa Terra Pura de Buda através de imaginação correta, e oferecemos essa Terra Pura de Buda à assembleia de Deidades de Guru Sumati Buda Heruka juntamente com seus séquitos.

Recitar a prece de pedidos *Migtsema* de acordo com o Tantra Ioga Supremo

Ó Guru Sumati Buda Heruka, síntese de todas as três linhagens em um,
Peço a ti, por favor, elimina todos os meus obstáculos externos e internos,
Amadurece meu *continuum* mental, liberta-me da aparência dual,
E abençoa-me para que eu beneficie todos os seres vivos, sem esforço.

Neste contexto, "três linhagens" refere-se ao corpo, à fala e à mente de todos os Budas.

Recitamos esta prece de pedidos Migtsema sete vezes ou mais.

Tradicionalmente, nesta prática, precisamos coletar, pelo menos, cem mil recitações dessa prece de pedidos Migtsema com forte fé, enquanto contemplamos seu significado. Por meio destas recitações, receberemos poderosas bênçãos.

Pedidos ao Senhor de Todas as Linhagens

Prece de pedidos para as práticas do Lamrim, do Lojong, do estágio de geração e do estágio de conclusão

Totalmente livres de distrações, devemos nos concentrar no significado das palavras da prece, logo abaixo.

Fazemos um forte pedido e encorajamo-nos a praticar todas e cada uma das etapas dos caminhos de Sutra e de Tantra, e tomamos a forte determinação de alcançar a efetiva realização de todas e cada uma delas.

Devemos praticar dessa maneira todos os dias; não há nada mais significativo do que isso. Por favor, mantenha esse conselho em seu coração.

APÊNDICE IX: SADHANA AS CENTENAS DE DEIDADES DA TERRA ALEGRE

Ó Venerável Conquistador Losang Dragpa,
Que és o Glorioso Senhor de todas as linhagens, Heruka,
Em cujo corpo residem todos os Budas, seus mundos e seus séquitos,
Peço a ti, por favor, concede tuas bênçãos.

Meu bondoso, precioso Guru-raiz,
Que és inseparavelmente uno com Heruka,
Em cujo grande êxtase todos os fenômenos estão reunidos em um,
Peço a ti, por favor, concede tuas bênçãos.

Visto que a raiz de todas as aquisições espirituais
É confiar puramente no Guia Espiritual,
Por favor, concede agora as profundas bênçãos de teu corpo, fala
    e mente
Sobre meu corpo, fala e mente.

Devido à sua grande bondade, Je Tsongkhapa apresentou
Todos os ensinamentos de Buda, de Sutra e de Tantra, como
    instruções práticas.
No entanto, pode ser que minha grande boa fortuna em ter
    encontrado o sagrado Dharma, a doutrina de Buda,
Permaneça comigo apenas durante esta vida,

Uma vez que minha respiração é como uma névoa, prestes a
    desaparecer,
E minha vida é como a chama de uma vela, prestes a extinguir-se
    ao vento,
Já que não há garantia de que não morrerei hoje,
Agora é o momento único de extrair o verdadeiro significado
    da vida humana, a conquista da iluminação.

Em minhas incontáveis vidas anteriores, acumulei vários tipos
    de ações não-virtuosas,
E, como resultado, terei de experienciar o insuportável sofrimento
    do renascimento inferior por muitos éons.
Já que isso é insuportável para mim, busco refúgio sinceramente,
Do fundo do meu coração, em Buda, Dharma e Sangha.

Aplicarei esforço sinceramente
Para receber bênçãos de Buda,
Receber ajuda da Sangha, os praticantes espirituais puros,
E para praticar o Dharma puramente.

Por me empenhar nesta prática continuamente,
Alcançarei o verdadeiro refúgio em minha mente –
As realizações do sagrado Dharma –,
Que me libertam permanentemente de todos os sofrimentos
    e problemas.

A causa do sofrimento são as ações não-virtuosas,
E a causa da felicidade são as ações virtuosas.
Visto que isso é totalmente verdadeiro,
Abandonarei definitivamente as primeiras e praticarei as
    segundas.

Do mesmo modo que acreditar, equivocadamente,
Que uma bebida venenosa é néctar,
Apegar-se, com aferramento, a objetos de desejo
É a causa de grande perigo.

No ciclo de vida impura, o samsara,
Não existe verdadeira proteção contra o sofrimento.
Onde quer que eu nasça, seja como um ser inferior ou elevado,
Terei de experienciar unicamente sofrimento.

Se toda a carne e ossos de todos os corpos que eu tive
    anteriormente fossem reunidos, eles seriam equivalentes ao
    Monte Meru,
E, se todo o sangue e fluidos corporais fossem reunidos, eles
    seriam equivalentes ao mais profundo oceano.
Embora eu tenha tido incontáveis corpos, tendo renascido como
    Brahma, Indra, reis chakravatin, deuses e seres humanos
    comuns,
Não extraí nenhum significado disso, visto que ainda continuo
    a sofrer.

APÊNDICE IX: SADHANA AS CENTENAS DE DEIDADES DA TERRA ALEGRE

Tendo nascido nos infernos e bebido cobre derretido; como insetos,
cujos corpos se tornaram lama;
E como cães, porcos e assim por diante, que comeram imundices
suficientes para cobrir o mundo inteiro;
E, como foi dito, se as lágrimas que derramei de todo esse
sofrimento são mais vastas que um oceano,
Se, ainda assim, não sinto nenhuma aflição ou medo – terei eu
uma mente de ferro?

Compreendendo isso, aplicarei esforço contínuo para cessar o
renascimento samsárico,
Empenhando-me para abandonar permanentemente sua raiz – a
ignorância do agarramento ao em-si.
Na dependência dessa renúncia, abrirei a porta para o caminho
à libertação,
E vou me empenhar em praticar os três treinos superiores – a
síntese de todos os caminhos.

Com minha mente, qual um excelente cavalo, dirigindo-se a
solos mais elevados,
Guiada pelas rédeas do Dharma dos três treinos superiores,
E instigada sempre para adiante com o chicote do forte esforço,
Viajarei agora, rapidamente, pelo caminho para a libertação.

Todos os seres vivos-mães, que cuidam de mim com tanta bondade,
Estão se afogando no apavorante oceano do samsara.
Se eu não me preocupar com seus deploráveis sofrimentos,
Serei como um filho malvado e sem coração.

Durante todas as minhas vidas sem-início até agora, a raiz de
todo o meu sofrimento tem sido minha mente de autoapreço;
Preciso expulsá-la do meu coração, lançá-la para bem longe e
apreciar, unicamente, todos os seres vivos.
Deste modo, concluirei minha prática de trocar eu por outros.
Ó meu precioso Guru, por favor, concede tuas bênçãos para que
eu conclua esta prática profunda.

Para libertar permanentemente todos os seres vivos-mães
Do sofrimento e da aparência equivocada,
Alcançarei a União do estado de iluminação
Por meio da prática das seis perfeições.

Eliminando completamente as distrações de minha mente,
Observando e mantendo um único objeto de meditação com
    contínua-lembrança,
E impedindo que os obstáculos do afundamento e excitamento
    mentais surjam,
Controlarei, deste modo, minha mente com meditação clara
    e alegre.

Todas as minhas aparências nos sonhos ensinam-me
Que todas as minhas aparências quando estou acordado não existem;
Assim, para mim, todas as minhas aparências oníricas
São as instruções supremas de meu Guru.

Os fenômenos que normalmente vejo ou percebo
São enganosos – criados por mentes equivocadas.
Se eu procurar pela realidade do que vejo ou percebo,
Não há nada ali que exista – percebo, apenas, um vazio
    semelhante ao espaço.

Quando procuro com meu olho de sabedoria,
Todas as coisas que normalmente vejo ou percebo desaparecem,
E apenas os seus meros nomes permanecem.
Com esse mero nome, simplesmente aceito tudo com o
    propósito de comunicar-me com os outros.

O modo como os fenômenos existem é exatamente esse.
Guru Pai Je Tsongkhapa clarificou isso, seguindo a intenção
    de Nagarjuna.
Assim, a visão correta da vacuidade, livre dos dois extremos,
É extremamente profunda.

Após eu ter adquirido experiência dos caminhos comuns,
O Principal da Terra Pura de Akanishta – Vajradhara Heruka –

APÊNDICE IX: SADHANA AS CENTENAS DE DEIDADES DA TERRA ALEGRE

Aparece agora neste mundo como uma emanação de Heruka
Na forma de meu Guru-raiz,
Que me conduziu ao interior do grande mandala do corpo
de Heruka,
E me concedeu as quatro iniciações para amadurecer meu
continuum mental.
Assim, tornei-me um grande afortunado – alguém que, nesta
vida, tem a oportunidade de realizar
A União de Heruka por meio de alcançar o Não-Mais-Aprender,
o estado de iluminação.

A bondade de Guru Heruka Pai e Mãe é inconcebível,
E a bondade de meu Guru-raiz é inconcebível.
Devido a essa boa fortuna e pelo poder de minha imaginação correta,
Resido agora no grande mandala de Heruka, a natureza do meu
corpo denso purificado.

Eu sou a Deidade iluminada Heruka,
A natureza de minha gota branca indestrutível purificada,
Com minha consorte Vajravarahi,
A natureza de minha gota vermelha indestrutível purificada.
Estou rodeado pelas Deidades Bodhisattvas – os Heróis e Heroínas –
Que são a natureza de meus canais e gotas purificados.
Por desfrutar de grande êxtase e da vacuidade de todos os
fenômenos, pacifiquei todas as aparências e concepções
comuns,
E assim realizei o verdadeiro significado da vida humana.

Tendo gerado a mim mesmo como Heruka com consorte,
Medito brevemente em meu corpo como sendo oco e vazio
semelhante ao espaço.
Dentro desse corpo, está meu canal central, que possui quatro
características.
Dentro do meu canal central, no centro das oito pétalas da roda-
-canal do coração,
Está a união de minha gota branca e vermelha indestrutível, do
tamanho de uma pequena ervilha,

Que é muito clara e irradia luzes de cinco cores.
Dentro dela está meu vento indestrutível, no aspecto de uma letra HUM,
Que é o verdadeiro Glorioso Heruka.
Minha mente ingressa no HUM e funde-se com ele, como água misturando-se com água.
Mantenho com contínua-lembrança esse HUM, que é meu vento indestrutível e Heruka, e medito estritamente focado nele.

Por estabilizar essa meditação, o movimento de meus ventos interiores das concepções cessará.
Desse modo, perceberei uma clara-luz plenamente qualificada.
Por concluir a prática dessa clara-luz,
Alcançarei a efetiva União de Grande Keajra, o estado de iluminação.
Essa é a grande bondade de Guru Heruka;
Que eu me torne igual a ti.

Receber bênçãos

Ó Glorioso e precioso Guru-raiz,
Por favor, senta-te no lótus e lua em meu coração.
Por favor, cuida de mim com tua grande bondade
E concede-me as bênçãos de teu corpo, fala e mente.

Como resultado desse pedido, todos os Budas das dez direções, no espaço à minha frente, convertem-se em luz e dissolvem-se no Venerável Guru Tsongkhapa. Guru Tsongkhapa, por sua vez, converte-se em luz e dissolve-se em Buda Shakyamuni, que está em seu coração. Buda Shakyamuni, por sua vez, converte--se em luz e dissolve-se em Heruka, que está em seu coração.

Com grande deleite, Guru Heruka vem até minha coroa e detém-se no canal central, no centro da minha roda-canal da coroa. Luzes irradiam-se de seu corpo e abençoam os canais, ventos e gotas em minha coroa.

Ó Glorioso e precioso Guru-raiz,
Por favor, senta-te no lótus e lua em meu coração.
Por favor, cuida de mim com tua grande bondade
E confere-me as aquisições comuns e a suprema.

Como resultado desse pedido, Guru Heruka vem até minha garganta e detém-se no canal central, no centro da minha roda-canal da garganta. Luzes irradiam-se de seu corpo e abençoam os canais, ventos e gotas em minha garganta.

Ó Glorioso e precioso Guru-raiz,
Por favor, senta-te no lótus e lua em meu coração.
Por favor, cuida de mim com tua grande bondade
E permanece firme até que eu alcance a essência da iluminação.

Como resultado desse pedido, Guru Heruka vem até meu coração e detém-se no canal central, no centro da minha roda-canal do coração. Luzes irradiam-se de seu corpo e abençoam os canais, ventos e gotas em meu coração.

Então, a mente de clara-luz de grande êxtase de Guru Heruka funde-se com minha mente e tornam-se não-duais – uma única natureza. Por força disso, minha mente se converte na natureza da mente de clara-luz de grande êxtase de Heruka.

Meditamos brevemente em nossa mente – que é a clara-luz de grande êxtase da mente de Heruka alcançada por força de imaginação correta – e a mantemos estritamente focados, sem nos esquecermos dela.

Então, com um sentimento de grande alegria, empenhamo-nos na prática propriamente dita do Mahamudra por meio de praticar o seguinte, como explicado no livro As Instruções Orais do Mahamudra:

1. *Tendo identificado nossa própria mente, meditar no tranquilo-permanecer;*
2. *Tendo realizado a vacuidade, meditar na visão superior;*
3. *Meditar no canal central, o ioga do canal central;*
4. *Meditar na gota indestrutível, o ioga da gota;*
5. *Meditar no vento indestrutível, o ioga do vento.*

Dedicatória

Por vir sendo cuidado, durante todas as minhas vidas,
Pelo Conquistador Tsongkhapa como meu Guru mahayana,
Que eu nunca me afaste, sequer por um instante,
Desse excelente caminho louvado pelos Conquistadores.

Pelas práticas de disciplina moral pura, ouvir extensamente,
Treinar a bodhichitta, visão pura, conduta pura, e assim por
diante,
Que eu e todos os seres vivos sinceramente pratiquemos, pura e
inequivocamente,
A doutrina do Conquistador Losang Dragpa.

Preces pela Tradição Virtuosa

Para que a tradição de Je Tsongkhapa,
O Rei do Dharma, floresça,
Que todos os obstáculos sejam pacificados
E todas as condições favoráveis sejam abundantes.

Pelas duas coleções, minhas e dos outros,
Reunidas ao longo dos três tempos,
Que a doutrina do Conquistador Losang Dragpa
Floresça para sempre.

APÊNDICE IX: SADHANA AS CENTENAS DE DEIDADES DA TERRA ALEGRE

Prece *Migtsema* de nove versos

Tsongkhapa, ornamento-coroa dos eruditos da Terra das Neves,
Tu és Buda Shakyamuni e Vajradhara, a fonte de todas as conquistas,
Avalokiteshvara, o tesouro de inobservável compaixão,
Manjushri, a suprema sabedoria imaculada,
E Vajrapani, o destruidor das hostes de maras.
Ó Venerável Guru Buda, síntese das Três Joias,
Com meu corpo, fala e mente, respeitosamente faço pedidos:
Peço, concede tuas bênçãos para amadurecer e libertar a mim
    e aos outros,
E confere-nos as aquisições comuns e a suprema.   (3x)

Cólofon: Esta sadhana, ou prece ritual, para obter aquisições
espirituais foi compilada por Venerável Geshe Kelsang Gyatso
Rinpoche a partir de fontes tradicionais. 2015.

Glossário

Amitabha A manifestação da fala e do agregado discriminação de todos os Budas. Amitabha tem um corpo vermelho. Consultar *Novo Oito Passos para a Felicidade*.

Aparência comum e concepção comum Aparência comum é qualquer aparência devida a uma mente impura, e concepção comum é qualquer mente que concebe coisas como comuns. De acordo com o Mantra Secreto, aparências comuns são obstruções à onisciência, e concepções comuns são obstruções à libertação. Consultar *Mahamudra-Tantra* e *Novo Guia à Terra Dakini*.

Aparência equivocada Todas as mentes dos seres sencientes, exceto para a excelsa percepção do equilíbrio meditativo de um ser superior observando a vacuidade, são aparências equivocadas porque os objetos aparecem como verdadeiramente existentes; essa aparência é uma aparência equivocada que é, por natureza, uma obstrução à onisciência. Consultar *Oceano de Néctar*.

Apego Fator mental deludido que observa seu objeto contaminado, considera-o como causa de felicidade e deseja-o. Consultar *Como Entender a Mente*.

Aquisição *Siddhi*, em sânscrito. Existem dois tipos de aquisição: as aquisições comuns e as aquisições supremas. Aquisições comuns são de quatro tipos principais: aquisições pacificadoras (a habilidade de purificar negatividade, superar obstáculos e curar doenças), aquisições de incremento (a habilidade de aumentar as realizações de Dharma, mérito, tempo de vida e riqueza), aquisições controladoras (a habilidade de alguém em controlar sua própria mente e ações e a mente e ações dos outros) e aquisições iradas (a habilidade de utilizar ações iradas, quando isso for apropriado, para beneficiar os outros). As aquisições supremas são as realizações especiais de um Buda. Consultar *Solos e Caminhos Tântricos*.

Aryadeva Erudito budista indiano e mestre de meditação que viveu no século III, discípulo de Nagarjuna.

Atisha (982–1054) Famoso erudito budista indiano e mestre de meditação. Foi abade do grande monastério budista de Vikramashila durante o período em que o Budismo Mahayana florescia na Índia. Posteriormente, foi convidado a ir ao Tibete, onde, então, reintroduziu o puro Budismo. Atisha é o autor do primeiro texto sobre as etapas do caminho, *Lâmpada para o Caminho*. Sua tradição ficou conhecida posteriormente como "a Tradição Kadampa". Consultar *Caminho Alegre da Boa Fortuna* e *Budismo Moderno*.

Bênção Transformação da nossa mente (de um estado negativo para um estado positivo, de um estado infeliz para um estado feliz, de um estado de fraqueza para um estado de vigor) através da inspiração de seres sagrados, como nosso Guia Espiritual, Budas e Bodhisattvas.

Bodhisattva Uma pessoa que gerou a bodhichitta espontânea, mas que ainda não se tornou um Buda. A partir do momento que um praticante gera a bodhichitta não-artificial, ou espontânea, ele (ou ela) torna-se um Bodhisattva e ingressa no primeiro Caminho Mahayana, o Caminho da Acumulação. Um Bodhisattva comum é um Bodhisattva que não realizou a vacuidade diretamente, e um Bodhisattva superior é um Bodhisattva que obteve uma realização direta da vacuidade. Consultar *Caminho Alegre da Boa Fortuna* e *Contemplações Significativas*.

Buda Shakyamuni O quarto Buda dentre mil Budas fundadores que aparecerão neste mundo durante este Éon Afortunado. Os

GLOSSÁRIO

três primeiros Budas foram Krakuchchhanda, Kanakamuni e Kashyapa. O quinto Buda será Maitreya.

Budismo Kadampa Escola budista mahayana fundada pelo grande mestre budista indiano Atisha (982–1054). Ver também Kadampa. Consultar *Budismo Moderno*.

Canal central O canal principal, localizado bem no centro do corpo, e onde as rodas-canais estão localizadas ao longo de sua extensão. Consultar *Clara-Luz de Êxtase*, *Mahamudra-Tantra* e *Budismo Moderno*.

Centenas de Deidades da Terra Alegre *Ganden Lhagyema*, em tibetano. Um Guru-Ioga especial de Je Tsongkhapa, no qual Je Tsongkhapa e seus dois filhos são convidados para virem da Terra Alegre, ou Tushita. Esse Guru-Ioga especial está incorporado na prática de várias sadhanas, incluindo *As Centenas de Deidades da Terra Alegre de Acordo com o Tantra Ioga Supremo* (ver página 247). Consultar também o livro *Joia-Coração*.

Chandrakirti (por volta do século VII) Grande erudito budista indiano e mestre de meditação que escreveu, dentre muitos outros livros, o famoso *Guia para o Caminho do Meio*, no qual elucida claramente a visão da escola Madhyamika-Prasangika de acordo com os ensinamentos de Buda dados nos *Sutras Perfeição de Sabedoria*. Consultar *Oceano de Néctar*.

"Chod", ou "prática cortante" Uma prática que associa compaixão e sabedoria para destruir o autoapreço e o agarramento ao em-si através de imaginar corretamente que estamos a cortar o nosso corpo e dando-o para os espíritos e oferecendo-o aos seres sagrados.

Clara-luz Uma mente muito sutil manifesta, que percebe uma aparência semelhante a um espaço vazio, claro. Consultar *Clara--Luz de Êxtase*, *Mahamudra-Tantra* e *Budismo Moderno*.

Clara-luz-significativa Uma mente de clara-luz que realiza a vacuidade diretamente, sem uma imagem genérica. *Clara-luz--significativa* e *Terra Dakini interior* são sinônimos. Consultar *Clara-Luz de Êxtase e Solos e Caminhos Tântricos*.

Coleção de mérito Ação virtuosa motivada por bodhichitta que é a causa principal para se obter o Corpo-Forma de um Buda. Exemplos: fazer oferendas e prostrações aos seres sagrados com a motivação de bodhichitta e a prática das perfeições de dar, de disciplina moral e de paciência.

Coleção de sabedoria Ação mental virtuosa motivada por bodhichitta que é a causa principal para se obter o Corpo-Verdade de um Buda. Exemplos: ouvir com atenção, contemplar e meditar nos ensinamentos sobre a vacuidade com a motivação de bodhichitta.

Corpo-de-Deleite Ver Corpos de Buda.

Corpo-Emanação Ver Corpos de Buda.

Corpo-Forma O Corpo-de-Deleite e o Corpo-Emanação de um Buda. Ver também Corpos de Buda. Consultar *Caminho Alegre da Boa Fortuna*.

Corpo-ilusório O corpo-divino sutil que é desenvolvido, principalmente, a partir do vento indestrutível. Quando um praticante do Tantra Ioga Supremo sai da meditação da mente-isolada da clara--luz-exemplo última, ele (ou ela) obtém um corpo que não é o mesmo que seu corpo físico comum. Esse novo corpo é o corpo-ilusório. Ele tem a mesma aparência que o corpo da Deidade pessoal do estágio de geração, exceto que sua cor é branca. Ele pode ser percebido unicamente por aqueles que já alcançaram um corpo-ilusório. Consultar *Clara-Luz de Êxtase e Solos e Caminhos Tântricos*.

Corpo-Verdade *Dharmakaya*, em sânscrito. O Corpo-Natureza e o Corpo-Verdade-Sabedoria de um Buda. Ver também Corpos de Buda.

GLOSSÁRIO

Corpos de Buda Um Buda possui quatro corpos: o Corpo-Verdade-Sabedoria, o Corpo-Natureza, o Corpo-de-Deleite e o Corpo-Emanação. O Corpo-Verdade-Sabedoria é a mente onisciente de Buda. O Corpo-Natureza é a vacuidade, ou natureza última, de sua mente. O Corpo-de-Deleite é seu Corpo-Forma sutil. O Corpo-Emanação, a partir do qual cada Buda manifesta um número incontável de corpos, é o Corpo-Forma denso, visível aos seres comuns. O Corpo-Verdade-Sabedoria e o Corpo-Natureza estão, ambos, incluídos no Corpo-Verdade, e o Corpo-de-Deleite e o Corpo-Emanação estão, ambos, incluídos no Corpo-Forma. Consultar *Caminho Alegre da Boa Fortuna* e *Oceano de Néctar*.

Dedicatória A dedicatória é, por natureza, um fator mental virtuoso; é a intenção virtuosa que atua para impedir que a virtude acumulada se degenere, bem como para causar seu aumento. Consultar *Caminho Alegre da Boa Fortuna*.

Delusão Fator mental que surge de atenção imprópria e que atua tornando a mente perturbada e descontrolada. Existem três delusões principais: ignorância, apego desejoso e raiva. Delas surgem todas as demais delusões, como inveja (ou ciúme), orgulho e dúvida deludida. Consultar *Caminho Alegre da Boa Fortuna* e *Como Entender a Mente*.

Deus, Deuses *Deva*, em sânscrito. Um ser do reino dos deuses, o mais elevado dos seis reinos do samsara. Existem muitos tipos diferentes de deuses. Alguns são deuses do reino do desejo, ao passo que outros são deuses do reino da forma ou do reino da sem-forma. Consultar *Caminho Alegre da Boa Fortuna*.

Dez direções As quatro direções cardeais, as quatro direções intermediárias e as direções acima e abaixo.

Dharmavajra (nascido em 1457) Grande Mahasiddha tibetano e Guru-linhagem do Mahamudra.

Disciplina moral Uma determinação mental virtuosa de abandonar qualquer falha, ou uma ação física ou verbal motivada por essa determinação. Consultar *Caminho Alegre da Boa Fortuna* e *Contemplações Significativas*.

Discriminação Fator mental que atua, ou funciona, para apreender o sinal específico de um objeto. Consultar *Como Entender a Mente*.

Distração Fator mental deludido que se desvia para qualquer objeto de delusão. Consultar *Como Entender a Mente*.

Escritura Emanação Ganden Também conhecida como *Escritura Emanação Kadam*. Uma escritura especial, da natureza da sabedoria de Manjushri, revelada diretamente a Je Tsongkhapa por Manjushri. Ela contém instruções sobre o Mahamudra Vajrayana, *Oferenda ao Guia Espiritual* (*Lama Chopa*), *As Centenas de Deidades da Terra Alegre* (*Ganden Lhagyema*), a prece *Migtsema*, e seis sadhanas de Manjushri. Essa escritura não foi escrita em letras comuns, e apenas seres altamente realizados podem consultá-la diretamente. No início, as instruções dessa escritura foram transmitidas apenas oralmente de professor para discípulo e, por essa razão, a linhagem ficou conhecida como "a Linhagem Sussurrada Incomum da Tradição Virtuosa" ou "a Linhagem Sussurrada Ensa". Ela também é conhecida como "a Linhagem Próxima Incomum" porque foi revelada diretamente a Je Tsongkhapa por Manjushri. Posteriormente, eruditos, como o primeiro Panchen Lama (1569–1662) colocaram por escrito as instruções dessa escritura em letras comuns. Consultar *Grande Tesouro de Mérito* e *Joia-Coração*.

Estado intermediário *Bardo*, em tibetano. O estado entre a morte e o renascimento. O estado intermediário começa no momento em que a consciência deixa o corpo, e cessa no momento em que a consciência ingressa no corpo da próxima vida. Consultar *Caminho Alegre da Boa Fortuna* e *Clara-Luz de Êxtase*.

Estágio de conclusão Realizações do Tantra Ioga Supremo desenvolvidas na dependência de os ventos entrarem, permanecerem e se dissolverem no canal central por força de meditação. Consultar *Clara-Luz de Êxtase*, *Mahamudra-Tantra*, *Solos e Caminhos Tântricos*, *Novo Guia à Terra Dakini* e *Essência do Vajrayana*.

Estágio de geração Realização de um ioga criativo antes da aquisição do estágio de conclusão efetivo, que é alcançada através da prática de trazer os três corpos para o caminho, na qual alguém gera mentalmente a si mesmo como uma Deidade tântrica e seu ambiente, ou entorno, como o mandala da Deidade. A meditação no estágio de geração é denominada "ioga criativo" porque seu objeto é criado, ou gerado, por meio de imaginação correta. Consultar *Solos e Caminhos Tântricos*, *Mahamudra-Tantra*, *Novo Guia à Terra Dakini* e *Essência do Vajrayana*.

Fantasmas famintos Seres do reino dos fantasmas famintos, o segundo reino mais inferior dentre os seis reinos do samsara, após o reino do inferno. Também conhecidos como "espíritos famintos". Consultar *Caminho Alegre da Boa Fortuna*.

Fator mental Conhecedor que apreende, principalmente, um atributo específico de um objeto. Existem 51 fatores mentais específicos. Cada momento da mente é composto de uma mente primária e vários fatores mentais. Consultar *Como Entender a Mente*.

Fatores de composição O agregado fatores de composição é composto por todos os fatores mentais, exceto a sensação e a discriminação, assim como fenômenos compostos não-associados. Consultar *Novo Coração de Sabedoria* e *Como Entender a Mente*.

Fé Mente naturalmente virtuosa, que atua principalmente para se opor à percepção de falhas no seu objeto observado. Existem três tipos de fé: fé de acreditar, fé de admirar e fé de almejar. Consultar *Budismo Moderno*, *Como Transformar a sua Vida* e *Como Entender a Mente*.

O ESPELHO DO DHARMA, COM ADIÇÕES

Felicidade Há dois tipos de felicidade: mundana e supramundana. Felicidade mundana é a felicidade limitada que pode ser encontrada no samsara, como a felicidade dos seres humanos e deuses. Felicidade supramundana é a felicidade pura da libertação e da iluminação.

Ganden *Tushita*, em sânscrito, e *Terra Alegre*, em português. A Terra Pura de Buda Maitreya. Tanto Je Tsongkhapa como Atisha foram para essa Terra Pura após terem falecido. Ganden é, também, o nome de um monastério no Tibete, fundado por Je Tsongkhapa, e o nome da doutrina especial revelada por Je Tsongkhapa. Consultar *Joia-Coração*.

Geshe Título concedido pelos monastérios kadampa para eruditos budistas realizados. *Geshe* é uma abreviação de *"ge wai she nyen"*, que, em tibetano, significa literalmente "amigo virtuoso".

Guia para o Caminho do Meio Texto budista mahayana clássico escrito pelo grande iogue e erudito Chandrakirti e que proporciona uma ampla explicação da visão Madhyamika-Prasangika sobre a vacuidade como foi ensinada nos *Sutras Perfeição de Sabedoria*. Para um comentário completo sobre esse texto, consultar *Oceano de Néctar*.

Gungtang Gungtang Konchog Tenpai Dronme (1762–1823), erudito e meditador *gelug*, famoso por seus poemas espirituais e escritos filosóficos.

Guru-raiz O Guia Espiritual principal de quem recebemos as iniciações, instruções e transmissões orais da nossa prática principal. Consultar *Grande Tesouro de Mérito*, *Caminho Alegre da Boa Fortuna* e *Joia-Coração*.

Gyalwa Ensapa (1505–1566) Grande iogue e Guru-linhagem do Mahamudra que alcançou a iluminação em três anos. Consultar *Grande Tesouro de Mérito*.

GLOSSÁRIO

Heróis e Heroínas Uma Heroína é uma Deidade tântrica feminina, a corporificação da sabedoria. Um Herói é uma Deidade tântrica masculina, a corporificação do método. Consultar *Novo Guia à Terra Dakini*.

Hinayana Palavra sânscrita para "Pequeno Veículo", ou "Veículo Menor". A meta hinayana é alcançar, meramente, a libertação do sofrimento para si próprio por meio de abandonar completamente as delusões. Consultar *Caminho Alegre da Boa Fortuna*.

Iniciação (*empowerment*, em inglês, que, numa tradução literal, significa "empoderamento", "autorização", "permissão"). Uma iniciação tântrica é a porta de ingresso através da qual entramos no Tantra – ela nos concede bênçãos especiais que curam nosso *continuum* mental e despertam nossa natureza búdica. Quando recebemos uma iniciação tântrica, estamos plantando as sementes especiais dos quatros corpos de um Buda em nosso *continuum* mental. Consultar *Mahamudra-Tantra* e *Solos e Caminhos Tântricos*.

Ioga Termo utilizado para várias práticas espirituais que requerem a manutenção de uma visão especial, como as práticas de Guru-Ioga e os iogas de comer, dormir, sonhar e acordar. "Ioga" refere-se também a "união", como a união do tranquilo-permanecer com a visão superior. Consultar *Novo Guia à Terra Dakini*.

Iogue/Ioguine Termos sânscritos normalmente utilizados para se referir a um meditador, masculino ou feminino, que alcançou a união do tranquilo-permanecer com a visão superior.

Je Phabongkhapa (1878–1941) Grande lama tibetano que foi uma emanação de Heruka. Je Phabongkha Rinpoche foi o detentor de muitas linhagens de Sutra e do Mantra Secreto. Ele foi o Guru--raiz de Vajradhara Trijang Rinpoche.

Joia-que-satisfaz-os-desejos Uma joia legendária que, assim como a lâmpada de Aladim, concede o que quer que se deseje.

Kadampa Termo tibetano, no qual "*Ka*" significa "palavra" e refere-se a todos os ensinamentos de Buda; "*dam*" refere-se às instruções especiais de Lamrim de Atisha, conhecidas como "as etapas do caminho para a iluminação"; e "*pa*" refere-se ao seguidor do Budismo Kadampa, que integra em sua prática de Lamrim todos os ensinamentos de Buda que ele conhece. Ver também Budismo Kadampa.

Lama Losang Tubwang Dorjechang Uma manifestação especial de Je Tsongkhapa revelada diretamente ao grande iogue Dharmavajra. Nessa manifestação, Je Tsongkhapa aparece como um monge plenamente ordenado, usando um chapéu de pândita de abas longas. No coração de Je Tsongkhapa, está Buda Shakyamuni, e no coração de Buda Shakyamuni encontra-se Conquistador Vajradhara. Na prática da *Oferenda ao Guia Espiritual*, visualizamos nosso Guia Espiritual nesse aspecto. O termo "Lama" indica que ele é o nosso Guia Espiritual, "Losang" indica que ele é Je Tsongkhapa (cujo nome de ordenação era Losang Dragpa), "Tubwang" indica que ele é Buda Shakyamuni, e "Dorjechang" indica que ele é Vajradhara. Esse aspecto do nosso Guia Espiritual é também conhecido como "Je Tsongkhapa, a Unificação de Três Seres Sagrados". Isso indica que, na realidade, nosso Guia Espiritual é a mesma natureza que Je Tsongkhapa, Buda Shakyamuni e Conquistador Vajradhara. Consultar *Grande Tesouro de Mérito*.

Lamrim Termo tibetano que significa, literalmente, "etapas do caminho". O Lamrim é uma organização especial de todos os ensinamentos de Buda, que é fácil de compreender e de colocar em prática. Ele revela todas as etapas do caminho para a iluminação. Para um comentário completo ao Lamrim, consultar *Caminho Alegre da Boa Fortuna* e *Novo Manual de Meditação*.

Mahamudra Termo sânscrito que significa, literalmente, "grande selo". De acordo com os Sutras, refere-se à visão profunda da vacuidade. Como a vacuidade é a natureza de todos os fenômenos,

GLOSSÁRIO

ela é chamada de "selo", e como uma realização direta da vacuidade permite-nos realizar o grande propósito – a libertação completa dos sofrimentos do samsara – ele também é chamado de "grande". De acordo com o Tantra, ou Vajrayana, "grande selo" é a união de grande êxtase espontâneo e vacuidade. Consultar *As Instruções Orais do Mahamudra, Mahamudra-Tantra, Grande Tesouro de Mérito* e *Clara-Luz de Êxtase*.

Mahayana Termo sânscrito para "Grande Veículo", o caminho espiritual para a grande iluminação. A meta mahayana é alcançar a Budeidade para o benefício de todos os seres sencientes, por meio de abandonar completamente as delusões e as suas marcas. Consultar *Caminho Alegre da Boa Fortuna* e *Contemplações Significativas*.

Mala Rosário utilizado para contar recitações de preces ou mantras, normalmente com cento e oito contas. Consultar *Novo Guia à Terra Dakini*.

Mandala de corpo A transformação, de qualquer parte do corpo de uma Deidade autogerada ou de uma Deidade gerada-em-frente, em uma Deidade. Consultar *Essência do Vajrayana, Novo Guia à Terra Dakini* e *Grande Tesouro de Mérito*.

Mantra Termo sânscrito que significa, literalmente, "proteção da mente". O mantra protege a mente contra aparências e concepções comuns. Existem quatro tipos de mantra: mantras que são mente, mantras que são vento interior, mantras que são som e mantras que são forma. Em geral, existem três tipos de recitação de mantra: recitação verbal, recitação mental e recitação vajra. Consultar *Budismo Moderno* e *Solos e Caminhos Tântricos*.

Marca Existem dois tipos de marca: marcas das ações e marcas das delusões. Cada ação que fazemos deixa uma marca na consciência mental, e essas marcas são potenciais cármicos para experienciar determinados efeitos no futuro. As marcas deixadas pelas delusões permanecem mesmo depois das próprias delusões terem sido abandonadas, do mesmo modo que o cheiro de alho permanece num recipiente depois do alho ter sido removido. As marcas das delusões são obstruções à onisciência e são totalmente abandonadas apenas pelos Budas.

Mente primária Conhecedor que apreende, principalmente, a mera entidade de um objeto. Sinônimo de *consciência*. Existem seis mentes primárias: consciência visual, consciência auditiva, consciência olfativa, consciência gustativa, consciência corporal, ou tátil, e consciência mental. Cada momento da mente é composto de uma mente primária e vários fatores mentais. Uma mente primária e seus fatores mentais acompanhantes são a mesma entidade, mas têm funções diferentes. Consultar *Como Entender a Mente*.

Mérito Boa fortuna criada pelas ações virtuosas. O mérito é o poder potencial para aumentar nossas boas qualidades e produzir felicidade.

Migtsema Uma prece especial de louvor e pedidos a Je Tsongkhapa escrita por Manjushri na *Escritura Emanação Ganden*. Essa prece aparece em várias formas, tais como as versões em nove versos e em cinco versos. Essa prece é muito abençoada, e aqueles que a recitam com fé são capazes de alcançar grandes resultados. Consultar *Joia-Coração*.

Milarepa (1040–1123) Um grande meditador budista tibetano e discípulo de Marpa, célebre por suas belas canções de realização.

Nagarjuna Grande erudito budista indiano e mestre de meditação que reviveu o Mahayana no primeiro século por trazer à luz os ensinamentos dos *Sutras Perfeição de Sabedoria*. Consultar *Oceano de Néctar*.

Não-virtude Fenômeno que funciona como uma causa principal de sofrimento. Pode se referir a mentes não-virtuosas, ações não-virtuosas, marcas não-virtuosas ou à não-virtude última – o samsara. Consultar *Como Entender a Mente*.

GLOSSÁRIO

Naropa (1016–1100) Mahasiddha indiano e Guru-linhagem na prática do Tantra Ioga Supremo de Vajrayogini. Consultar *Novo Guia à Terra Dakini*.

Natureza búdica A mente-raiz de um ser vivo e a natureza última dessa mente. "Natureza búdica", "semente búdica" e "linhagem búdica" são sinônimos. Todos os seres vivos possuem a natureza búdica e, portanto, o potencial para alcançar a Budeidade. Consultar *Mahamudra-Tantra*.

Nova Tradição Kadampa-União Budista Kadampa Internacional (NKT–IKBU) A união dos Centros Budistas Kadampas, uma associação internacional de centros de estudo e meditação, que seguem a pura tradição do Budismo Mahayana originada dos meditadores e eruditos budistas Atisha e Je Tsongkhapa e introduzida no Ocidente pelo professor budista Venerável Geshe Kelsang Gyatso Rinpoche.

Oferenda ao Guia Espiritual *Lama Chopa*, em tibetano. Um Guru--Ioga especial de Je Tsongkhapa, no qual nosso Guia Espiritual é visualizado no aspecto de Lama Losang Tubwang Dorjechang. A instrução para essa prática foi revelada por Buda Manjushri na *Escritura Emanação Kadam* e colocada por escrito pelo primeiro Panchen Lama (1569–1662). *Oferenda ao Guia Espiritual* é uma prática preliminar ao Mahamudra Vajrayana. Ver também Lama Losang Tubwang Dorjechang. Para um comentário completo a essa prática, consultar *Grande Tesouro de Mérito*.

Oferenda do mandala Oferenda do universo inteiro visualizado como uma Terra Pura, com todos os seus habitantes como seres puros. Consultar *Novo Guia à Terra Dakini* e *Grande Tesouro de Mérito*.

Oferenda tsog Oferenda feita por uma Assembleia de Heróis e Heroínas. Consultar *Essência do Vajrayana* e *Novo Guia à Terra Dakini*.

Percepção errônea Conhecedor que está equivocado em relação ao seu objeto conectado ou ao seu objeto apreendido. Consultar *Como Entender a Mente*.

Preguiça Fator mental deludido que, motivado por apego às atividades ou prazeres mundanos, tem aversão ou desinteresse por atividades virtuosas. Há três tipos de preguiça: preguiça que surge do apego por prazeres mundanos, preguiça que surge do apego por atividades distrativas, e preguiça que surge do desânimo. Consultar *Caminho Alegre da Boa Fortuna* e *Como Entender a Mente*.

Puja Cerimônia na qual são feitas, diante de seres sagrados, oferendas e outros atos de devoção.

Raiva Fator mental deludido que observa seu objeto contaminado, exagera suas más qualidades, considera-o indesejável ou desagradável e deseja prejudicá-lo. Consultar *Como Entender a Mente* e *Como Solucionar Nossos Problemas Humanos*.

Reino do desejo O ambiente dos seres-do-inferno, espíritos famintos, animais, seres humanos, semideuses e dos deuses que desfrutam dos cinco objetos de desejo.

Sadhana Uma prece ritual que é um método especial para obter realizações espirituais, normalmente associada a uma Deidade tântrica.

Saraha Professor de Nagarjuna e um dos primeiros Mahasiddhas. Consultar *Essência do Vajrayana*.

Self Um *eu* designado, ou imputado, na dependência de qualquer um dos cinco agregados. *Pessoa, ser, self* e *eu* são sinônimos. Consultar *Como Entender a Mente*.

Semideus Um ser do reino dos semideuses, o segundo reino mais elevado dentre os seis reinos do samsara. Os semideuses são

GLOSSÁRIO

semelhantes aos deuses, mas os seus corpos, posses e ambientes são inferiores. Consultar *Caminho Alegre da Boa Fortuna*.

Sensação Fator mental que atua, ou funciona, para experienciar objetos agradáveis, desagradáveis ou neutros. Consultar *Como Entender a Mente*.

Ser superior *Arya*, em sânscrito. Ser que possui uma realização direta da vacuidade. Existem hinayanas superiores e mahayanas superiores.

Ser vivo Qualquer ser que possui uma mente que está contaminada pelas delusões ou pelas marcas das delusões. Tanto o termo "ser vivo" quanto "ser senciente" são utilizados para fazer a distinção entre os seres cujas mentes estão contaminadas por, pelo menos, uma dessas duas obstruções e os Budas, cujas mentes são completamente livres dessas obstruções.

Seres-do-inferno Seres do reino do inferno, o mais inferior dos seis reinos do samsara. Consultar *Caminho Alegre da Boa Fortuna*.

Sugata Termo sânscrito para Buda. Ele indica que os Budas alcançaram um estado de êxtase imaculado e indestrutível.

Sutra Ensinamentos de Buda que são abertos para a prática de todos, sem necessidade de uma iniciação. Os ensinamentos de Sutra incluem os ensinamentos de Buda dos três giros da Roda do Dharma. Consultar *Budismo Moderno*.

Sutra Coração Um dos diversos *Sutras Perfeição de Sabedoria* ensinados por Buda. Embora seja muito menor do que os demais *Sutras Perfeição de Sabedori*a, o *Sutra Coração* contém explícita ou implicitamente todo o seu significado. É também conhecido como *Sutra Essência da Sabedoria*. Para a leitura de sua tradução e comentário completo, consultar *Novo Coração de Sabedoria*.

Sutras Perfeição de Sabedoria Sutras do segundo giro da Roda do Dharma, na qual Buda revelou sua visão final sobre a natureza última de todos os fenômenos – a vacuidade de existência inerente. Consultar *Novo Coração de Sabedoria*.

Tantra Sinônimo de Mantra Secreto. Os ensinamentos tântricos diferem dos ensinamentos de Sutra por revelarem métodos para treinar a mente por meio de trazer o resultado futuro, ou Budeidade, para o caminho presente. Os praticantes tântricos superam as aparências e concepções comuns por meio de visualizar o seu corpo, ambiente, prazeres e ações como sendo os de um Buda. O Tantra é o caminho supremo para a plena iluminação. As práticas tântricas devem ser feitas reservadamente e apenas por aqueles que receberam uma iniciação tântrica. Consultar *Solos e Caminhos Tântricos* e *Mahamudra-Tantra*.

Tantra Ioga Supremo O supremo caminho rápido à iluminação. Os ensinamentos sobre o Tantra Ioga Supremo são a intenção última de Buda. Ver também Tantra. Consultar *Mahamudra-Tantra* e *Solos e Caminhos Tântricos*.

Terra Dakini A Terra Pura de Heruka e Vajrayogini. É chamada de "Keajra", em sânscrito, e "Dagpa Khacho", em tibetano. Consultar *Novo Guia à Terra Dakini*.

Terra Pura Ambiente puro onde não há verdadeiros sofrimentos. Existem muitas Terras Puras. Por exemplo: Tushita é a Terra Pura de Buda Maitreya; Sukhavati é a Terra Pura de Buda Amitabha; e a Terra Dakini, ou Keajra, é a Terra Pura de Buda Vajrayogini e Buda Heruka. Consultar *Viver Significativamente, Morrer com Alegria*.

Tranquilo-permanecer Concentração que possui o êxtase especial da maleabilidade física e mental, obtida na dependência da conclusão das nove permanências mentais. Consultar *Caminho Alegre da Boa Fortuna* e *Contemplações Significativas*.

Transferência de consciência *Powa*, em tibetano. Uma prática para transferir a consciência para uma Terra Pura no momento da morte. Consultar *Viver Significativamente, Morrer com Alegria*.

GLOSSÁRIO

Treino da mente Lojong, em tibetano. Uma linhagem especial de instruções que veio de Buda Shakyamuni e transmitida através de Manjushri e Shantideva até chegar a Atisha e aos geshes kadampas. O *treino da mente* enfatiza gerar a bodhichitta por meio das práticas de *equalizar eu com outros* e de *trocar eu por outros* em associação com a prática de tomar e dar. Consultar *Compaixão Universal* e *Novo Oito Passos para a Felicidade*.

Trijang Rinpoche, Vajradhara (1901–1981) Um lama tibetano especial que viveu no século XX e que era uma emanação de Buda Shakyamuni, Heruka, Atisha, Amitabha e Je Tsongkhapa. Também conhecido como "Kyabje Trijang Dorjechang" e "Losang Yeshe".

Vajradhara O fundador do Vajrayana, ou Tantra. Vajradhara é o mesmo *continuum* mental que Buda Shakyamuni, mostrando, porém, um aspecto diferente. Buda Shakyamuni aparece no aspecto de um Corpo-Emanação, ao passo que Conquistador Vajradhara aparece no aspecto de um Corpo-de-Deleite. Vajradhara também disse que, em tempos degenerados, apareceria numa forma comum como um Guia Espiritual. Consultar *Grande Tesouro de Mérito*.

Vajradharma A manifestação da fala de todos os Budas. Ele se parece com Conquistador Vajradhara, exceto pela cor do seu corpo, que é vermelho. Há três maneiras pelas quais podemos visualizá-lo: no seu aspecto exterior, como Herói Vajradharma; no seu aspecto interior, como Buda Vajradharma; ou no seu aspecto secreto, como Buda Vajradharma com consorte. Consultar *Novo Guia à Terra Dakini*.

Vajrasattva Buda Vajrasattva é o agregado consciência de todos os Budas aparecendo no aspecto de uma Deidade de cor branca, com a função específica de purificar a negatividade dos seres vivos. Ele é da mesma natureza que Buda Vajradhara, diferindo apenas no aspecto. A prática de meditação e recitação de Vajrasattva é um método muito poderoso para purificar nossa mente e ações impuras. Consultar *Novo Guia à Terra Dakini*.

Visão deludida Visão que funciona para obstruir a aquisição da iluminação. Consultar *Como Entender a Mente*.

Visão superior Uma sabedoria especial que vê ou percebe seu objeto claramente e que é mantida pelo tranquilo-permanecer e pela maleabilidade especial induzida por investigação. Consultar *Caminho Alegre da Boa Fortuna*.

Bibliografia

Venerável Geshe Kelsang Gyatso Rinpoche é um mestre de meditação e erudito altamente respeitado da tradição do Budismo Mahayana fundada por Je Tsongkhapa. Desde sua chegada ao Ocidente, em 1977, Venerável Geshe Kelsang Gyatso Rinpoche tem trabalhado incansavelmente para estabelecer o puro Budadharma no mundo inteiro. Durante esse tempo, deu extensos ensinamentos sobre as principais escrituras mahayana. Esses ensinamentos proporcionam uma apresentação completa das práticas essenciais de Sutra e de Tantra do Budismo Mahayana.

Consulte o *website* da Tharpa para conferir os títulos disponíveis em língua portuguesa.

Livros

Budismo Moderno *O caminho da compaixão e sabedoria.* (3ª edição, 2015)

Caminho Alegre da Boa Fortuna O completo caminho budista *à iluminação.* (4ª edição, 2010)

Clara-Luz de Êxtase Um manual de meditação tântrica. (2020)

Como Entender a Mente A natureza e o poder da mente. (edição revista pelo autor, 2014. Edição anterior, com o título *Entender a Mente*, 2002)

Como Solucionar Nossos Problemas Humanos As Quatro Nobres Verdades. (4ª edição, 2012)

Como Transformar a sua Vida Uma jornada de êxtase. (edição revista pelo autor, 2017. Edição anterior, com o título *Transforme sua Vida*, 2014)

Compaixão Universal Soluções inspiradoras para tempos difíceis. (3ª edição, 2007)

Contemplações Significativas Como se tornar um amigo do mundo. (2009)

O Espelho do Dharma, com Adições Como Encontrar o Verdadeiro Significado da Vida Humana. (2019. Edição anterior, com o título *O Espelho do Dharma*, 2018)

Essência do Vajrayana A prática do Tantra Ioga Supremo do mandala de corpo de Heruka. (2017)

Grande Tesouro de Mérito Como confiar num Guia Espiritual. (2013)

Guia do Estilo de Vida do Bodhisattva Como desfrutar uma vida de grande significado e altruísmo. Uma tradução da famosa obra-prima em versos de Shantideva. (2ª edição, 2009)

Introdução ao Budismo Uma explicação do estilo de vida budista. (6ª edição, 2012)

As Instruções Orais do Mahamudra A verdadeira essência dos ensinamentos, de Sutra e de Tantra, de Buda (2016)

Joia-Coração As práticas essenciais do Budismo Kadampa. (2ª edição, 2016)

Mahamudra-Tantra O supremo néctar da Joia-Coração. (2ª edição, 2014)

Novo Coração de Sabedoria Uma explicação do Sutra Coração. (edição revista pelo autor, 2013. Edição anterior, com o título *Coração de Sabedoria*, 2005)

Novo Guia à Terra Dakini A prática do Tantra Ioga Supremo de Buda Vajrayogini. (edição revista pelo autor, 2015. Edição anterior, com o título *Guia à Terra Dakini*, 2001)

Novo Manual de Meditação Meditações para tornar nossa vida feliz e significativa. (3ª edição, 2021)

Novo Oito Passos para a Felicidade O caminho budista da bondade amorosa. (edição revista pelo autor, 2017. Edições anteriores, como *Oito Passos para a Felicidade*: 2013 – também revista pelo autor – e 2007)

Oceano de Néctar A verdadeira natureza de todas as coisas. (2019)

BIBLIOGRAFIA

Solos e Caminhos Tântricos Como ingressar, progredir e concluir o Caminho Vajrayana. (2016)

Viver Significativamente, Morrer com Alegria A prática profunda da transferência de consciência. (2007)

O Voto Bodhisattva Um guia prático para ajudar os outros. (3ª edição, 2021)

Sadhanas e outros Livretos

Venerável Geshe Kelsang Gyatso Rinpoche também supervisionou a tradução de uma coleção essencial de sadhanas, ou livretos de oração, para aquisições espirituais. Consulte o *website* da Editora Tharpa para conferir os títulos disponíveis em língua portuguesa.

Caminho de Compaixão para quem Morreu Sadhana de Powa para o benefício dos que morreram.

Caminho de Êxtase A sadhana condensada de autogeração de Vajrayogini.

Caminho para o Paraíso, O A prática de transferência de consciência (Powa) de Arya Tara.

Caminho Rápido ao Grande Êxtase A sadhana extensa de autogeração de Vajrayogini.

Caminho para a Terra Pura Sadhana para o treino em Powa (a transferência de consciência).

As Centenas de Deidades da Terra Alegre de Acordo com o Tantra Ioga Supremo O Guru-Ioga de Je Tsongkhapa como uma Prática Preliminar ao Mahamudra.

Cerimônia de Powa Transferência de consciência de quem morreu.

Cerimônia de Refúgio Mahayana e Cerimônia do Voto Bodhisattva.

Cerimônia do Voto Pratimoksha de uma Pessoa Leiga.

A Confissão Bodhisattva das Quedas Morais A prática de purificação do Sutra Mahayana dos Três Montes Superiores.

Essência da Boa Fortuna Preces das seis práticas preparatórias para a meditação sobre as Etapas do Caminho para a iluminação.

Essência do Vajrayana Sadhana de autogeração do mandala de corpo de Heruka, de acordo com o sistema de mahasiddha Ghantapa.

O Estilo de Vida Kadampa As práticas essenciais do Lamrim Kadam.

Festa de Grande Êxtase Sadhana de autoiniciação de Vajrayogini.

Gota de Néctar Essencial Uma prática especial de jejum e de purificação em associação com Avalokiteshvara de Onze Faces.

Grande Libertação do Pai Preces preliminares para a meditação no Mahamudra em associação com a prática de Heruka.

Grande Libertação da Mãe Preces preliminares para a meditação no Mahamudra em associação com a prática de Vajrayogini.

A Grande Mãe Um método para superar impedimentos e obstáculos pela recitação do *Sutra Essência da Sabedoria* (o *Sutra Coração*).

O Ioga de Avalokiteshvara de Mil Braços Sadhana de autogeração.

O Ioga de Buda Amitayus Um método especial para aumentar tempo de vida, sabedoria e mérito.

O Ioga de Buda Heruka A sadhana essencial de autogeração do mandala de corpo de Heruka & Ioga Condensado em Seis Sessões.

O Ioga de Buda Maitreya Sadhana de autogeração.

O Ioga de Buda Vajrapani Sadhana de autogeração.

Ioga da Dakini A sadhana mediana de autogeração de Vajrayogini.

O Ioga da Grande Mãe Prajnaparamita Sadhana de autogeração.

O Ioga Incomum da Inconceptibilidade A instrução especial sobre como alcançar a Terra Pura de Keajra com este corpo humano.

O Ioga da Mãe Iluminada Arya Tara Sadhana de autogeração.

O Ioga de Tara Branca, Buda de Longa Vida.

Joia-Coração O Guru-Ioga de Je Tsongkhapa, associado à sadhana condensada de seu Protetor do Dharma.

Joia-que-Satisfaz-os-Desejos O Guru-Ioga de Je Tsongkhapa, associado à sadhana de seu Protetor do Dharma.

Libertação da Dor Preces e pedidos às 21 Taras.

Manual para a Prática Diária dos Votos Bodhisattva e Tântricos.

Meditação e Recitação de Vajrasattva Solitário.

Melodioso Tambor Vitorioso em Todas as Direções O ritual extenso de cumprimento e de renovação de compromissos com o Protetor do Dharma, o grande rei Dorje Shugden, juntamente

BIBLIOGRAFIA

com Mahakala, Kalarupa, Kalindewi e outros Protetores do Dharma.

Nova Essência do Vajrayana A prática de autogeração do mandala de corpo de Heruka, uma instrução da Linhagem Oral Ganden.

Oferenda ao Guia Espiritual (Lama Chöpa) Uma maneira especial de confiar no nosso Guia Espiritual.

Oferenda Ardente do Mandala de Corpo de Heruka.

Oferenda Ardente de Vajrayogini.

Paraíso de Keajra O comentário essencial à prática do Ioga Incomum da Inconceptibilidade.

Pedido ao Sagrado Guia Espiritual Venerável Geshe Kelsang Gyatso, de seus Fiéis Discípulos.

Pedidos ao Senhor de Todas as Linhagens.

Prática Condensada de Buda Amitayus para Longa Vida.

Prece do Buda da Medicina Um método para beneficiar os outros.

Prece Libertadora. Louvor a Buda Shakyamuni.

Preces para Meditação Preces preparatórias breves para meditação.

Preces pela Paz Mundial.

Preces Sinceras Preces para o rito funeral em cremações ou enterros.

Sadhana de Avalokiteshvara Preces e pedidos ao Buda da Compaixão.

Sadhana do Buda da Medicina Um método para obter as aquisições do Buda da Medicina.

O Tantra-Raiz de Heruka e Vajrayogini Capítulos Um e Cinquenta e Um do Tantra-Raiz Condensado de Heruka.

O Texto-Raiz: As Oito Estrofes do Treino da Mente

Tesouro de Sabedoria A sadhana do Venerável Manjushri.

União do Não-Mais-Aprender Sadhana de autoiniciação do mandala de corpo de Heruka.

Vida Pura A prática de tomar e manter os Oito Preceitos Mahayana.

Os Votos e Compromissos do Budismo Kadampa.

Os livros e sadhanas de Venerável Geshe Kelsang Gyatso Rinpoche podem ser adquiridos nos Centros Budistas Kadampa e Centros de Meditação Kadampa e suas filiais. Você também pode adquiri-los diretamente pelo *site* da Editora Tharpa (ver próxima página).

Editora Tharpa (Brasil)
Rua Artur de Azevedo, 1360
Pinheiros
05404-003 São Paulo – SP
Tel: (11) 989595303
Web: www.tharpa.com/br
E-mail: contato.br@tharpa.com

Editora Tharpa (Portugal)
Rua Moinho do Gato, 5
2710-661 – Sintra, Portugal
Tel: 219 231 064
Web: www.tharpa.pt
E-mail: info@tharpa.pt

Programas de Estudo do Budismo Kadampa

O Budismo Kadampa é uma escola do Budismo Mahayana fundada pelo grande mestre budista indiano Atisha (982–1054). Seus seguidores são conhecidos como "Kadampas": "Ka" significa "palavra" e refere-se aos ensinamentos de Buda, e "dam" refere-se às instruções especiais de Lamrim ensinadas por Atisha, conhecidas como "as etapas do caminho para a iluminação". Através de integrar o conhecimento de todos os ensinamentos de Buda com a prática de Lamrim, e de incorporar isso em suas vidas diárias, os budistas kadampas são incentivados a usar os ensinamentos de Buda como métodos práticos para transformar atividades diárias em caminho para a iluminação. Os grandes professores kadampas são famosos não apenas por serem grandes eruditos, mas também por serem praticantes espirituais de imensa pureza e sinceridade.

A linhagem desses ensinamentos, tanto sua transmissão oral como suas bênçãos, foi transmitida de professor a discípulo e se expandiu por grande parte da Ásia e, agora, por muitos países do mundo. Os ensinamentos de Buda, conhecidos como "Dharma", são comparados a uma roda que se desloca de um país a outro de acordo com a mudança das condições e tendências cármicas de seus habitantes. As formas externas de se apresentar o Budismo podem mudar à medida que ele entra em contato com diferentes culturas e sociedades, mas sua autenticidade essencial é assegurada pela continuidade de uma linhagem ininterrupta de praticantes realizados.

O Budismo Kadampa foi apresentado pela primeira vez ao mundo moderno em 1977 pelo renomado mestre budista Venerável Geshe Kelsang Gyatso Rinpoche. Desde então, ele tem trabalhado incansavelmente para difundir o Budismo Kadampa por todo o mundo, dando extensos ensinamentos, escrevendo textos profundos sobre o Budismo Kadampa e fundando a Nova Tradição Kadampa-União Budista Kadampa Internacional (NKT–IKBU), que hoje congrega mais de 1.200 Centros Budistas Kadampa em todo o mundo. Cada um desses centros oferece programas de estudo sobre *psicologia, filosofia* e *instruções sobre meditação* budistas, bem como retiros para todos os níveis de praticantes. A ênfase está na integração dos ensinamentos de Buda na vida diária para solucionar nossos problemas humanos e difundir paz e felicidade duradouras por todo o mundo.

O Budismo Kadampa da NKT–IKBU é uma tradição budista totalmente independente e sem filiações políticas. É uma associação de centros budistas e de praticantes que se inspiram e se orientam a partir do exemplo e ensinamentos dos mestres kadampa do passado, conforme apresentados por Venerável Geshe Kelsang Gyatso Rinpoche.

Existem três razões pelas quais precisamos estudar e praticar os ensinamentos de Buda: para desenvolver nossa sabedoria, cultivar um bom coração e manter um estado mental pacífico. Se não nos empenharmos em desenvolver nossa sabedoria, sempre permaneceremos ignorantes da verdade última – a verdadeira natureza da realidade. Embora desejemos felicidade, nossa ignorância nos leva a cometer ações não-virtuosas, que são a causa principal de todo o nosso sofrimento. Se não cultivarmos um bom coração, nossa motivação egoísta destruirá a harmonia e as boas relações que temos com os outros. Não teremos paz nem chance de obter felicidade pura. Sem paz interior, a paz exterior é impossível. Se não mantivermos um estado mental pacífico, não seremos felizes, mesmo que tenhamos condições ideais. Por outro lado, quando nossa mente está pacífica, somos felizes, ainda que as condições exteriores sejam desagradáveis. Portanto, o desenvolvimento dessas qualidades é da maior importância para nossa felicidade diária.

Venerável Geshe Kelsang – ou "Geshe-la", como é afetuosamente chamado por seus alunos – organizou três programas espirituais especiais para o estudo e a prática sistemáticos do Budismo Kadampa. Esses programas são especialmente adequados para o mundo moderno: o Programa Geral (PG), o Programa Fundamental (PF) e o Programa de Formação de Professores (PFP).

PROGRAMA GERAL

O Programa Geral (PG) oferece uma introdução básica à visão, meditação e prática budistas que é ideal para iniciantes. Também inclui ensinamentos e práticas avançadas, tanto de Sutra como de Tantra.

PROGRAMA FUNDAMENTAL

O Programa Fundamental (PF) oferece uma oportunidade de aprofundar nossa compreensão e experiência do Budismo por meio do estudo sistemático de seis textos:

1. *Caminho Alegre da Boa Fortuna* – um comentário às instruções de Lamrim, as Etapas do Caminho para a iluminação, de Atisha.
2. *Compaixão Universal* – um comentário ao *Treino da Mente em Sete Pontos*, do Bodhisattva Chekhawa.
3. *Novo Oito Passos para a Felicidade* – um comentário às *Oito Estrofes do Treino da Mente*, do Bodhisattva Langri Tangpa.
4. *Novo Coração de Sabedoria* – um comentário ao *Sutra Coração*.
5. *Contemplações Significativas* – um comentário ao *Guia do Estilo de Vida do Bodhisattva*, do Bodhisattva Shantideva.

6. *Como Entender a Mente* – uma explicação detalhada da mente, com base nos trabalhos dos eruditos budistas Dharmakirti e Dignaga.

Os benefícios de estudar e praticar esses textos são:

(1) *Caminho Alegre da Boa Fortuna* – obtemos a habilidade de colocar em prática todos os ensinamentos de Buda, tanto de Sutra como de Tantra. Podemos facilmente fazer progressos e concluir as etapas do caminho para a felicidade suprema da iluminação. Do ponto de vista prático, o Lamrim é o corpo principal dos ensinamentos de Buda, e todos os demais ensinamentos são como seus membros.

(2) *Compaixão Universal* e (3) *Novo Oito Passos para a Felicidade* – obtemos a habilidade de integrar os ensinamentos de Buda em nossa vida diária e de solucionar todos os nossos problemas humanos.

(4) *Novo Coração de Sabedoria* – obtemos a realização da natureza última da realidade. Por meio dessa realização, podemos eliminar a ignorância do agarramento ao em-si, que é a raiz de todo o nosso sofrimento.

(5) *Contemplações Significativas* – transformamos nossas atividades diárias no estilo de vida de um Bodhisattva e, desse modo, tornando significativo cada momento da nossa vida humana.

(6) *Como Entender a Mente* – compreendemos a relação entre nossa mente e seus objetos exteriores. Se entendermos que os objetos dependem da mente subjetiva, poderemos mudar a maneira como esses objetos nos aparecem, por meio de mudar nossa própria mente. Gradualmente, vamos adquirir a habilidade de controlar nossa mente e, desse modo, solucionar todos os nossos problemas.

PROGRAMA DE FORMAÇÃO DE PROFESSORES

O Programa de Formação de Professores (PFP) foi concebido para as pessoas que desejam treinar para se tornarem autênticos professores de Dharma. Além de concluir o estudo de quatorze textos de Sutra e de Tantra (e que incluem os seis textos citados acima), o aluno deve observar certos compromissos que dizem respeito ao seu comportamento e estilo de vida e concluir um determinado número de retiros de meditação.

Um Programa Especial de Formação de Professores é também mantido pelo *Manjushri Kadampa Meditation Centre*, Ulverston, Inglaterra, e pode ser realizado tanto presencialmente como por correspondência. Esse programa especial de estudo e meditação consiste em doze cursos fundamentados nos seguintes livros do Venerável Geshe Kelsang Gyatso Rinpoche: *Como Entender a Mente*; *Budismo Moderno*; *Novo Coração de Sabedoria*; *Solos e Caminhos Tântricos*; *Guia do Estilo de Vida do Bodhisattva*, de Shantideva, e seu comentário – *Contemplações Significativas*; *Oceano de Néctar*; *Novo Guia à Terra Dakini*; *As Instruções Orais do Mahamudra*; *Novo Oito Passos para a Felicidade*; *O Espelho do Dharma com Adições*; *Essência do Vajrayana*; e *Caminho Alegre da Boa Fortuna*.

Todos os Centros Budistas Kadampa são abertos ao público. Anualmente, celebramos festivais em muitos países ao redor do mundo, incluindo dois festivais na Inglaterra, nos quais pessoas do mundo inteiro reúnem-se para receber iniciações e ensinamentos especiais e desfrutar de férias espirituais. Por favor, sinta-se à vontade para nos visitar a qualquer momento!

Para mais informações sobre os programas
de estudo da NKT –IKBU ou para encontrar
o Centro Budista mais próximo de você,
por favor, acesse www.kadampa.org
ou entre em contato com:

NO BRASIL:

Centro de Meditação Kadampa Brasil
www.budismokadampa.org.br

Centro de Meditação Kadampa Mahabodhi
www.meditadoresurbanos.org.br

Centro de Meditação Kadampa Rio de Janeiro
www.meditario.org.br

Centro de Meditação Kadampa Campinas
www.budismocampinas.org.br

EM PORTUGAL:

Centro de Meditação Kadampa Deuachen
www.kadampa.pt

Escritórios da Editora Tharpa no Mundo

Atualmente, os livros da Tharpa são publicados em inglês (americano e britânico), alemão, chinês, espanhol, francês, italiano, japonês e português (do Brasil e de Portugal). Os livros na maioria desses idiomas estão disponíveis em qualquer um dos escritórios da Editora Tharpa listados a seguir.

Tharpa UK
Conishead Priory
Ulverston
Cumbria, LA12 9QQ, Reino Unido
Tel: +44 (0)1229-588599
Web: www.tharpa.com/uk
E-mail: info.uk@tharpa.com

Tharpa Estados Unidos
47 Sweeney Road
Glen Spey NY 12737, EUA
Tel: +1 845-856-5102
Web: www.tharpa.com/us
E-mail: info.us@tharpa.com

Tharpa África do Sul
26 Menston Road, Westville
Durban, 2629, KZN
Rep. da Àfrica do Sul
Tel: +27 (0) 31 266 0096
Web: www.tharpa.com/za
E-mail: info.za@tharpa.com

Tharpa Alemanha
Chausseestraße 108,
10115 Berlim, Alemanha
Tel: +49 (030) 430 55 666
Web: www.tharpa.com/de
E-mail: info.de@tharpa.com

Tharpa Ásia
1st Floor Causeway Tower,
16-22 Causeway Road,
Causeway Bay,
Hong Kong
Tel: +(852) 2507 2237
Web: tharpa.com/hk-en
E-mail: info.asia@tharpa.com

Tharpa Austrália
25 McCarthy Road
Monbulk, VIC 3793
Austrália
Tel: +61 (3) 9756-7203
Web: www.tharpa.com/au
E-mail: info.au@tharpa.com

Tharpa Brasil

Rua Artur de Azevedo, 1360,
Pinheiros, 05404-003
São Paulo – SP
Brasil
Tel: +55 (11) 989595303
Web: www.tharpa.com/br
E-mail: contato.br@tharpa.com

Tharpa Canadá (em inglês)

631 Crawford Street
Toronto ON, M6G 3K1
Canadá
Tel: (+1) 416-762-8710
Web: www.tharpa.com/ca
E-mail: info.ca@tharpa.com

Tharpa Canadá (em francês)

835 Laurier est Montréal,
QC,H2J 1G2, CANADÁ
Tel: (+1) 514-521-1313
Web: tharpa.com/ca-fr/
E-mail: info.ca-fr@tharpa.com

Tharpa Chile

Av. Seminario 589, Providencia,
Santiago, Chile
Tél: +56 (9) 91297091
Web: tharpa.com/cl
Email: info.cl@tharpa.com

Tharpa Espanha

Calle La Fábrica 8, 28221
Majadahonda, Madrid
Espanha
Tel.: +34 911 124 914
Web: www.tharpa.com/es
E-mail: info.es@tharpa.com

Tharpa França

Château de Segrais
72220 Saint-Mars-D'outillé,
França
Tél: +33 (0)2 52 36 03 89
Web: tharpa.com/fr
E-mail: info.fr@tharpa.com

Tharpa Japão

KMC Tokyo, Tokyo,
2F Vogue Daikanyama II,
13-4 Daikanyama-cho,
Shibuya-ku, Tóquio,
150-0034, Japão
Web: kadampa.jp
E-mail: info@kadampa.jp

Tharpa México

Enrique Rébsamen nº 406,
Col. Narvate Poniente
Cidade de México,
CDMX, C.P. 03020, México,
Tel: +52 (55) 56 39 61 80
Web: www.tharpa.com/mx
Email: info.mx@tharpa.com

Tharpa Nova Zelândia

2 Stokes Road, Mount Eden,
Auckland 1024, Nova Zelândia
Tel: +64 09 631 5400
Web: tharpa.com/nz
E-mail: info.nz@tharpa.com

Tharpa Portugal

Rua Moinho do Gato, 5
Várzea de Sintra
Sintra, 2710-661 – Portugal
Tel.: +351 219 231 064
Web: tharpa.pt
E-mail: info@tharpa.pt

Tharpa Suécia

c/o KMC Stockholm,
Upplandsgatan 18, 113 60
Estocolmo, Suécia
Tel: +46 (0) 72 251 4090
Email: info.se@tharpa.com

Tharpa Suiça

Mirabellenstrasse 1 CH-8048
Zurique, Suiça
Tel: +41 44 461 36 88
Web: tharpa.com/ch
E-mail: info.ch@tharpa.com

Índice Remissivo

a letra "g" indica entrada para o glossário

A

Ações. *Ver também* carma
  importância das ações mentais
    77
Ações inadequadas, dez 77
Ações não-virtuosas 69, 75,
  76–77, 97, 109
  purificar 77, 78
Ações negativas. *Ver* ações não-
  -virtuosas
Ações virtuosas 75, 76–77, 78
  acumular 78
  contaminadas 8
  exemplos 77
Agarramento ao em-si. *Ver*
    também ignorância 29,
    84, 96–98
  cessação do 165
  como "origem" 96–97
  definição 22
  função 22
Amitabha g, 134
Amor apreciativo 21, 35
Analogias
  árvore venenosa 97

cortar uma árvore 101
inverno 84
montar um cavalo 77
pássaro abatido no céu 85
pássaro deixando o ninho 7,
  66
plantar sementes num campo
  76, 144
preso num incêndio 95
solo vasto 99
tartaruga cega 62
Animal, animais 7–8, 63, 71, 72,
  100, 103
causa de renascimento 69
sofrimento 81, 109
  causa dos 94
Aparência dual 51
Aparência e concepção comuns
  g, 25, 49, 52
Aparência equivocada g, 25, 101,
  111, 118, 165
cessação 30
cessação da aparência equivocada
  sutil 166

impedir aparência equivocada sutil 165
Aparência e vacuidade 30
Aparência e vacuidade não--duais 30, 195
significado 30
Apego g, 21, 68
Apreciar todos os seres vivos 108
meditação propriamente dita 107
meditar em 105–108
objeto de meditação 107
prática durante o intervalo entre as meditações 108
propósito de meditar em 105–107
Aquisições, cinco g, 171
Aryadeva g, 28
Atisha g, 13
Ausência do em-si de pessoas e dos fenômenos. *Ver também* vacuidade 5–6
propósito de Buda ao explicá--la 6
Autoapreço 107
Avalokiteshvara 51, 134
benefícios de praticar essa sadhana 43
considerações essenciais à sadhana 43–53
imagem geral 46
prática principal da sadhana 43, 47
quem é 43
visualização 46

B

Base de designação, mudar a 25
Bênçãos. *Ver também* Buda, receber bênçãos de g, 50, 59, 111, 144
da transmissão 10
Bodhichitta 19, 51, 52, 121
caminho da bodhichitta 113
cinco etapas de contemplação e meditação 21–23
gerar a bodhichitta 20–23, 45–46, 108
meditação propriamente dita 113
meditar na bodhichitta 110–113
objeto de meditação 112
o que é 45, 110
prática durante o intervalo entre as meditações 113
propósito de meditar na bodhichitta 110–112
qualidades 19, 112
vacuidade não é contraditória com a bodhichitta 24
Bodhisattva g, 110
caminho do 113
cinco caminhos 111
superior 116
Buda. *Ver também* ser iluminado 25, 45, 51, 63
causa de alcançar o corpo sagrado de 163
causa de alcançar a mente sagrada de 163

citações de 21, 51, 79, 96, 99, 102, 111, 165
compaixão de Buda 51
emanações de Buda 11, 50, 111, 121
etimologia 73
exemplo de Buda, seguir o 103
fala de Buda 169
função de Buda 73
intenção última de Buda 30, 121
qualidades 122
receber bênçãos de 31, 73, 74–75, 121
receber bênçãos de Buda através do Guia Espiritual 31, 59, 121, 121–122
sabedoria onisciente de 117
ver imagens de Buda 9
visão última de Buda 27
Buda da Sabedoria. *Ver* Je Tsongkhapa; Manjushri
Buda Shakyamuni g, 13
Budadharma. *Ver também* Dharma 4, 123
encontrar o Budadharma 63
Budismo. *Ver também* ensinamentos de Buda 5
fundador do 13
ingressar 45, 63, 72
Budismo Kadampa g, 289–291
Budismo Moderno 19, 21, 26, 59, 116
Buscar refúgio 45

C

Caçador, história do 69
Caminho 19
abrir a porta ao caminho espiritual 65
comum 168, 175
da Acumulação 111, 116, 117
incomum 175
interior 99
da Meditação 111, 116, 117
do Não-Mais-Aprender 111, 117
da Preparação 111, 116, 117
da Visão 111, 116, 117
Caminho Alegre da Boa Fortuna 23, 47, 59, 75, 145
Caminho de Êxtase 153–161
Caminho espiritual 19, 43, 103
treinar 164
Caminho Rápido ao Grande Êxtase 168, 171
Caminhos
comuns 175
incomuns 175
Canal central g, 164, 165
Carma. *Ver também* ações; ações não-virtuosas; ações virtuosas 8, 21, 58, 70–71, 100
história de Shri Datta 8–9
meditação propriamente dita 78
meditar no carma 75–78
objeto de meditação 78
propósito de meditar no 75–77
purificar negatividades 144
significado 75

Centenas de Deidades da Terra Alegre de Acordo com o Tantra Ioga Supremo, As g, 31, 47, 59, 247–263
Cérebro
  não é a mente 66
Cessação, significado 102
Chandrakirti g, 6
"*Chod*" ou prática "cortante" g, 169
Clara-luz g, 164–165
  divisões 165
  de êxtase 171
  da morte 185, 186
  treinar 163
  três tipos 164
Clara-luz-significativa g, 164, 171
Coisas, como elas existem 7, 26, 100
Coisas que normalmente vemos. *Ver* fenômenos que normalmente vemos
Coleção de mérito g
Coleção de sabedoria g
Como Entender a Mente 58
Compaixão 21, 22, 35
  desenvolver compaixão 109
  universal 105
    meditação propriamente dita 110
    meditar em 108–110
    objeto de meditação 109
    prática durante o intervalo entre as meditações 110
    propósito de meditar em 108–109
    vacuidade não é contraditória com 24–25, 101

Compaixão universal
  definição 108
  meditação propriamente dita 110
  meditar em 108–110
  objeto de meditação 109
  prática durante o intervalo entre as meditações 110
  propósito de meditar em 108–109
Concentração
  é diferente de meditação 58
  importância 99
  natureza 99
  prática da 116
  superior 99–100
Consciência 26
Considerações Essenciais à *Sadhana de Avalokiteshvara* 43–53
Considerações Essenciais sobre *Os Três Aspectos Principais do Caminho para a Iluminação* 13–32
  explicação propriamente dita 16–32
Contemplação
  como treinar 10–11
  propóstio de treinar 10–11
Corpo
  aparência equivocada 27
  natureza verdadeira 27
  vacuidade 27
Corpo-de-Deleite 170, 196
Corpo-Emanação g, 170, 196
  e emanações 196
Corpo-Forma g, 115, 196

ÍNDICE REMISSIVO

Corpo-ilusório g
  treinar 163
Corpo-Verdade g, 115, 170, 196
Corpos de Buda g

D

Dar, generosidade
  cinco tipos 115
  prática de 115
Dedicatória g, 52–53, 123
Delusões g, 66, 96–97, 109
  veneno interior 94
Demônio 96
Depender/dependência de um
  mero nome 30, 31
Determinação de alcançar as
  verdadeiras cessações
  meditação propriamente dita
  104
  meditação sobre a 102–104
  objeto de meditação 104
  prática durante o intervalo
    entre as meditações 104
  propósito de meditar na 102–104
Determinação de nos empenharmos no caminho efetivo à
  libertação, os três treinos
  superiores 102
  meditação sobre a 98–102
  objeto de meditação 101
  propósito de meditar na 98–101
Determinação de reconhecer,
  reduzir e abandonar a
  nossa ignorância do agarramento ao em-si 96
  meditação propriamente dita
  98

meditação sobre a 96–98
objeto de meditação 98
prática durante o intervalo
  entre as meditações 98
propósito de meditar na
  96–97
Deus, deuses g, 7, 109
  sofrimento dos deuses do reino
  do desejo 82
Dez direções g
Dharma. *Ver também*
  ensinamentos de Buda
  10, 45, 64, 73
colocar em prática 10, 74–75
dar Dharma 115
determinação de praticar 64
efetividade da prática 60, 67
falta de interesse em praticar 65
fé no Dharma 10
importância de memorizar
  59–60
não há prática maior de Dharma
  do que (…) 59
obstáculo principal para praticar
  65, 67, 68, 100
realizações 10
Dharma Kadam. *Ver também*
  Lamrim 63
como alcançar realizações do 59
Dharmavajra g
Disciplina moral g, 99
  prática da 115
  superior 99
Discriminação g, 26
Distrações g, 153
  densas e sutis 100
  livrar-se das 35

Doença 102
sofrimento da 73, 84–86

E

Emanações
e Corpo-Emanação 196
Ensinamentos de Buda 64
causa de felicidade verdadeira 4
clarificação feita por Je Tsongkhapa 15
método para alcançar a libertação 10
método para encontrar o verdadeiro significado da vida humana 10
por que precisamos de praticar 3
Envelhecimento 102
sofrimento do 73, 86–89
Escritura Emanação Ganden g, 15, 31, 43
Esforço 10
prática de 115
Estado intermediário g, 7
Estágio de conclusão g, 122, 210
Estágio de geração g, 122, 210
Etapas do caminho 210
à iluminação. *Ver também* Lamrim 57, 64, 289
à libertação 99
Existência inerente
não-existência da 24
Êxtase 165
duas características do grande êxtase 165
Extremo da não-existência 128

Extremo e visão extrema
diferença 32
Extremos da existência e da não-existência 32
negação 32

F

Fantasmas famintos g, 7, 63, 71, 72
causa de renascer como 69
sofrimentos dos 82, 109
causa dos 95
Fator mental g, 58
Fatores de composição g, 26
Fé g, 10, 154
de acreditar 176
de admirar 176
de almejar 176
no Guia Espiritual 10, 122
três tipos 122
Felicidade g
causa da felicidade 4, 17, 75, 76, 77
depende de uma mente pacífica 4, 58
fonte de toda felicidade 105, 123
dos outros é mais importante do que a nossa 107
verdadeira 111–112
Fenômenos não são nada além do que a sua vacuidade 51
Fenômenos que normalmente vemos
mera ausência 119, 171
não existência 24, 26, 101
Flor de lótus 134

Forma 26

a mente é um *continuum* sem forma 66

G

Ganden g, 13
Geshe g
Gonpo Dorje 81
Grande Tesouro de Mérito 23
Guhyasamaja 174
Guia para o Caminho do Meio g, 6
Guia Espiritual. *Ver também* Guru 45, 48, 114, 134, 247
confiar 210, 247
emanação de Buda 121, 210
interior 100, 112
meditar em confiar no 121–122
meditação propriamente dita 122
objeto de meditação 121
prática durante o intervalo entre as meditações 122
propósito de 121
Gungtang g, 87, 206
Guru. *Ver também* Guia Espiritual 247
Guru-Deidade 25
Guru-Ioga. *Ver também* ioga do Guru 247
essência 210
Guru-raiz g
visualizar 35
Guru Sumati Buda Heruka 35, 70
Gyalwa Ensapa g, 15, 31

H

Heróis e Heroínas g, 168, 170
Heruka 25, 51, 154, 169, 174
bênçãos especiais em tempos degenerados 174
Corpo-de-Deleite 186, 196
Corpo-Emanação 187, 196
Corpo-Verdade 185–186, 196
emanações 175
vinte e quatro lugares sagrados 174
Hinayana g, 27
Histórias
do caçador 69
ladrão na caverna de Milarepa 112
do pescador no lago Yamdroktso 69
de Shri Datta 8–9

I

Ignorância. *Ver também* agarramento ao em-si 21, 22, 23, 26, 50, 66, 98, 107, 109
despertar do sono da 122
identificar-nos a nós mesmos equivocadamente 25
Iluminação 30, 45, 47, 52, 63, 102, 117
alcançá-la é simples 169
caminho para a 17, 63, 64
caminho efetivo à 113
caminho rápido à 30, 165
definição 17, 111
meta última da vida humana 121

O ESPELHO DO DHARMA, COM ADIÇÕES

metódo para alcançar a
iluminação 17
obstrução principal à 26, 51, 118
verdadeiro significado da vida
humana 62
Ilusões, ver as coisas como 121
Iniciação g, 170
quatro iniciações 169
Insatisfação 94
Inteligência mundana 100
Ioga g, 164
Ioga de acordar 167, 168
Ioga das ações diárias 171
Ioga da autogeração 170
Ioga de dormir 164, 166, 168
Ioga de experimentar néctar
167–168
Ioga do Guru 169
Ioga das incomensuráveis 169
Ioga da inconceptibilidade 171
Ioga de purificar os migrantes
170
Ioga da recitação verbal e mental
171
Ioga de ser abençoado por Heróis
e Heroínas 170
Iogue/Ioguine g

J

Je Pabongkhapa g, 163, 168, 171
Je Sherab Senge 31
Je Tsongkhapa 13–16, 31, 249
benefícios de confiar em 210
conselho do coração de 11, 23,
57
emanação do Buda da Sabedoria
Manjushri 210

Guru-Ioga de 31, 210
como prática preliminar do
Mahamudra 247–263
dois Gurus-Iogas principais 31
instruções especiais de 24
manifestação de todos os
Budas 15
poder das bênçãos e métodos
habilidosos 15
predição de Buda sobre 13
verdadeiro nome de 13
Joia Coração, Guru-Ioga da 59
Joia-que-satisfaz-os-desejos, real
g, 112

K

Kadampa g
Keajra 70

L

Ladrão na caverna de Milarepa,
história 112
Lama Losang Tubwang
Dorjechang g, 224
Lamrim. *Ver também* etapas do
caminho para a ilumina-
ção; Lamrim Kadam g,
9, 289
práticas condensadas do 59
Lamrim Kadam. *Ver também*
Lamrim 57
Liberdades e dotes 68, 103
Libertação 5, 8–10, 24, 52, 57,
64, 68, 72, 75, 98, 104, 134
alcançada apenas através de
praticar os ensinamentos
de Buda 9

ÍNDICE REMISSIVO

ingressar no caminho para a 96
obstrução principal à 26
por que precisamos de libertação
permanente 9–10, 72–73
porta fechada à 65
Linhagem Kadampa 13
Losang Dragpa 13

M

Mahamudra g
Mahayana g, 27
Maitreya 249
Mala g, 134
Mandala, oferenda de 135
Mandala de corpo g, 170
Manjushri 15, 31, 210
Mantra g
Marcas g, 76
Médicos 73
Meditação 77
em apreciar todos os seres
vivos 105–108
objeto 107
propósito 105–107
propriamente dita 107–108
na bodhichitta 110–113
objeto 112
propósito 110–112
propriamente dita 113
em buscar refúgio 71–75
objeto 74
propósito 71–74
propriamente dita 74–75
no carma 75–78
objeto 78
propósito 75–77
propriamente dita 78

em compaixão universal
108–110
objeto 109
propósito 108–109
propriamente dita 110
em confiar no Guia Espiritual
121–122
objeto 121
propósito 121
propriamente dita 122
conselho para obter realizações
59–60
definição 58
na determinação de alcançar
verdadeiras cessações
102–104
na determinação de nos
empenharmos no caminho
efetivo à libertação, os
três treinos superiores
98–102
na determinação de reconhecer,
reduzir e abandonar nossa
ignorância do agarramento
ao em-si 96–98
objeto 98
propósito 96–97
propriamente dita 98
diferente de concentração 58
divisão tripla 59
importância de encontrar o
objeto da 57
importância de treinar 58
importância de vir do coração
57
método para tornar a mente
pacífica 58, 77

O ESPELHO DO DHARMA, COM ADIÇÕES

objeto 104
propósito 102–104
propriamente dita 104
sobre a morte 65–68
objeto 67
propósito 65–67
propriamente dita 67–68
objeto 101
propósito 98–101
propriamente dita 102
objeto de meditação 57
no perigo de renascimento
inferior 68–71
objeto 69–70
propósito 68–69
propriamente dita 70–71
de uma pessoa de escopo
inicial 61–78
de uma pessoa de escopo
mediano 79–104
de uma pessoa de grande escopo
105–120
preces preparatórias para meditar
143–150
na preciosidade da nossa vida
humana
objeto 63–64
propósito 61–63
propriamente dita 64
em renúncia 79–95
objeto 95
propósito 79–94
propriamente dita 95–96
nas seis perfeições 113–118
objeto 117
propósito 113–117
propriamente dita 117–118

na vacuidade 118–121
objeto 119
propósito 118–119
propriamente dita 119
Memorização, importância da
59–60
Mendigos 90
Mente
como um campo 76
criadora do mundo 7
diferente do corpo 7, 66
funções 6–7
método para torná-la pacífica
58
muito sutil 164–165
natureza 5, 7, 66
purificar 144, 169
separação do corpo 66
sutil 76
transformar 35–41
Mente primária g, 58
Mérito. *Ver também* ações virtuosas
g, 59, 76, 113
coleção de 115, 118
Mero nome 26
coisas existem na dependência
do 28–29, 30, 31
ficar satisfeito com 26, 50
todos os fenômenos são meros
nomes 24–25, 50
Migtsema, prece, de nove versos
g, 15
Milarepa g, 81, 86, 112, 175
Monastério Ngam Ring 135
Morte 102
importância de meditar sobre
67

ÍNDICE REMISSIVO

meditação propriamente dita
67–68

meditação sobre a 65–68

objeto de meditação 67

o que ocorre no momento da
7, 76, 164

prática durante o intervalo
entre as meditações 68

propósito de meditar sobre a
65–67

realização sobre a 68

sofrimento da 65, 73, 89–90

N

Nagarjuna g, 25, 39

Não-virtude g, 76

Naropa g, 163

Nascimento, sofrimento do
83–84

Natureza búdica g, 47

Ngulchu Dharmabhabdra 206

Nirvana. *Ver também* libertação
8, 9, 25, 57, 68, 96, 101,
102, 104, 166

Nova Essência do Vajrayana
173–206

Nova Linhagem Kadampa 13

Nova Tradição Kadampa g, 290

Novo Guia à Terra Dakini 168,
171

Novo Manual de Meditação 145

O

Objeto não-virtuoso

o que determina um objeto ser
não-virtuoso 58

Objetos significativos 100

Objetos virtuosos 58

o que os determinam 58

Oferenda ao Guia Espiritual g, 31,
47, 59, 209

Oferenda do mandala g

Oferenda kusali tsog 169

Oferenda tsog g

Olho divino 100

OM MANI PÄME HUM

benefícios de recitar 52

significado 52

Ordenação 8–9

Origem, significado 96

P

Paciência 58

prática da 115

Pamtingpa 163

*Pedidos ao Senhor de Todas as
Linhagens* 35–41

memorizar 35

Pedir os cinco grandes propósitos
48

Percepção errônea g, 96

Percepção sensorial g

Pesadelos 77

Polícia 73

Potencial 8–9, 144

Prática dos sete membros 47

Prática subsequente, treinar 50

Práticas condensadas do
Lamrim 59

Prazeres mundanos 16, 65, 68, 93

Prece das Etapas do Caminho 59

Prece Libertadora 129–130

Prece *Migtsema*. *Ver* Migtsema,
prece, de nove versos

Prece de refúgio 45, 75
Preces para Meditação 59, 143–150
Preces preparatórias 59
Preciosa vida humana
  desperdício 81
  significado 68
Preciosidade da nossa vida
  humana
  meditação propriamente dita 64
  meditar na 61–63
  objeto de meditação 63–64
  prática durante o intervalo
    entre as meditações 64
  propósito de meditar na
    61–63
Precioso renascimento humano
  causa 69
Preguiça g, 68
  do apego 65, 66, 67
Problemas
  causa principal de todos os 94
  cessação permanente dos 103
  melhor solução para os 105
  solucionar todos os nossos
    problemas humanos 101
Problemas diários, solucionar 43
Puja g, 74
Purificar obstáculos, negatividades
  e ações não-virtuosas 59
Purificar e transformar as seis
  classes de seres vivos 43,
    46, 47, 48
  conclusão do nosso treino 52
  método rápido para concluir o
    treino de 51
  treino propriamente dito
    49–50

R

Raiva g, 21, 115
Realizações espirituais
  potencial para alcançar
    realizações espirituais 31
Recitação de mantra 52
Recitar preces 247
  por que memorizar preces 247
Reconhecer todos os seres vivos
  como nossas mães 21
Refúgio, buscar 45, 63, 69
  manter nossa promessa 75
  meditação propriamente dita
    74–75
  meditar em 71–75
  objeto de meditação 74
  por que precisamos de 73
  prática durante o intervalo
    entre as meditações 75
  propósito de meditar em
    71–74
  significado 72
Reino do desejo g
Relação-dependente 28, 31
  contemplação e meditação
    sobre 28–29
  sutil 31
Renascimento 102
  contaminado 109
  por que temos um
    renascimento específico 8
  sofrimento do 73
Renascimento inferior 17
  causa de um renascimento
    inferior 69, 76
  desenvolver medo por 19, 71

ÍNDICE REMISSIVO

meditação propriamente dita 70–71
meditação sobre 68–71
objeto de meditação 69–70
prática durante o intervalo entre as meditações 71
prevenir 77
propósito de meditar no 68–69
Renúncia 17–19, 79–95, 103, 121
e compaixão 109
como desenvolver renúncia pura 18–19
meditação propriamente dita 95–96
meditar em 79–95
objeto de meditação 95
prática durante o intervalo entre as meditações 96
propósito de meditar em 79–94
dos três caminhos 17
vacuidade não é contraditória com renúncia 101
Retiro-aproximador 198, 205
Roda do Dharma 289

S

Sabedoria 17, 19, 24, 35, 62, 100, 113
coleção de 115, 118
especial 116
onisciente 117
prática da 116
que realiza a aparência e vacuidade não-duais 30
superior 100

Sadhana g, 43
Sadhana de Avalokiteshvara 133
Samsara 9, 17, 23, 63, 92, 93, 94, 97, 110, 111–112, 116, 134
desenvolver medo do 19
impedir renascimento no 187
Sangha 45, 63, 69, 73–75
Saraha g, 97
Seis classes de seres vivos 43
fazer uma conexão especial com 46
Seis perfeições
meditação propriamente dita 117–118
meditar nas 113–118
objeto de meditação 117
prática durante o intervalo entre as meditações 118
propósito de meditar nas 113–117
Self/eu g, 26
equivocadamente identificado 25
inencontrabilidade 26, 119
Sementes 76–77
Semideuses g, 7, 109
sofrimento dos 82
Sensação g, 26
Ser iluminado. *Ver também* Buda 27, 47, 108, 117
ambiente, prazeres, corpo e mente de um ser iluminado 27
Ser-do-inferno g, 7, 63, 71, 72
causa de renascer como 69
sofrimento do 82, 109

Ser superior g
Seres humanos 7, 63
  por que renascemos como 8
  sofrimento dos 83–86, 109
    base dos 84
    causa dos 94
Seres vivos g
  de que modo existem 24
  que normalmente vemos não
    existem 24
Sete membros, prática dos 47
Sherab Tseg 163
Shri Datta, história de 8–9
Sofrimento 66
  alcançar libertação permanente
    do 101
  causa do 75, 76, 96–97, 109,
    111
  da doença 84–86
  do envelhecimento 86–89
  da morte 89–90
  do nascimento 83–84
  outros tipos 91–94
  significado 81
  sofrimento-que-muda 111
  três 23
  único remédio contra todo
    sofrimento 123
Sugata g, 114
Sumati Kirti 13
Supremo bom coração. *Ver*
  também bodhichitta 46
Sutra g, 13, 27, 62, 111, 117, 166
Sutra Coração g, 50
Sutra das Quatro Nobres
  Verdades 79, 96, 99, 102
Sutra Perfeição de Sabedoria g, 26

Sutra Perfeição de Sabedoria
  Condensado 21
Sutra Rei das Instruções 13

T

Tangtong Gyalpo, Drubchen
  135
Tantra g, 13, 27, 117, 122
  divisões 163
Tantra-Ação 51
Tantra Guhyasamaja 163
Tantra Ioga Supremo g, 13, 51,
  210
  divisão 163
  verdadeira essência 165
Tantra-Raiz Condensado de
  Heruka 165
Tantra Revelando os Nomes de
  Manjushri 17
Tantras-Mãe 163
Tantras-Pai 163
Templo 74
Tempos degenerados 174
Terra Dakini g, 163
Terra Pura g, 66
  de Avalokiteshvara 134
  de Keajra 163, 168
Tomar e dar, prática especial do
  Tantra Ioga Supremo 170
Tranquilo-permanecer g
Transferência de consciência g,
  66
Trazer a morte, estado interme-
  diário e renascimento para
  o caminho 170
Treino da mente g, 210

ÍNDICE REMISSIVO

Três Aspectos Principais do Caminho para a Iluminação, Os 11, 57
Considerações Essenciais 13–32
o texto-raiz 125–128
Três Joias 73
Três reconhecimentos 50
Três reinos inferiores 63
Três reinos superiores 98–102
Três trazeres 196
Trijang Rinpoche, Vajradhara g, 163

U

União de aparência e vacuidade
experienciá-la diretamente 27
sabedoria que realiza a 27
significado 27
União de Buda, de Vajradhara e de Heruka 27
União de grande êxtase e vacuidade 171, 185

V

Vacuidade 9, 24–32, 164
do corpo 27
é diferente de vazio 5
experiência da vacuidade 50
forma não é vacuidade, mas a forma não é outra que não a sua vacuidade 51
da forma 50
manifestação da vacuidade 50
meditação na 115, 116, 117, 118–121

meditação propriamente dita 119
meditar na vacuidade para solucionar problemas diários 26
mero nome 24–25
natureza verdadeira dos fenômenos 100
objeto de meditação 119
objeto profundo e significativo 5
prática durante o intervalo entre as meditações 121
propósito de meditar na 118–119
verdadeiro significado da 119
visão correta da 51, 121
ingressar no caminho da 29
nível elevado 30
suprema 27
três níveis 27
Vajradhara g, 169, 174
Vajradharma g, 154, 169
Vajrasattva g, 169
prática de 177
Vajrayana. *Ver* Tantra
Vajrayogini
bênçãos especiais em tempos degenerados 174
corpo principal da prática 164, 171
mantra de 171
onze iogas 163–171
prática do mandala de corpo 170
quem é 163
sadhana de autogeração 153–161
Veneno, interior 97

O ESPELHO DO DHARMA, COM ADIÇÕES

Ventos entrando, permanecendo e se dissolvendo no canal central 164

Vida humana 68
liberdades e dotes 68
meditação na preciosidade da nossa vida humana 61–63
meta última 121
verdadeiro significado da 16, 17, 43, 45, 50, 61–62, 67, 75, 101

Vidas futuras 65, 72, 103, 104, 107
compreender a existência de 5, 66
felicidade das 81

por que precisamos nos preocupar com 5
preparar-se para as 66
sofrimento das 81, 95–96

Vidas passadas 66

Virtude 76

Visão superior g, 116

Visões deludidas g, 103

Voto do Bodhisattva 114

Voto de refúgio 45, 72
três compromissos principais 72

Y

Yamantaka 174

Yamdroktso, história do pescador no lago 69

Leituras Recomendadas

Se você apreciou a leitura deste livro e deseja encontrar mais informações sobre o pensamento e a prática budistas, apresentamos outros livros do Venerável Geshe Kelsang Gyatso Rinpoche que você poderá gostar de ler ou ouvir. Eles estão disponíveis pela Editora Tharpa.

COMO TRANSFORMAR A SUA VIDA
Uma Jornada de Êxtase

Um manual prático para a vida diária, que mostra como podemos desenvolver e manter paz interior, reduzir e interromper a experiência de nossos problemas e como podemos promover mudanças positivas nas nossas vidas, que nos permitirão experienciar felicidade profunda e duradoura. Esta é uma nova edição, substancialmente revista, de um dos mais populares e acessíveis livros do Venerável Geshe Kelsang.

Para uma versão e-book gratuita de *Como Transformar a sua Vida*, acesse o site da Editora Tharpa.

BUDISMO MODERNO
O Caminho de Compaixão e Sabedoria

Ao desenvolver e manter compaixão e sabedoria na vida diária, podemos transformar nossas vidas, melhorar nossos relacionamentos com os outros e ver além das aparências, enxergando o modo como as coisas realmente existem. Dessa maneira, podemos solucionar todos os nossos problemas diários e realizar o verdadeiro sentido da nossa vida humana. Com compaixão e sabedoria, como as duas asas de um pássaro, podemos alcançar rapidamente o mundo iluminado de um Buda.

Você pode baixar gratuitamente o e-book no site da Editora Tharpa.

COMO ENTENDER A MENTE
A Natureza e o Poder da Mente

Este livro oferece um insight profundo sobre a nossa mente e mostra como uma compreensão da sua natureza e de suas funções pode ser utilizada praticamente na nossa experiência diária para melhorar nossa vida.

A primeira parte é um guia prático para desenvolver e manter uma mente leve e positiva, mostrando como identificar e abandonar estados mentais que nos prejudicam e substituí-los por estados mentais pacíficos e benéficos. A segunda parte descreve, em detalhe, diferentes tipos de mente, revelando a extensão e profundidade da compreensão budista sobre a mente. O livro conclui com uma explicação detalhada sobre meditação, mostrando como podemos obter um estado de alegria duradoura através de controlar e transformar nossa mente, independente das condições exteriores.

CAMINHO ALEGRE DA BOA FORTUNA
O Caminho Budista Completo à Iluminação

Todos nós temos o potencial para a autotransformação e uma capacidade ilimitada para o desenvolvimento de boas qualidades, mas para realizar esse potencial precisamos saber o que fazer a cada etapa da nossa jornada espiritual.

Este livro oferece uma explicação detalhada do caminho completo à iluminação, com os ensinamentos de Buda apresentados passo-a-passo, tornando muito fácil para o leitor moderno colocá-los em prática. Um guia perfeito para o caminho budista.

LEITURAS RECOMENDADAS

"Este livro é de valor incalculável." *World Religions in Education*

AS INSTRUÇÕES ORAIS DO MAHAMUDRA
A Verdadeira Essência dos Ensinamentos, de Sutra e de Tantra, de Buda

Este precioso livro revela a prática incomum do Mahamudra tântrico da Linhagem Oral Ganden, que o autor recebeu diretamente do seu Guia Espiritual, Vajradhara Trijang Rinpoche. Ele explica, clara e conscisamente, todo o caminho espiritual, desde as práticas preliminares iniciais até as etapas de conclusão finais do Tantra Ioga Supremo, que nos permitem alcançar a plena iluminação nesta vida.

NOVO OITO PASSOS PARA A FELICIDADE
O Caminho Budista da Bondade Amorosa

Este livro inspirador explica como podemos transformar todas as dificuldades da vida em valiosos *insights* espirituais, através de meditar num dos ensinamentos mais amados do Budismo – *As Oito Estrofes do Treino da Mente*, do grande Bodhisattva tibetano, Geshe Langri Tangpa. O autor revela maneiras práticas através das quais podemos utilizar essa sabedoria atemporal para encontrar felicidade duradoura e significativa na nossa atribulada vida moderna.

Para adquirir as nossas publicações, por favor, visite **Tharpa.com** ou entre em contato com a Editora Tharpa mais próxima (para uma lista das Editoras Tharpa em todo o mundo, ver páginas 295–296).

Encontre um Centro de Meditação Kadampa Próximo de Você

Para aprofundar sua compreensão deste livro e de outros livros publicados pela Editora Tharpa, assim como a aplicação desses ensinamentos na vida diária, você pode receber ajuda e inspiração de professores e praticantes qualificados.

As Editoras Tharpa são parte da comunidade espiritual da Nova Tradição Kadampa. Esta tradição possui mais de 1.200 Centros e filiais em mais de 40 países ao redor do mundo. Todos os Centros e suas filiais oferecem aulas de estudo e meditação com base neste e em outros livros sobre Budismo moderno e meditação, ensinados por professores qualificados. Para mais detalhes, consulte Programas de Estudo do Budismo Kadampa (ver páginas 289–294).

Essas aulas proporcionam uma oportunidade especial para explorar os temas apresentados nos livros do Venerável Geshe Kelsang Gyatso Rinpoche e foram desenvolvidas para se adequarem confortavelmente ao estilo de vida moderno.

Para encontrar o seu Centro Kadampa local, visite:
tharpa.com/br/centros